Gerald Schwabe

Lieblings-Wanderungen

Tannheimer Tal

(& südliches Ostallgäu)

40 ausgewählte Touren im Tannheimer Tal

ALPENVERLAG SCHWABE
Immenstadt

Bildbände & Wanderführer v. Gerald Schwabe

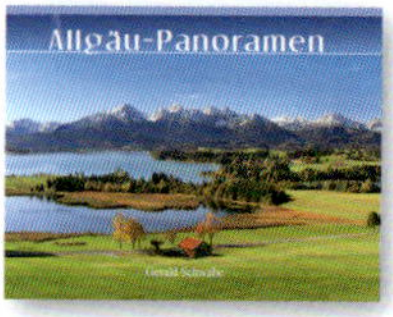

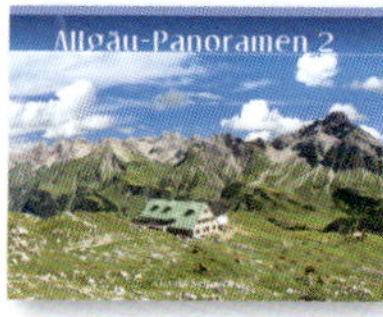

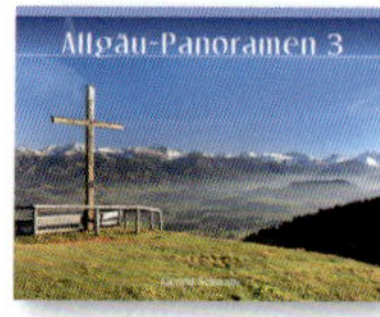

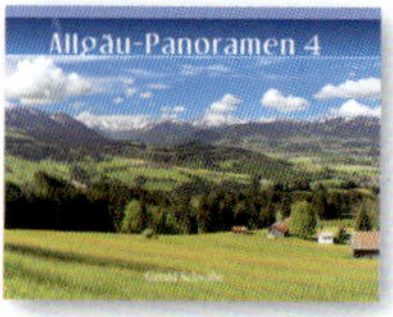

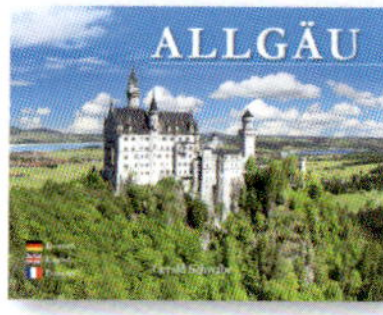

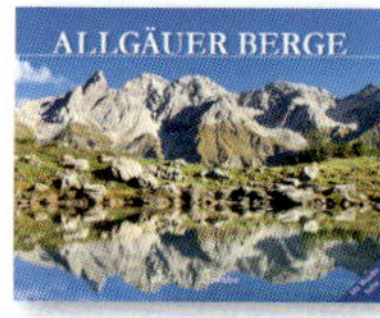

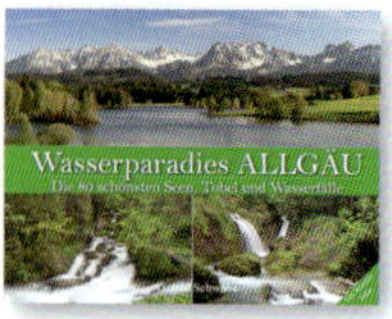

»Kleine« Bildbände:
Format 20 x 15,5 cm
80 Seiten / 12,95 €

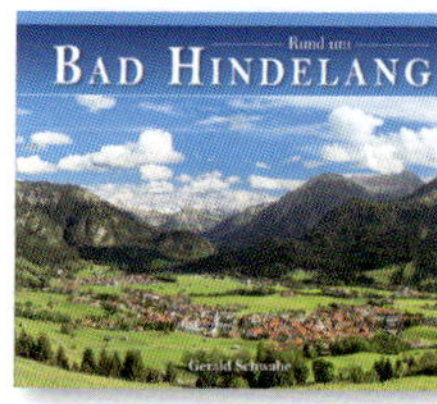

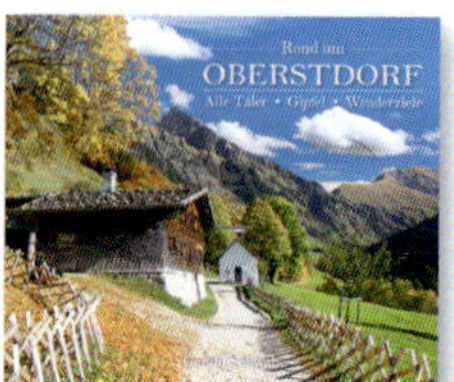

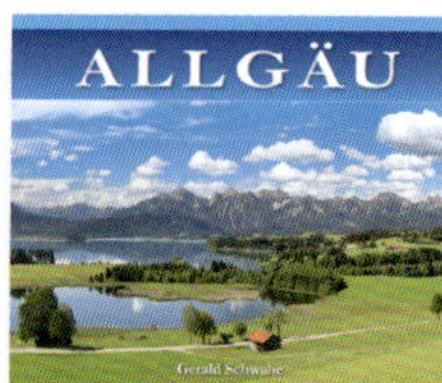

»Große« Bildbände:
Format 23,5 x 20 cm
120 Seiten / 19,95 €
84 Seiten / 17,95 €

Wanderführer:
Format 12 x 16,5 cm
128 Seiten / 12,95 €

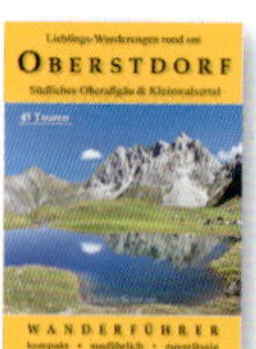

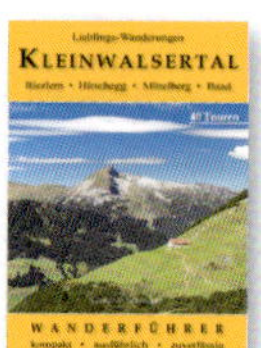

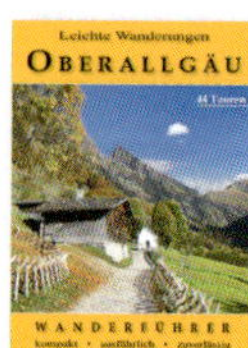

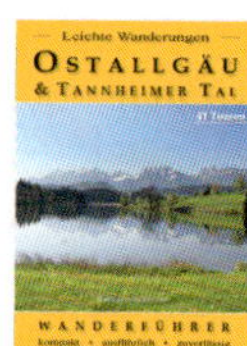

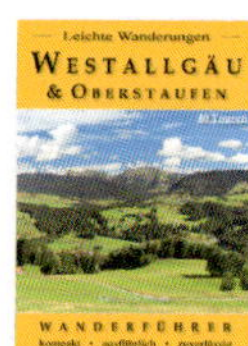

Großformatige Panorama-Aufnahmen auf Leinwand:

www.allgaeu-panoramen.de

VORWORT

Auf einer Österreich-Karte muss man schon sehr genau hinschauen, um das kleine Tannheimer Tal ganz am äußersten nordwestlichen Zipfel von Tirol zu entdecken. Und doch ist es in Deutschland unter Kletterern, Bergwanderern und Berg- und Naturfreunden eines der bekanntesten und beliebtesten Urlaubsziele in der Alpenrepublik. Das liegt zum einen natürlich an der Nähe zu Süddeutschland gleich hinter der Grenze und der leichten Erreichbarkeit, zum anderen an der Attraktivität des Tales. Mit einer Länge von gut 15 Kilometern und seiner reizvollen Szenerie besitzt das Tannheimer Tal den Charme einer kleinen, überschaubaren Bergwelt mit ebenso kleinen und überschaubaren Dörfern fernab von Hektik und Stress. Gleichzeitig ist das Tal trotz seiner geringen Größe ungemein abwechslungsreich und bietet seinen Gästen eine breite Palette an Wanderzielen und Naturschönheiten: ausgedehnte Wiesen im flachen Talgrund, malerische Bergseen, dazu die markanten Kalksteingipfel der Tannheimer Berge, wunderschöne Höhenwege und eindrucksvolle Aussichtsberge. Das Angebot reicht von leichten Spazierwegen im Tal bis hin zu fordernden Gipfeltouren. Das Tal ist touristisch bestens erschlossen inkl. einer Handvoll Seilbahnen/Liften und bietet doch Raum für viele stille Ecken, die es zu entdecken gibt.
In diesem Buch finden Sie eine abwechslungsreiche Auswahl an schönsten Touren, von leicht bis schwer, von kurz bis lang, vom Tal bis auf die beeindruckendsten Aussichtskanzeln, mal mit, mal ohne Seilbahn.

Ich wünsche Ihnen viele schöne Erlebnisse unterwegs und bleibende Erinnerungen an einen Aufenthalt im Tannheimer Tal.

Gerald Schwabe

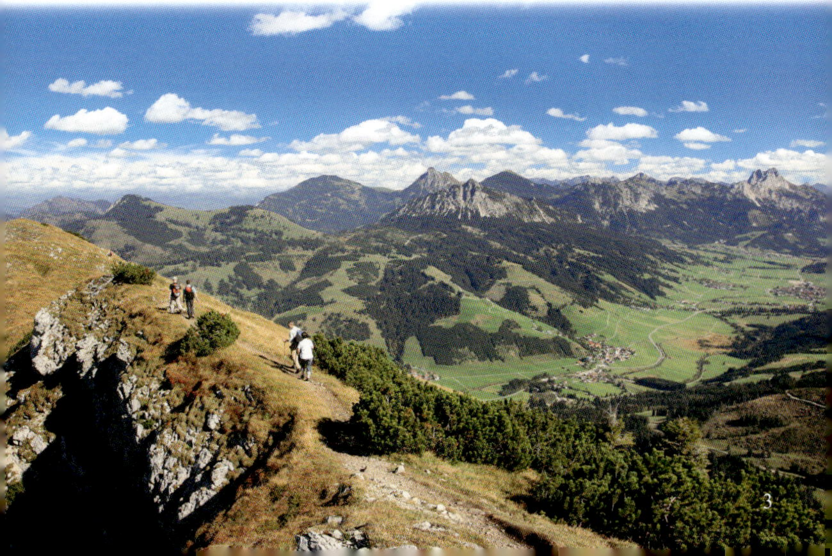

INHALT

Seilbahn/Sessellift

ggf. Teilstrecke mit Schiff

GPS-Tracks
zum Download:
www.alpenverlag-schwabe.de
→ Wanderführer *(Seitenende)*

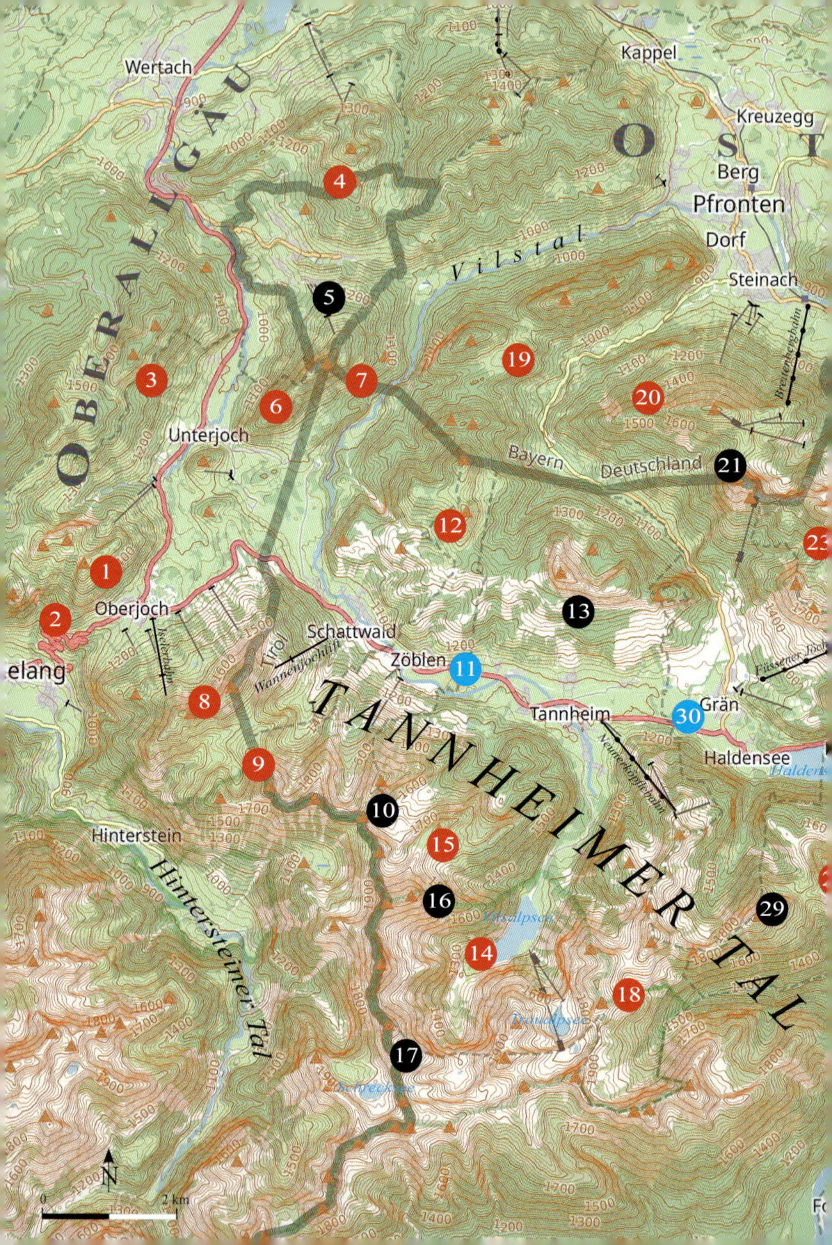

Wertach
OBERALLGÄU
Kappel
Kreuzegg
OST
Berg
Pfronten
Dorf
Steinach
Vilstal
Breitenbergbahn
Unterjoch
Bayern
Deutschland
Oberjoch
Iselerbahn
elang
Schattwald
Tirol
Wannenjochlift
Zöblen
TANNHEIMER TAL
Tannheim
Grän
Füssener Jöchle
Haldensee
Neunerköpflebahn
Hinterstein
Hintersteiner Tal
Vilsalpsee
Traualpsee
Schrecksee
N
0
2 km

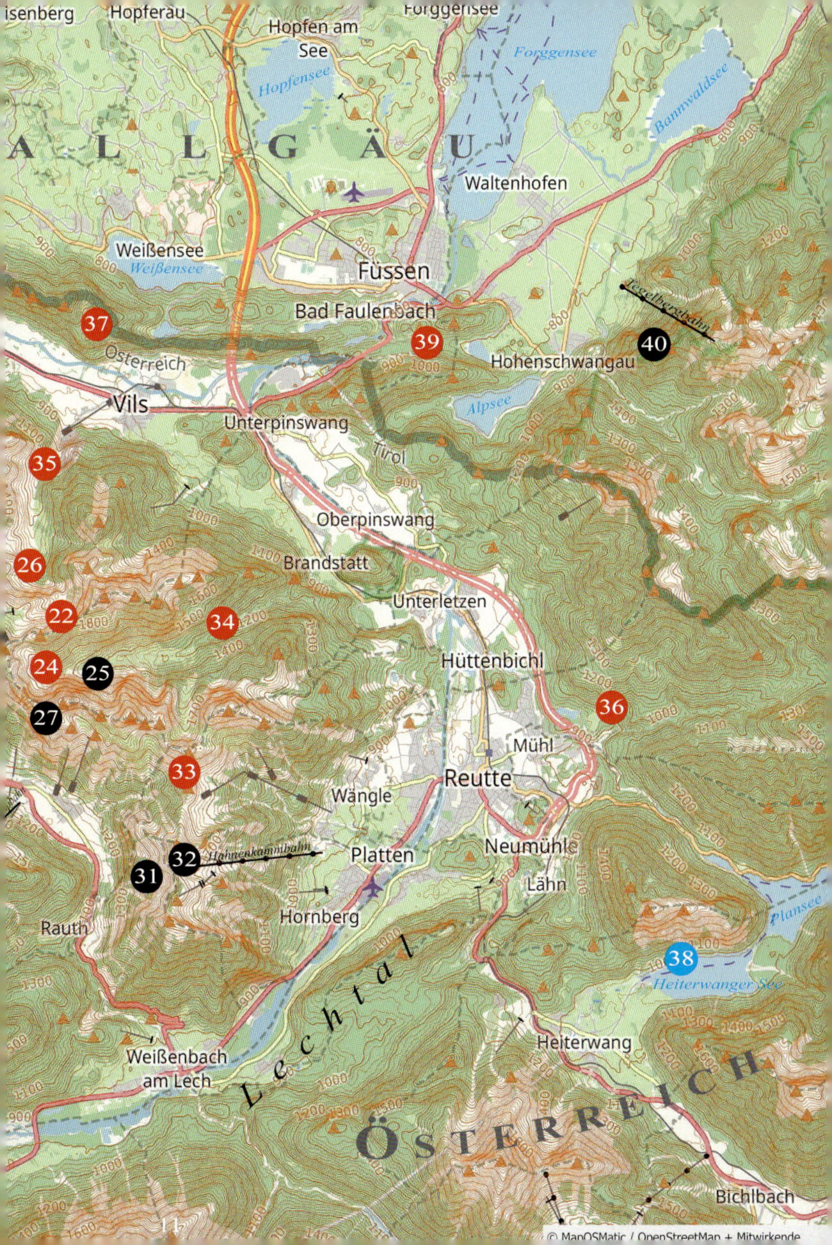
Hopferau
Forggensee
Hopfen am See
Hopfensee
Forggensee
Bannwaldsee
A L L G Ä U
Waltenhofen
Weißensee
Weißensee
Füssen
Bad Faulenbach
37
39
40
Tegelbergbahn
Österreich
Hohenschwangau
Vils
Unterpinswang
Alpsee
Tirol
35
Oberpinswang
26
Brandstatt
Unterletzen
22
34
24
25
Hüttenbichl
27
36
Mühl
33
Reutte
Wängle
32
Hahnenkammbahn
Platten
Neumühle
31
Lähn
Hornberg
Rauth
Plansee
38
Heiterwanger See
Lechtal
Heiterwang
Weißenbach am Lech
ÖSTERREICH
Bichlbach
© MapOSMatic / OpenStreetMap + Mitwirkende

PRAKTISCHE HINWEISE & INFOS

Das Tannheimer Tal

Das Tannheimer Tal ist ein etwa 15 Kilometer langes, wunderschönes Hochtal in rund 1100 Meter Meereshöhe. Der Zugang aus dem Osten aus dem tiroler Lechtal erfolgt über den Gaichtpass, im Westen gelangt man von Wertach oder aus dem oberallgäuer Illertal über die Oberjoch-Hochebene ins Tal. Und im Norden führt von Pfronten aus das Engetal zwischen den hohen Gipfeln von Aggenstein und Einstein hinauf. Ein gutes Dutzend kleinerer Siedlungen und Haufendörfer mit dem namengebenden Hauptort Tannheim liegt verstreut auf seinem weitgehend tischebenen Talboden, der sich im Sommer bei Radlern und im Winter bei Skilangläufern großer Beliebtheit erfreut. Das Tannheimer Tal mit seinen gut 3000 Einwohnern hat sich voll und ganz dem Tourismus verschrieben und bietet auf engstem Raum fast alles, was Wanderer- und Bergsteigerherzen höher schlagen lässt. Blickfang sind die großartigen Gipfel der Tannheimer Berge, mächtige, helle Kalkgipfel mit Höhen bis zu 2200 Meter, die sowohl für Wanderer als auch für Kletterer unzählige Möglichkeiten bieten. Im Süden wird das langgestreckte Tal von den Ausläufern der Allgäuer Alpen flankiert, und eine Handvoll wunderschöner Bergseen runden das Bild ab. Problemlos kann man hier eine ganze Wanderwoche verbringen, so vielfältig sind die Touren: großartige Panoramawege wie der Saalfelder Höhenweg, phantastische Aussichtsgipfel wie der Schartschrofen, stille Gipfel wie der Schönkahler oder der Litnisschrofen, aussichtsreiche Kammwege am Hahnenkamm oder entspannte Touren durch die weiten Wiesen im Tal und entlang der Ufer eines Bergsees oder der Vils.

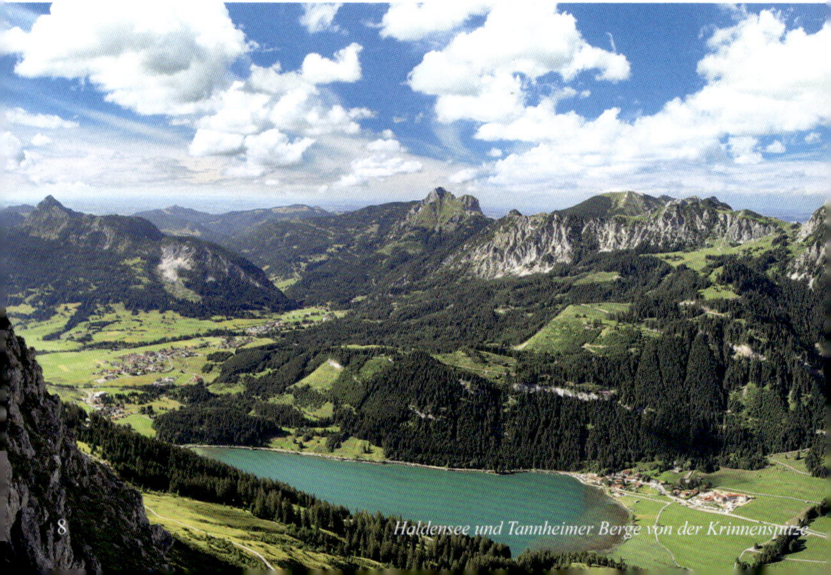

Haldensee und Tannheimer Berge von der Krinnenspitze

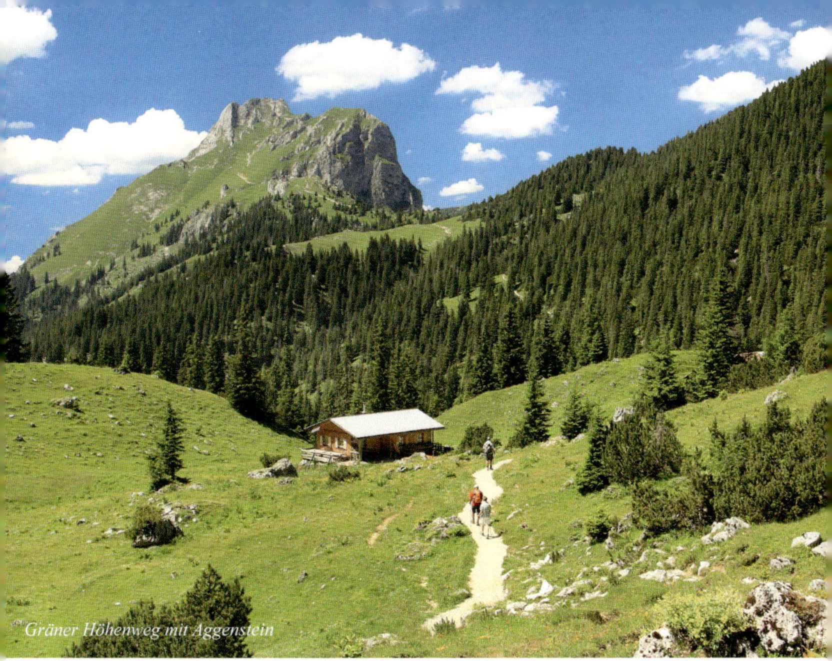

Gräner Höhenweg mit Aggenstein

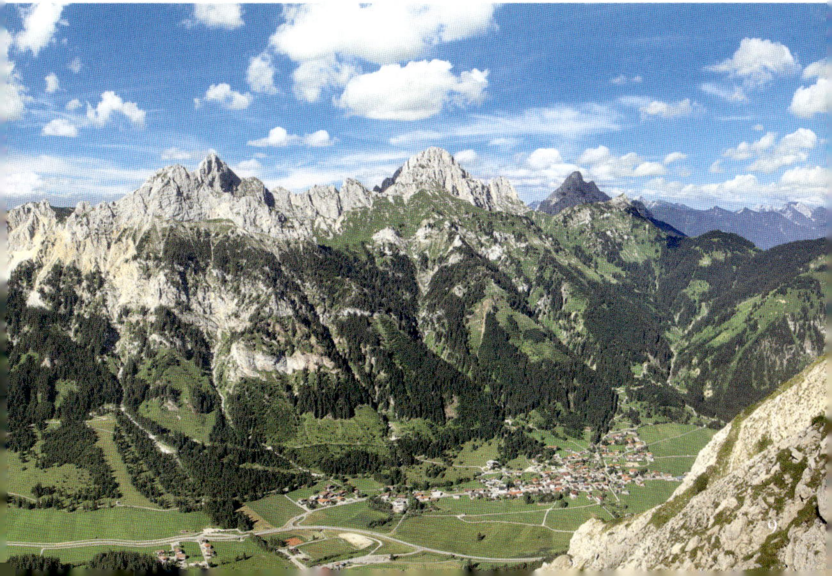

Die wichtigsten Orte im Tannheimer Tal

Tannheim (1087 m)

Tannheim ist der Hauptort des Tannheimer Tales mit gut 1100 Einwohnern. Das Haufendorf liegt im Zentrum des Tales auf einer weiten Ebene, wo von Süden das kurze Vilstal zum Haupttal stößt. Touristische Hauptanziehungspunkte sind der knapp vier Kilometer entfernte Vilsalpsee sowie die Seilbahn aufs Neunerköpfle. Im Norden erhebt sich über dem Ort der markante Einstein.

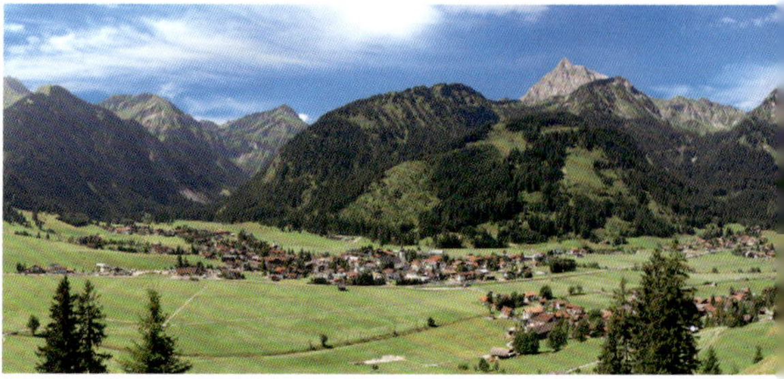

Schattwald (1074 m)

Die Gemeinde Schattwald mit ca. 450 Einwohnern ist die westlichste Siedlung im Tannheimer Tal und liegt nur wenige Kilometer östlich der Grenze zu Deutschland. Über den mit 1178 m Höhe etwas höher gelegenen Oberjochpass gelangt man von hier nach Oberjoch und Bad Hindelang. Südlich des Ortes erschließt der Wannenjoch-Lift die Wanderregion rund um Bschießer und Iseler, und Richtung Norden führt das stille, autofreie Vilstal hinab nach Pfronten im Ostallgäu.

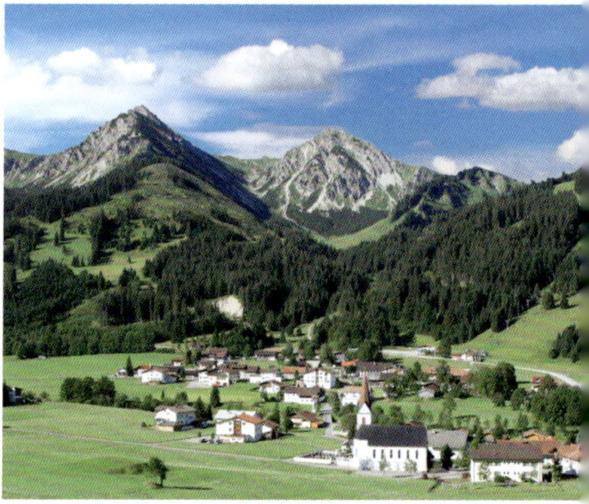

Zöblen (1087 m)

Zöblen ist mit ca. 250 Einwohnern die kleinste Gemeinde des Tannheimer Tales. Das kleine, recht eng bebaute Dorf liegt auf einem Schwemmkegel auf der Nordseite des Tales. Touristisch etwas ruhiger als seine östlichen Nachbarn macht seine wiesenreiche Umgebung einen sehr bäuerlichen Eindruck.

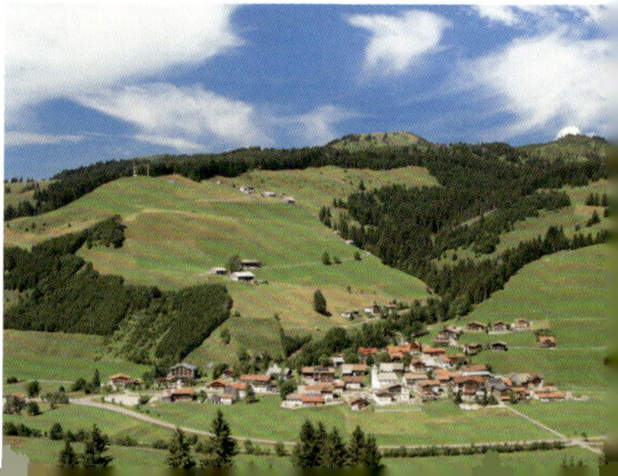

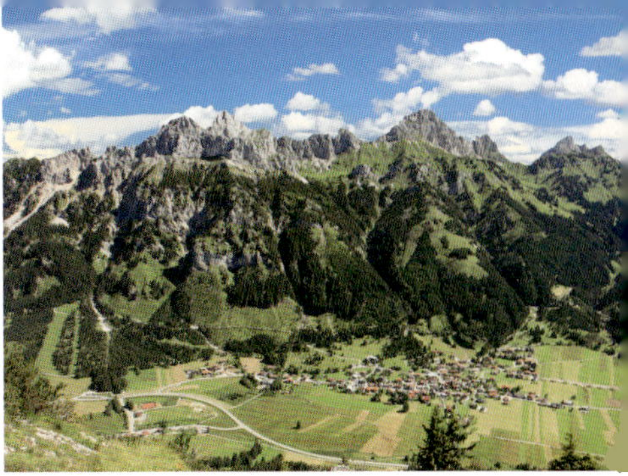

Nesselwängle (1136 m)

Im Osten des Tannheimer Tales liegt der Ort Nesselwängle mit seinen rund 450 Einwohnern unterhalb der hoch aufragenden Felsgipfel der Tannheimer Berge. Neben diesen Klettergipfeln lockt die von einem Sessellift erschlossene Krinnenspitze auf der Südseite des Tales. Von Nesselwängle gelangt man über den Gaichtpass hinab ins Lechtal. Im Osten wird der Ort vom Hahnenkammgrat überragt, auf den von Reutte im Lechtal eine Seilbahn hinaufführt.

Grän (1138 m)

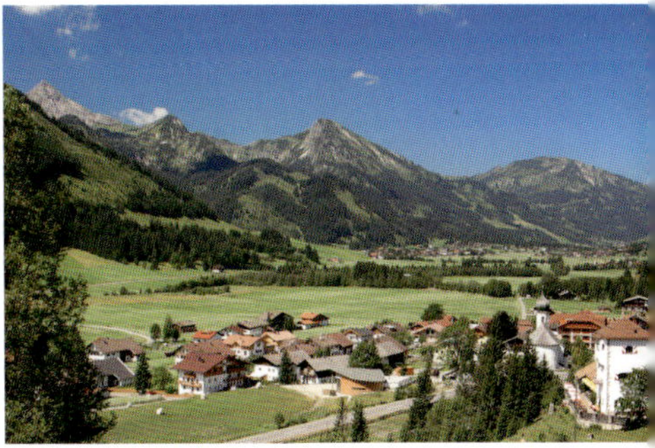

Grän ist eine Gemeinde mit ca. 600 Einwohnern im mittleren Tannheimer Tal an der Einmündung des aus dem Ostallgäu heraufführenden Engetals. Hauptattraktionen sind der nahegelegene Haldensee sowie die Seilbahn aufs Füssener Jöchle, die ein abwechslungsreiches Wandergebiet rund um die Tannheimer Berge erschließt.

Jungholz (1058 m)

Beim Blick auf eine Landkarte fällt der seltsame Grenzverlauf rund um Jungholz unweigerlich ins Auge. Die kleine, recht abgeschieden wirkende Gemeinde mit 300 Einwohnern am Nordwestzipfel des Tannheimer Tales liegt komplett innerhalb des Allgäus und ist nur über den Sorgschrofen-Gipfel mit Tirol verbunden. Die Siedlung ist von einer weiten Wiesenlandschaft umgeben, die zu den Gipfeln von Sorgschrofen und Reuterwanne ansteigt.

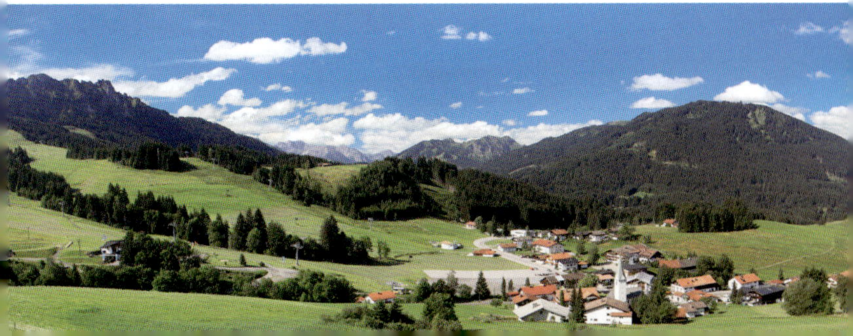

Die Berge im Tannheimer Tal

Aus geologischer Sicht wird das Tannheimer Tal hauptsächlich von zwei Gesteinen geprägt, die einen Großteil der Gipfel bilden:

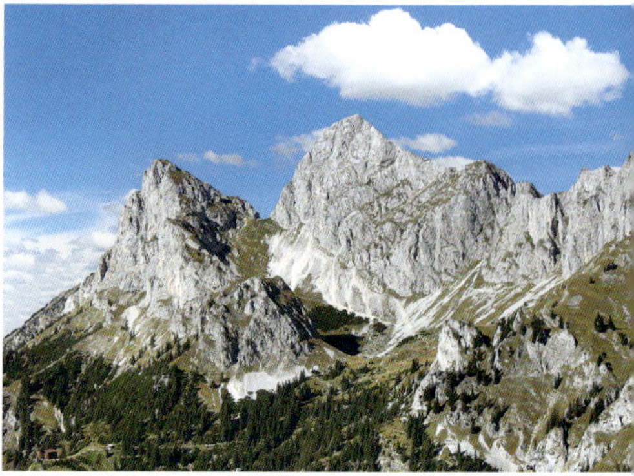

Wettersteinkalk: Dieses Gestein, vor über 240 Millionen Jahren aus Kalkskeletten und Korallenriffen entstanden, findet sich im gesamten Bereich der nördlichen Kalkalpen (z.B. Zugspitze, Karwendel, Mieminger Kette). Im Unterschied zum – eher grauen, etwas spröden und zerklüfteten – Hauptdolomit ist der Wettersteinkalk sehr viel reiner und deshalb oft eher hellgrau/weiß, zum anderen sehr viel fester und weniger erosionsanfällig. Er bildet oft gewaltige, steile Felswände und lockt Kletterer und Bergsteiger in Scharen an. Im Tannheimer Tal verdanken wir diesem Gestein die eindrucksvollen Felsspitzen der Tannheimer Berge (Gimpel und Rote Flüh – *Bild oben* – sowie Köllenspitze und Gehrenspitze), außerdem den langen Zirmgrat zwischen Pfronten und Füssen.

Hauptdolomit: Das südliche Tannheimer Tal wird von den Allgäuer Alpen dominiert, die vom Oberallgäu herüberziehen. Deren Gipfel bestehen zum Großteil aus Dolomitgestein, das einigen Wanderern aus den Dolomiten bekannt sein wird und eindrucksvolle Felsgipfel hervorbringt, die in den Allgäuer Alpen oft die 2500-Meter-Marke knacken. Das schroffe, hellgraue und kahle Gestein ist allerdings recht brüchig, eher kletterfeindlich und steinschlaganfällig, was sich an den oft gewaltigen Schutthalden zeigt, die die Bergflanken säumen. Markante Vertreter im Tannheimer Tal sind Einstein und Gaishorn sowie Leilachspitze und Litnisschrofen *(Bild unten)*.

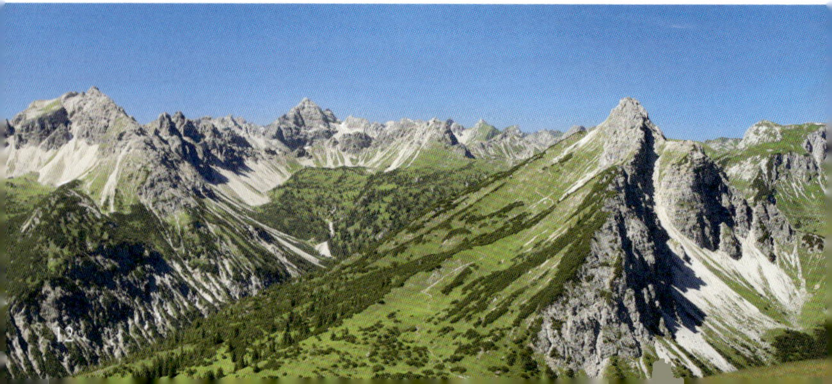

Der Vilsalpsee

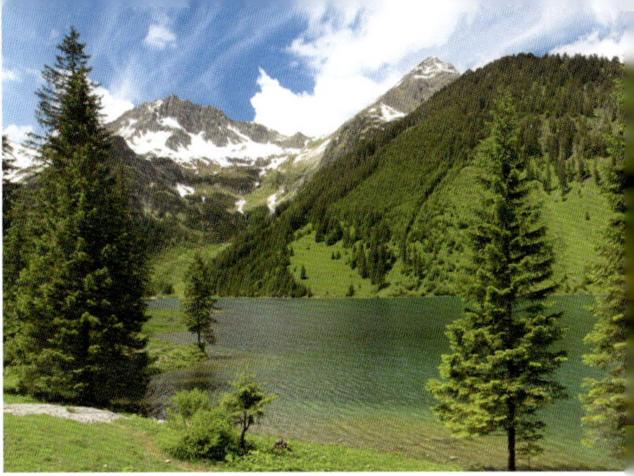

Tourenauswahl

Das Tannheimer Tal bietet eine unglaubliche Fülle an wunderschönen Touren, so dass für fast jeden Wandergeschmack etwas dabei sein dürfte. In diesem Buch ist eine bunte Auswahl der schönsten Wanderungen zusammengefasst: leichte Spaziergänge in den unteren Etagen des Tals, einfache Seeuferwege und gemütliche Touren zu einladenden Alphütten. Dazu aussichtsreiche Höhenwanderungen, spannende Gipfelbesteigungen und am oberen Ende der Skala anstrengende Tagestouren durch die hochalpine Bergwelt, mal mit, mal ohne Seilbahnbenutzung.

Um eine Tour auf den ersten Blick grob einschätzen zu können, sind jeder Wanderung Kurzinfos vorangestellt. Diese geben Auskunft über Ausgangspunkt/Anfahrt (Auto/Bus), Tourencharakter, Höhendifferenz, Einkehrmöglichkeiten unterwegs sowie Gehzeit (Die Gehzeiten beziehen sich auf die reine Gehzeit ohne Rast und Pausen und orientieren sich an den auf den Beschilderungen vor Ort angegebenen Zeiten). Auch auf mögliche Varianten wird hier hingewiesen. Nach der Kurzinfo folgt die ausführliche Wegbeschreibung, jeweils ergänzt durch eine Karte mit Routeneintrag sowie ein Streckenprofil.

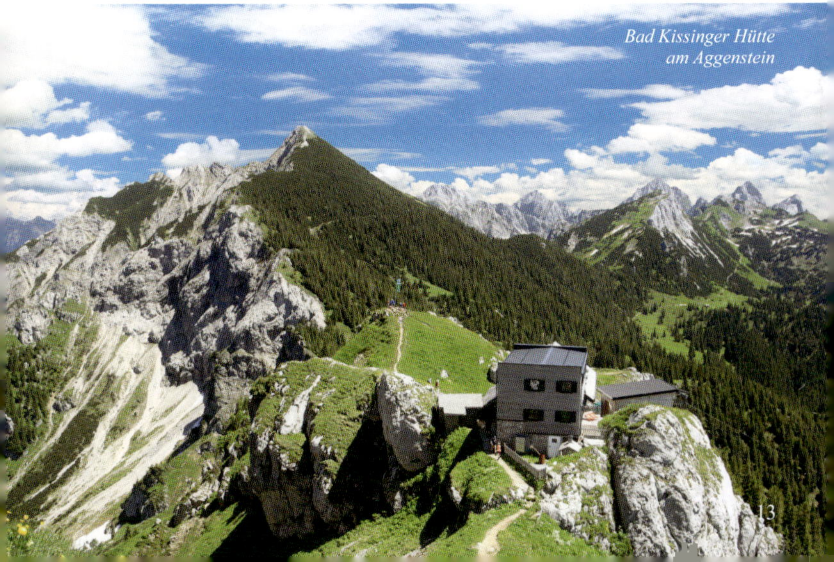

Bad Kissinger Hütte am Aggenstein

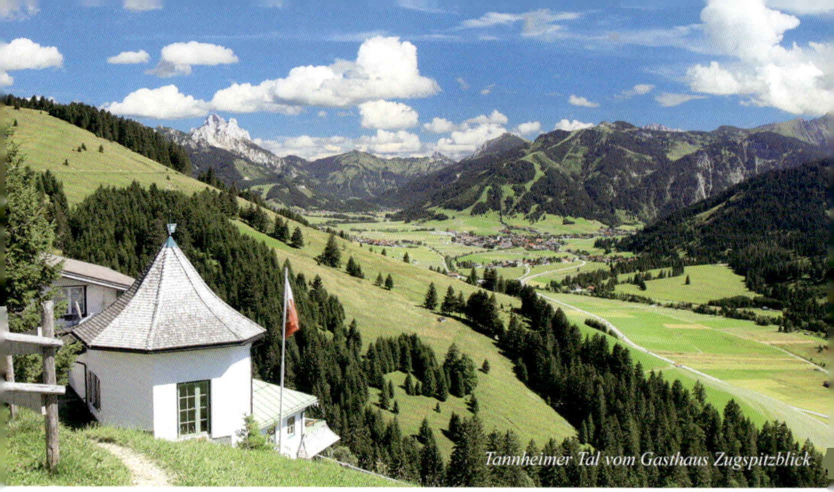

Tannheimer Tal vom Gasthaus Zugspitzblick

Anforderungen

Die Beurteilung einer Tour hinsichtlich Schwierigkeit und Anforderung ist naturgemäß sehr subjektiv, zu unterschiedlich sind individuelle Vorlieben, Kondition, Bergerfahrung und vor allem die Selbsteinschätzung. Die farbliche Unterteilung der Touren in **leicht**, **mittel** und **schwer** dient deshalb nur als grobe Orientierung. Sind bei Wanderungen heikle Stellen, Kletterpassagen, Seilsicherungen oder besondere Schwierigkeiten zu erwarten, wird dies in den jeweiligen Wegbeschreibungen explizit aufgeführt.

● **Leicht:** Auf diesen Touren sind die Wege breit und weitgehend eben, es sind nur wenige Höhenmeter zu bewältigen und die wenigen Steigungen sind recht gemächlich. Oft haben die Wege Spaziergang-Charakter und sind auch bei Regenwetter gefahrlos zu begehen.

● **Mittel**: Diese Touren sind für durchschnittliche Bergwanderer mit guter Kondition geeignet. Es gibt durchaus längere, steilere Wegpassagen, allerdings ohne technisch besondere Herausforderungen. Die Wege sind oft schmal und verlaufen teils in alpinem Gelände, setzen also gute Wanderschuhe und eine gewisse Trittsicherheit voraus.

● **Schwer**: Bei diesen Touren sind eine sehr gute Kondition sowie absolute Berg- und Trittsicherheit erforderlich. Sowohl wegen der insgesamt zu bewältigenden Höhenmeter als auch wegen der teils sehr steilen An- und Abstiege und ausgesetzter Gratwege nur für geübte Bergwanderer.

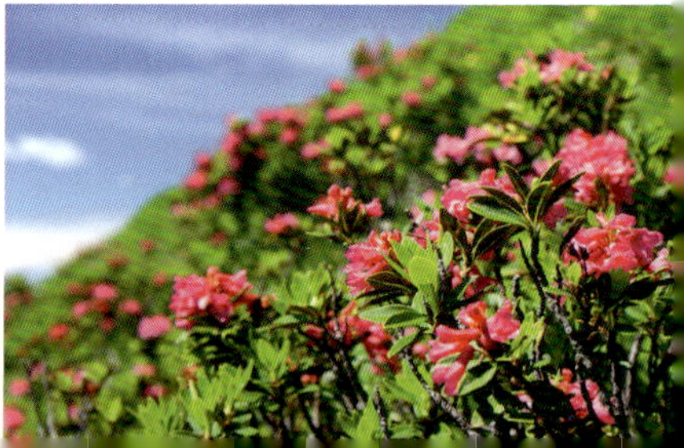

Telefonnummern, Internet & Wanderkarten

Touristen-Infos:

- ⇨ Tourismusverband Tannheimer Tal, Vilsalpseestraße 1, A-6675 Tannheim, Tel. +43 5675 6220-0, www.tannheimertal.com
- ⇨ Tourismusverband Naturparkregion Reutte, Untermarkt 34, A-6600 Reutte, Tel. +43 5672 62336, www.reutte.com
- ⇨ Tourismusverband Ostallgäu, Schwabenstraße 11, 87616 Marktoberdorf, Tel. 08342 911-506, www.schlosspark.de

Notrufnummer 112 (Europaweite Notrufnummer für Festnetz und Mobiltelefon)

Wetterberichte (online)

- ⇨ www.alpenverein.de (Wetterbericht für den Alpenraum)
- ⇨ Deutscher Wetterdienst, www.dwd.de
- ⇨ http://wetter.orf.at (Berg-/Wetterbericht für Österreich)
- ⇨ Zentralanstalt für Meteorologie: www.zamg.ac.at (Berg-/Wetterbericht für Österreich)

Wanderkarten

Zusätzlich zu den Wanderkärtchen, die Bestandteil jeder Tourenbeschreibung sind, ist – für alle, die unterwegs gerne eine handfeste Karte in Händen halten – folgendes Kartenmaterial empfehlenswert:

- ⇨ Landesamt für Vermessung und Geoinformation: UK50-48 »Füssen« im Maßstab 1:50.000 (www.ldbv.bayern.de)

Anreise mit dem Auto

Viele Wege führen ins Tannheimer Tal. Über die A7 aus Richtung Memmingen und weiter auf der 4-spurig ausgebauten B19 bis Sonthofen und von dort via Bad Hindelang und Oberjoch von Westen ins Tal. Oder von der A7 über Wertach und Oberjoch, von Pfronten durch das Ach-/Engetal oder via A7 durch den Grenztunnel bis nach Reutte in Tirol und von Osten über den Gaichtpass. Das große Tourenangebot, die Nähe zu Deutschland und die gute Erreichbarkeit bedeuten allerdings auch, dass das Tal neben den vielen Urlaubsgästen auch sehr viele Tagesgäste anlockt, sodass es an schönen Wander-Wochenenden manchmal arg voll wird im Tannheimer Tal. Parkplätze gibt es genug, allerdings sind alle kostenpflichtig, auch am Wochenende.

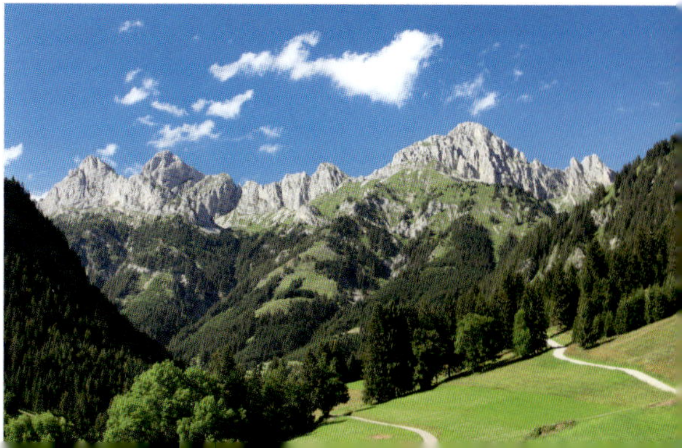

Tannheimer Berge

Symbole & Pictogramme

Ausgangspunkt / Anfahrt	Gehzeit	Schwierigkeit:
Tour mit Seilbahn / Lift	Höhenmeter (*bergauf / bergab*)	Leicht
Tourencharakter	Distanz	Mittel
Einkehr	A E Ausgangs- / Endpunkt	Schwer
Ort / Dorf	P H Parkplatz / Bushaltestelle	

Öffentliche Anreise und mobil vor Ort

Die dem Tal nächstgelegenen Bahnhöfe mit Busverbindungen ins Tannheimer Tal sind – im Osten – Reutte im tiroler Lechtal sowie – im Westen – Sonthofen im Oberallgäu (Züge etwa halbstündlich bis stündlich).

Das Busnetz im Tannheimer Tal ist dank der Geographie sehr übersichtlich und besteht im Grunde nur aus einer Linie, die zwischen Oberjoch im Westen über alle Dörfer durchs gesamte Tal bis nach Reutte im Lechtal verkehrt (alle 60 bis 90 min.). Übernachtungsgäste im Tannheimer Tal können die Busse in ihrem Urlaubsgebiet kostenlos benutzen. Für die Vorausplanung gib es alle Busverbindungen online zur Ansicht/zum Download:

Tannheimertal ► www.tannheimertal.com

Südliches Ostallgäu ► www.allgaeu-mobil.de

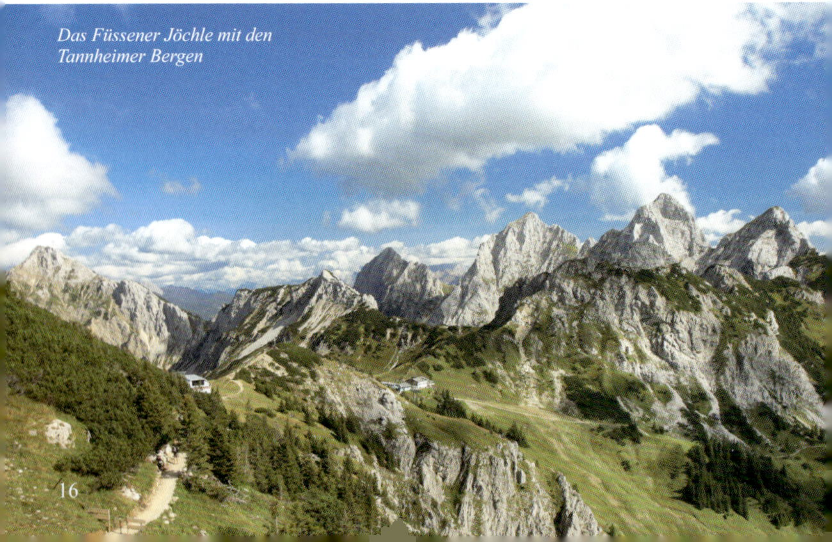

Das Füssener Jöchle mit den Tannheimer Bergen

Bergbahnen

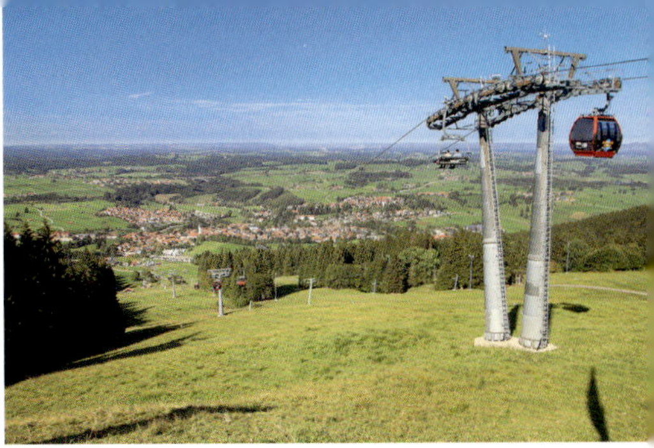

Wer seine Wanderungen gerne mit einer Seilbahn beginnt, hat in der Region eine große Auswahl. Im Tannheimer Tal führen Bahnen hinauf aufs Wannenjoch, das Füssener Jöchle, das Neunerköpfle und die Krinnenspitze; dazu kommt die Hahnenkammbahn ab Reutte. Und im nahen ostallgäuer Grenzgebiet gibt es noch die Bahnen auf Alpspitz, Tegelberg und Breitenberg. Die Bahnen sind in der Regel ganzjährig in Betrieb mit Revisionspausen in den Übergangsmonaten zwischen Sommer- und Wintersaison (i.d.R. die Monate November und April). Durch die zunehmend warmen und auch oft schneearmen Winter sind manche Bahnen – bei schönem Wanderwetter – gelegentlich auch im November an manchen Wochenenden ausnahmsweise in Betrieb (im Zweifelsfall hilft ein Blick auf die Internetseiten). Die täglichen Betriebszeiten liegen in etwa zwischen 8.30 und 16.30 Uhr. Genauere Informationen sowie Telefonnummern und Internetseiten sind in den Kurzinfos angegeben. Bei vielen Hotels sind bei längeren Aufenthalten (manche) Seilbahnen inklusive, zudem gibt es diverse Angebote (uneingeschränkte Seilbahnnutzung an mehreren Tagen u.ä.), die man auf seine Gästekarte aufbuchen lassen kann.

Einkehr, Almhütten & Co.

Das Tannheimer Tal ist gastronomisch bestens erschlossen, sodass es kaum eine Wanderung ohne Einkehrmöglichkeit gibt. In unmittelbarer Umgebung der Seilbahn-Bergstationen findet man eigentlich immer irgendeine Hütte oder ein Bergrestaurant, und auch sonst trifft man immer wieder auf eine Alpenvereinshütte oder eine der zahlreichen privaten, bewirtschafteten Alphütten.

Die bei den Bergstationen gelegenen Hütten/Restaurants haben während der Seilbahn-Betriebszeiten fast immer ohne Ruhetage geöffnet. Die Öffnungszeiten der hochgelegenen Alpenvereinshütten sind durch die Höhe bzw. den Winter begrenzt; die Sommersaison ist sehr unterschiedlich und dauert etwa von Anfang Juni bis Anfang Oktober. Bei den meist privaten Alphütten, die im Nebenerwerb Kost anbieten, bestimmt oft der bäuerliche Terminkalender die Saison, die meist nur so lang dauert, wie das Vieh auf der Alm ist, also von ca. Mitte Juni bis zum Viehscheid ca. Mitte September. Mit einem wöchentlichen Ruhetag muss man rechnen. Besonders bei etwas abgelegenen Hütten weist meist ein Schild frühzeitig darauf hin, falls die Hütte geschlossen hat.

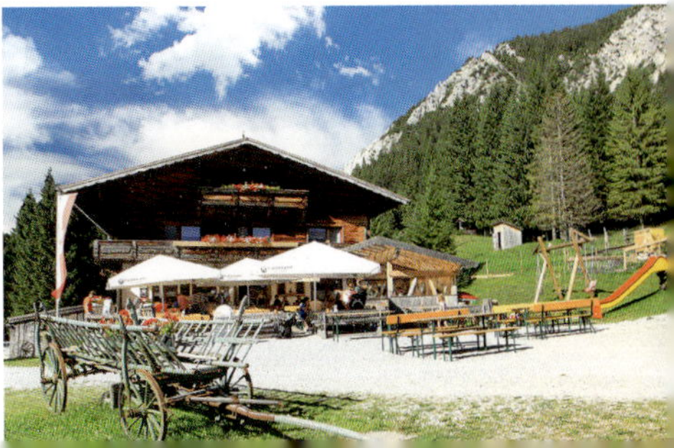

Vilser Alm

1 Spieser und Jochschrofen

3.15 Std. | 550 Hm | 8,3 km

Oberjoch, großer Parkplatz in der Ortsmitte, 1140 m. Oberjoch liegt am westlichen Ende des Tannheimer Tales auf der gleichnamigen Passhöhe, gut drei Kilometer westlich der Grenze A/D (***Navi**: 87541 Bad Hindelang-Oberjoch, Passstraße 17);* Bus Reutte–Tannheim–Oberjoch ca. alle 60 bis 90 min.

Gute Wanderwege und Teilstücke auf Teerstraße; teilweise recht steile An- und Abstiege. Auf der schattigen Nordflanke des Ornach liegt oft bis weit in den Frühsommer (vereister) Restschnee.

Hirschalpe ②

Herrliche Wiesengrate über dem Oberjoch

Oberjoch, Bad Hindelang und der Oberjochpass werden im Norden von einer Handvoll verlockender Berge eingerahmt. Auf dieser Tour steigen wir hinauf zum Spieser, dessen Gipfel weite Ausblicke ins oberallgäuer Illertal bietet, sowie auf den breiten Rücken des Ornach, der sich Richtung Tannheimer Tal orientiert. Gemütliche Einkehr unterwegs bietet die Hirschalpe.

Vom großen Parkplatz in der Ortsmitte von **Oberjoch** ①, 1140 m, gehen wir einige hundert Meter entlang der Hauptstraße Richtung Hindelang und folgen dann der steilen Straße hinauf zum Alpenhotel Oberjoch. Durch das Hotelgelände hindurch bis zu dessen Rückseite, wo uns ein Schild den Weg zur Hirschalpe weist. Es geht auf einem schönen Panoramaweg in westlicher Richtung am

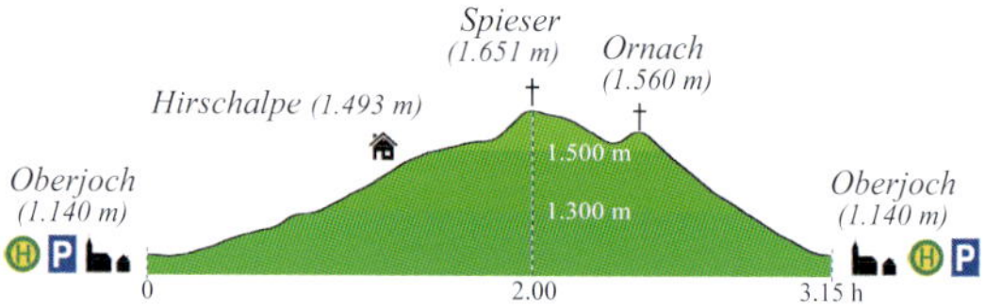

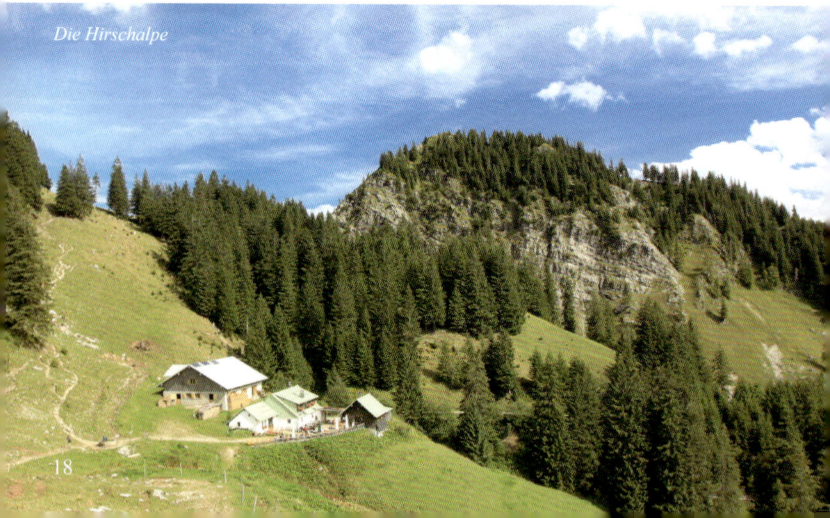
Die Hirschalpe

oberen Rand eines steilen Wiesenhanges entlang. Schräg vor uns haben wir einen schönen Blick auf Rotspitz, Imberger Horn und die Daumen-Gruppe. Nach einem kurzen Waldstück erreichen wir den Aussichtspunkt »Ifenblick«, von dem wir – ganz in der Ferne – tatsächlich den Ifen erblicken können; viel schöner ist aber die Aussicht über das sich direkt unter uns ausbreitende Ostrachtal mit Bad Hindelang, dem Imberger Horn und dem Kleinen Hirschberg. Vom Aussichtspunkt zieht sich der Pfad für eine kurze Strecke steil den Berg hinauf, verläuft dann eben an einem Steilhang entlang und trifft nach zehn Minuten auf eine Teerstraße (1292 m). Hier halten wir uns rechts und steigen in vielen Kehren hinauf zur

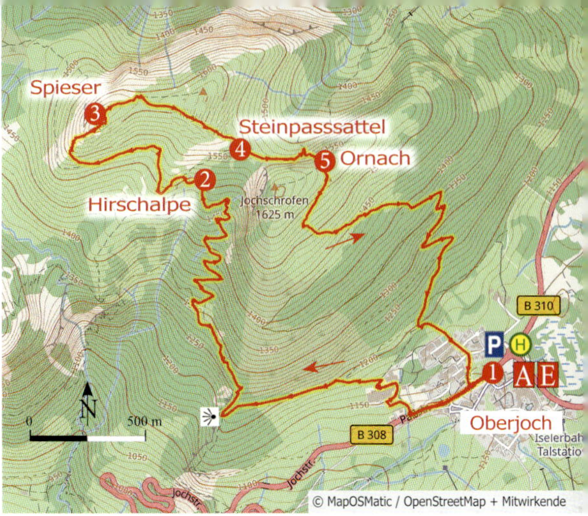

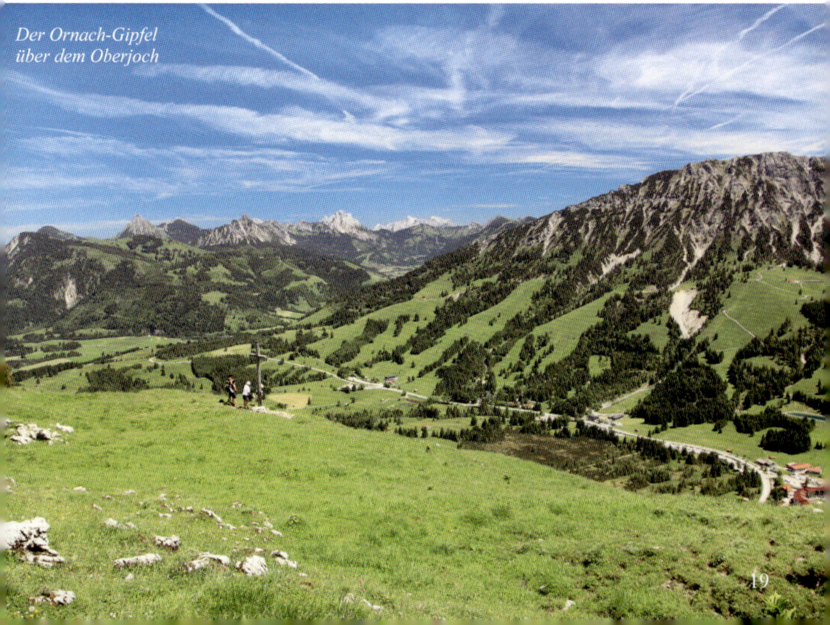
Der Ornach-Gipfel über dem Oberjoch

Hirschalpe ②, 1493 m, die aussichtsreich auf einem Wiesenhang liegt.
Wir folgen einem Weg, der Richtung Westen um eine Erhebung mit Gipfelkreuz herumführt, und queren dann die steilen Südhänge des Spiesers. Nach etwa 10 Minuten zweigt rechts ein Trampelpfad ab, auf dem wir steil auf den **Spieser-Gipfel** ③, 1651 m, hinaufsteigen. Oben bietet sich ein weiter Blick Richtung Illertal. Das Gipfelkreuz steht am westlichen Ende eines etwa 500 Meter langen Wiesengrates, über den wir genüsslich ostwärts wandern. Ein herrlicher Weg, mit wunderschönen Ausblicken über die Allgäuer Alpen im Süden und das Wertachtal im Norden. Gegen Ende fällt der Grat zu einer kleinen Scharte ab, dem **Steinpasssattel** ④, 1556 m. Vor uns erhebt sich die steile Nordseite des Jochschrofens (auf Wegweisern auch Ornach genannt). Durch die schattige Lage kann sich hier bis weit in den Frühsommer unangenehm vereister Altschnee halten. Ein kurzer, steiler Anstieg durch den mit Erlengestrüpp bewachsenen Hang bringt uns hinauf zum Gipfelkreuz auf dem breiten Wiesenrücken des **Ornach** ⑤, 1560 m. Der eigentliche, etwas höhere Gipfel des Jochschrofen liegt etwa 250 m westlich, aber auch diese Wiese ist ein wunderschönes Plätzchen mit einem prächtigen Panorama, um die heutige Wanderung noch einmal Revue passieren zu lassen.
Der Abstieg erfolgt über den steilen Wiesenhang auf der Ornach-Südseite. In einer weiten Kehre wandern wir abwärts, tauchen in den Wald ein und stoßen auf einen breiten Wirtschaftsweg, der uns in zahlreichen, weitläufigen Serpentinen nach Oberjoch hinunterbringt. Dort gehen wir links an der Alpenklinik vorbei, durch den Riedlesweg und geradeaus über einen schmalen Wiesenweg zum Parkplatz in der Ortsmitte.

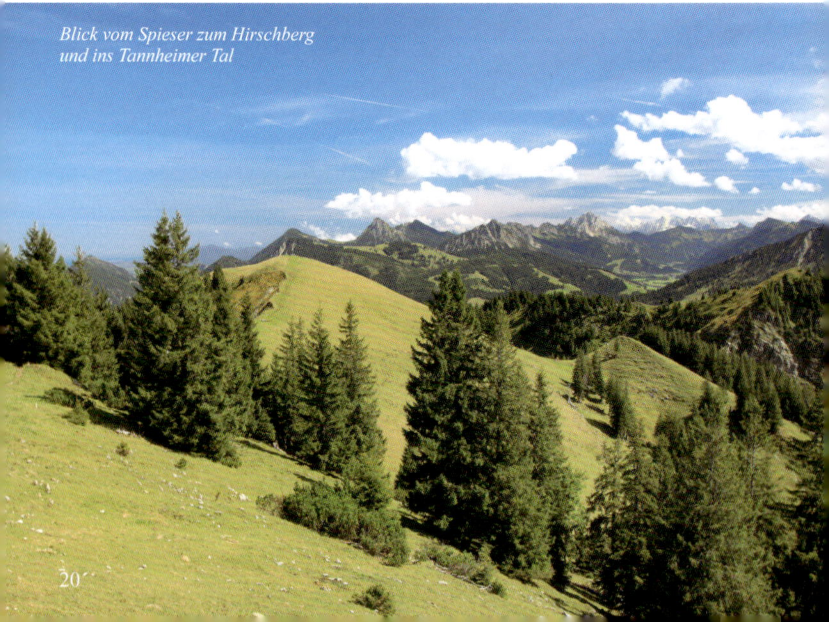

Blick vom Spieser zum Hirschberg und ins Tannheimer Tal

Wildbachtobel und Hirschbachtobel 2

30 Std. | 400 Hm | 7 km

Oberjoch, großer Parkplatz in der Ortsmitte, 1140 m. Oberjoch liegt am westlichen Ende des Tannheimer Tales auf der gleichnamigen Passhöhe, gut drei Kilometer westlich der Grenze A/D (*Navi: 87541 Bad Hindelang-Oberjoch, Passstraße 17);* Bus Reutte–Tannheim–Oberjoch ca. alle 60 bis 90 min.

In den Tobeln teils nass und rutschig, Teleskopstöcke sind ratsam; im Hirschbachtobel steile Anstiege.

Café Polite (5 min. Abstecher) und in Oberjoch

Malerische Tobel zwischen Hindelang und Oberjoch

Zwischen Oberjoch und Bad Hindelang gibt es zwei spannende Tobel zu entdecken. Der malerische Wildbachtobel führt parallel zur Jochpassstraße steil hinab ins Ostrachtal, während der wilde Hirschbachtobel hinauf Richtung Hirschberg zieht. Beide Tobel lassen sich zu einer abwechslungsreichen Runde verbinden.

Der Toureinstieg ist evtl. etwas schwierig zu finden: Am westlichen Ende des großen Parkplatzes in **Oberjoch** ①, 1140 m, beginnt die Moorstraße, der wir für 150 m folgen, dann kurz rechts und gleich wieder links in die Salzgasse und nach dem dritten Gebäude erneut links in den Kanzel-Ringweg. Auf diesem lassen wir den Ort hinter uns und wandern durch die schönen Wiesen. Nach wenigen Minuten zweigt rechts – gegenüber einem kleinen Speichersee – ein Pfad ab, der uns nach etwa 300 Metern zu einer schmalen Teerstraße bringt. Auf dieser gehen wir nur ein paar Schritte rechts, dann beginnt links der Weg durch den Wildbachtobel. Der Tobel ist ein schmaler, bewaldeter Einschnitt, durch den der Wildbach – trotz seines Namens – meist recht harmlos und sehr idyllisch hindurchplätschert. Ab und zu

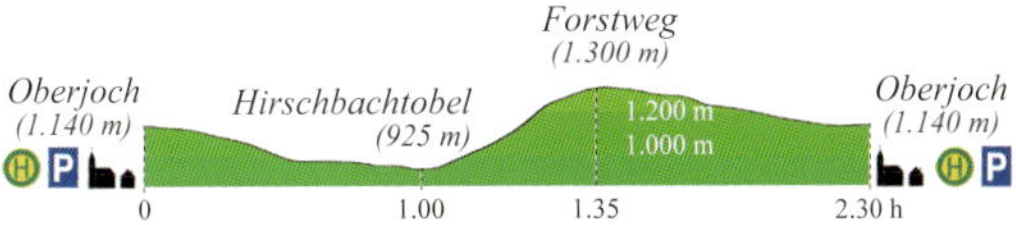

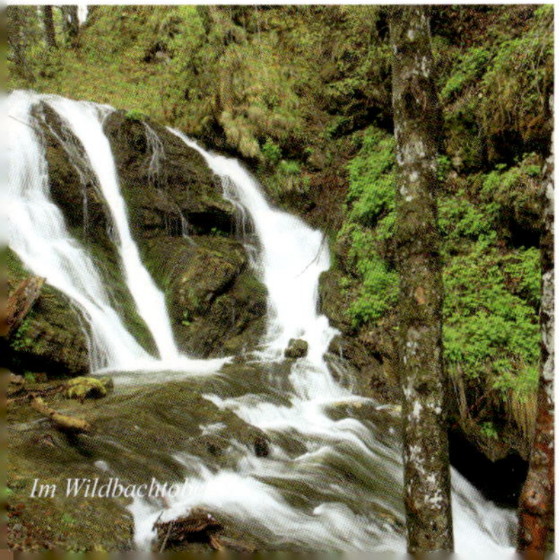

Im Wildbachtobel

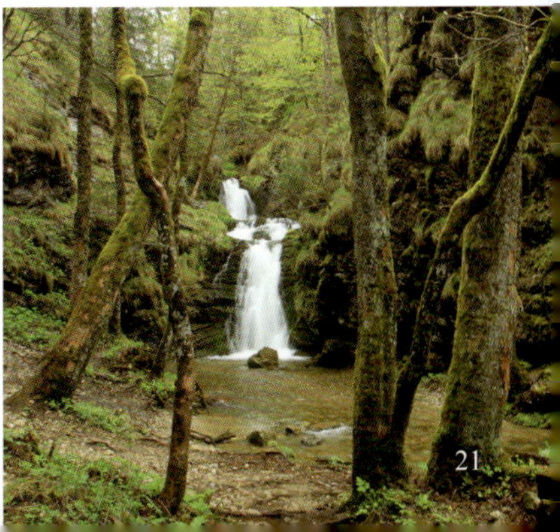

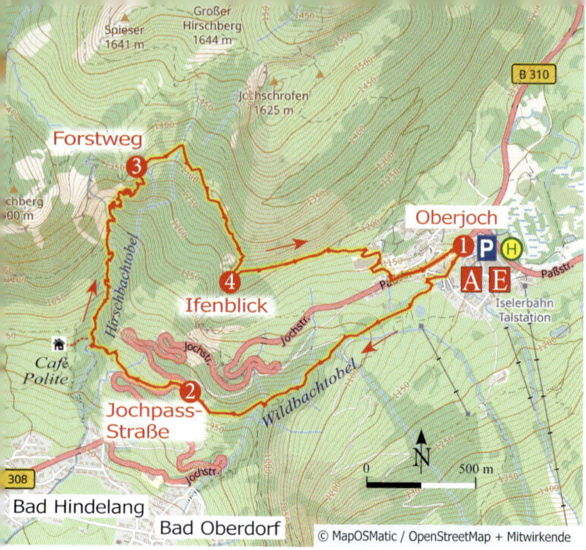

stürzt der Bach Wasserfälle hinab, und rechts und links stoßen kleinere Bäche hinzu. Eine sehr schöne Stimmung. Der Weg verläuft fast immer direkt am Ufer entlang, anfangs auf der rechten Seite, später wechseln wir auf die linke, meist leicht zu gehen, nur im oberen Bereich warten einige etwas rutschige Stellen über glatten Fels mit kleineren Seilsicherungen und Trittstufen. Am unteren Ende des Tobels wechseln wir wieder auf die rechte Bachseite und treten auf eine offene Wiese, wo sich uns ein schöner Blick über das Ostrachtal bietet. Wir queren eine Wiese und stoßen auf die **Jochpassstraße** ②, 970 m, die wir – an einer etwas unübersichtlichen Kurve – überqueren. Auf der anderen Seite wandern wir anfangs parallel zur Straße weiter, dann geht es steil in den bewaldeten Einschnitt des Hirschbaches hinab (925 m). (Hier besteht die Möglichkeit, in wenigen Minuten zum Café Polite auf der gegenüberliegenden Bachseite hinaufzusteigen.) Wir wenden uns hier rechts und beginnen unseren Anstieg entlang des Baches. Der Hirschbachobel verströmt eine ganz andere Atmosphäre als der Wildbachtobel. Alles scheint eine Nummer größer hier mit nacktem Fels beidseitig des Weges. Bald haben wir den geschlossenen Wald hinter uns gelassen, das Gelände wird alpiner, steiler, vor uns recken sich die hohen Felswände von Kellerwand und Krähenwand in den Himmel, und das direkte Ufer wird im wörtlichen Sinne zu unwegsam. Wir wechseln auf die rechte Bachseite, lassen den Bach unter uns zurück und steigen in engen Serpentinen einen steilen Hang hinauf, wobei wir einen letzten Blick auf einen hohen

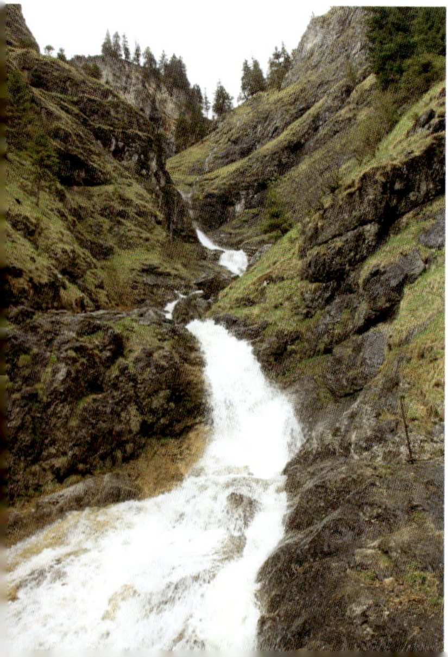

Im Hirschbachtobel

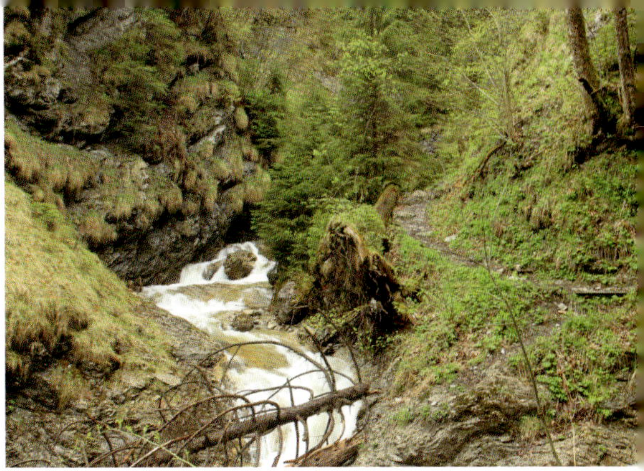

Im Hirschbachtobel

Wasserfall gegenüber werfen können. Nach einem längeren, steilen Anstieg treffen wir schließlich auf einen breiten **Querweg** ③, 1300 m, auf dem wir uns rechts halten und im weiten Bogen hinüber zu einer Teerstraße gelangen. Auf dieser wandern wir für wenige Minuten steil bergab, verlassen sie aber gleich wieder in der ersten Kehre (1275 m) und biegen links in einen schmalen Weg ein. Wir queren einen steilen Hang, dessen zahlreiche abgestorbene und umgestürzte Bäume noch immer daran erinnern, dass vor vielen Jahren ein Herbststurm über ihn hinweggezogen ist. Dann bringen uns ein paar steile Serpentinen hinab zu einem **Aussichtspunkt (»Ifenblick«)** ④, 1210 m. Von hier erfolgt der Rückweg über einen schönen Panoramaweg oberhalb einer steilen Wiese nach Oberjoch, das wir beim Alpenhotel erreichen. Der Weg hinunter zur Hauptstraße verläuft quer über das Hotelgelände, unten an der Straße dann links und in wenigen Minuten zurück zum Parkplatz.

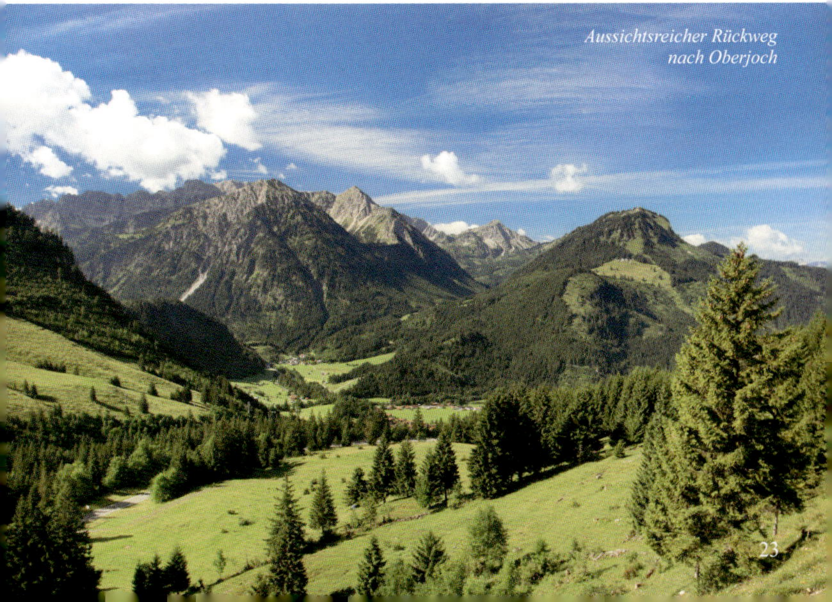

Aussichtsreicher Rückweg nach Oberjoch

3 Aufs Wertacher Hörnle

4 Std. | 750 Hm | 10,2 km

Unterjoch, Wanderparkplatz im Ortsteil Obergschwend, ca. drei Kilometer nördlich von Oberjoch an der B310 Wertach–Oberjoch *(**Navi**: 87541 Bad Hindelang-Unterjoch, Obergschwend 10);*
Bus Reutte–Tannheim–Oberjoch ca. alle 60 bis 90 min; Bus Oberjoch–Unterjoch ca. stündlich, Haltestelle »Obergschwend«.

Teils breite Wirtschaftswege, teils schmale Wiesen-Pfade. Technisch leichte Tour, aber einige steilere Abschnitte.

Buchelalpe ②; Schnitzlertalalpe ④

Variante: Wer die Tour etwas kürzer gestalten will, kann etwas nördlich/unterhalb des Gipfels rechts abbiegen und über den Wiesengrat, der den Kessel im Norden begrenzt, im Rechtsbogen um den Hörnlesee herumwandern und wieder auf den Hinweg treffen *(insgesamt 3.30 Std., 8,8 km, 650 Hm)*.

Prächtiger Aussichtsgipfel mit Bergsee

Im Westen wird das Wertachtal von einem langgestreckten Kamm begleitet, der seinen höchsten Punkt im Wertacher Hörnle findet. Aus dem Wertachtal steigen wir steil hinauf zu seinen weiten Wiesenhängen und -kuppen und besuchen unterwegs die gemütliche Schnitzlertalalpe sowie den hübschen Hörnlesee unterhalb des Gipfels.

Vom **Parkplatz** ①, 1050 m, gehen wir für ca. 250 Meter parallel zur Landstraße in südlicher Richtung, biegen dann rechts ab und steigen über die Wiese zu einem Bauernhaus hinauf. An diesem rechts vorbei und weiter auf einem schmalen Weg die steile Wiese hinauf bis zur **Buchelalpe** ②, 1270 m. Hinter uns breitet sich die Hochfläche des Oberjochs aus, und mit jedem gewonnenen Höhenmeter wird der Blick ins dahinter liegende Tannheimer Tal umfassender. Oberhalb der Buchelalpe folgen wir einem

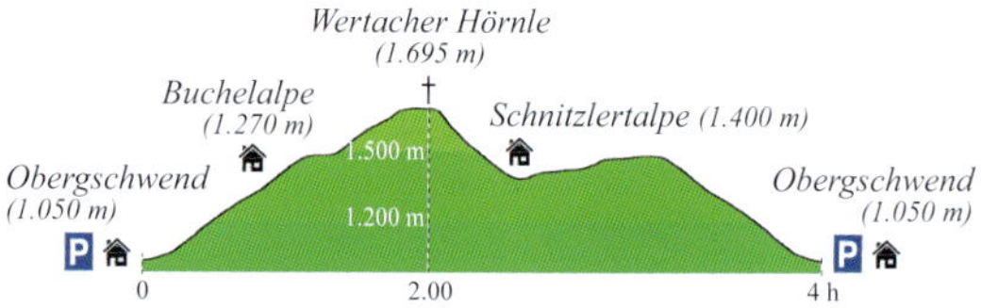

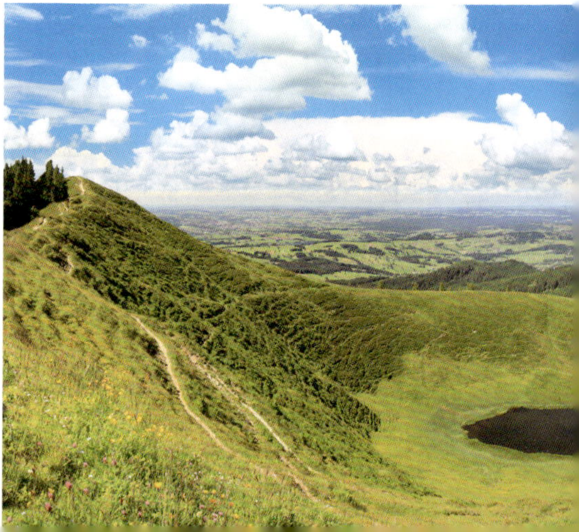

Panorama vom Wertacher Hörnle

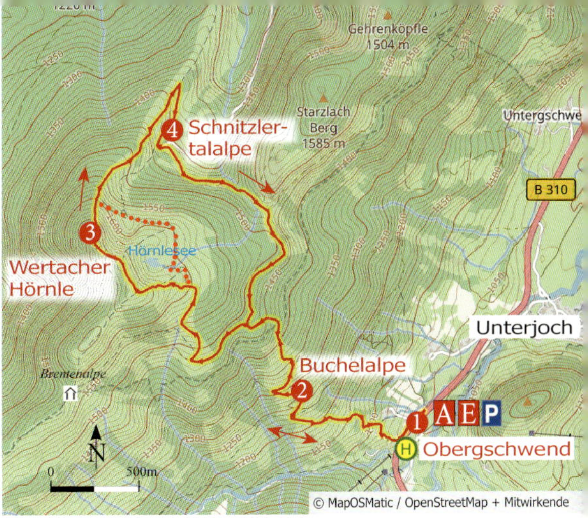

Wirtschaftsweg, der sich in einigen Kehren weiter den steilen Hang hinaufzieht, am oberen Ende der Almwiesen in einen Waldweg übergeht und schließlich auf einen breiten Querweg trifft (1475 m). Hier halten wir uns links, schnaufen etwas durch, um einige Minuten später – in Sichtweite der Brentenalpe vor uns – die letzte Etappe unseres Anstiegs in Angriff zu nehmen. Wir biegen rechts ab und steigen auf einem grobgeschotterten Weg recht steil einen offenen Wiesenhang hinauf. Wir gelangen zu einem Kamm, hinter dem sich eine weite Wiesenwanne ausbreitet mit dem Hörnlesee mittendrin. Nun geht es links auf dem Grat bergwärts bis zu einem schönen Wiesenplateau (1684 m). Rechts unter uns haben wir einen schönen Blick über den kleinen See inmitten des sanften Wiesenkessels, während sich im Hintergrund das gesamte Tannheimer Tal ausbreitet. Über einen Wiesenkamm spazieren wir hinüber zum eigentlichen Gipfel des **Wertacher Hörnles** ③, 1695 m.

Unser Abstieg verläuft über die Nordseite des Berges und folgt einem steilen Grat abwärts, begleitet von einem schönen Blick in Richtung Alpenvorland. Kurz hinter

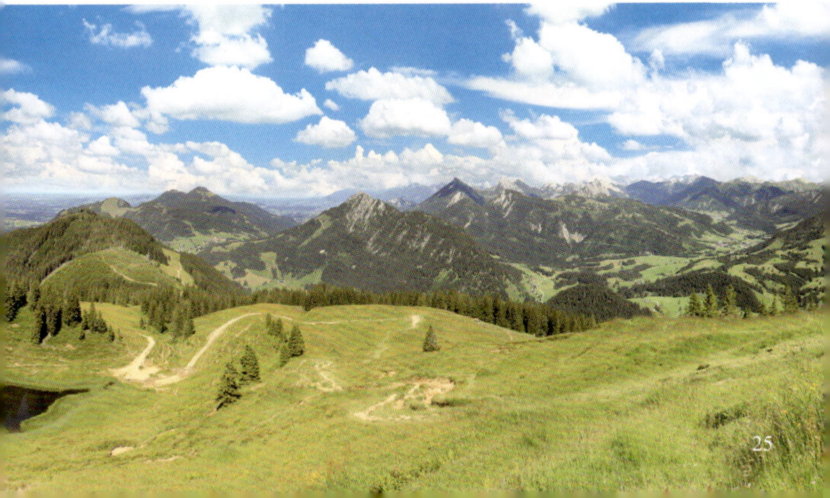

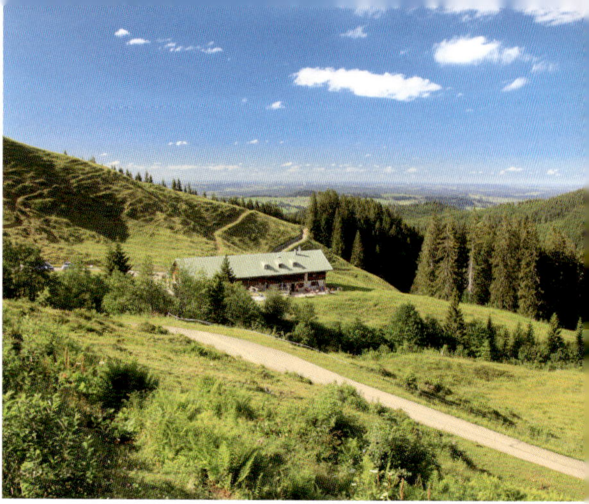

Die Schnitzlertalalpe

einem weiteren Kreuz (ohne Gipfel) erreichen wir die **Schnitzlertalalpe** ④, 1400 m. Für den Rückweg folgen wir der Hütten-Zufahrtstraße einige Meter und biegen dann gleich in der ersten Kehre rechts in einen breiten Wirtschaftsweg ein. Auf diesem geht es leicht ansteigend durch Wald und Wiesen hinüber zu einem Sattel, hinter dem sich wieder ein Blick ins Wertachtal öffnet, und weiter auf dem schönen Höhenweg bis zum Abzweig, den wir bereits vom Aufstieg her kennen (1475 m). Der weitere Abstieg über den steilen Hang und vorbei an der Buchelalpe erfolgt ebenfalls auf dem vom Aufstieg bekannten Weg.

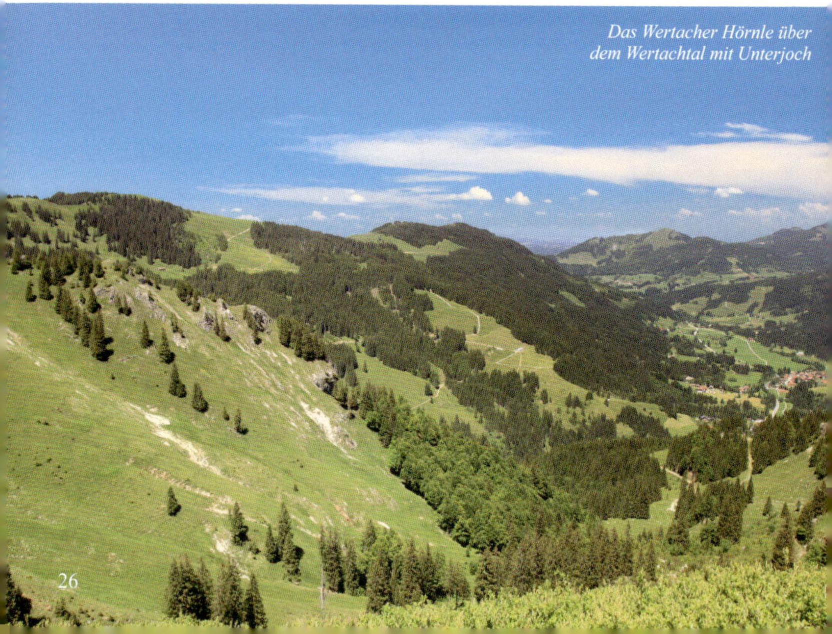

Das Wertacher Hörnle über dem Wertachtal mit Unterjoch

Auf die Reuterwanne 4

30 Std. | 550 Hm | 8,5 km

Jungholz-Langenschwand; Von Oberjoch 7 Kilometer auf der B310 Richtung Wertach, dann 2,5 Kilometer auf Stichstraße nach Jungholz und weiter zum Ortsteil Langenschwand ganz am Ende mit Wanderparkplatz, 1130 m *(**Navi**: A6691-Jungholz, Langenschwand 135);* Bus Reutte–Tannheim–Oberjoch ca. alle 60 bis 90 min; Bus Oberjoch–Jungholz ca. alle 2 Stunden.

Mäßig steile An- und Abstiege, im unteren Bereich meist Teerbelag, weiter oben Schotterwege und teils auf schmalen Trampelpfaden über Wiesen.

Stubentalalpe ②, Untere Reuterwannenalpe (ca. 350 m weiter Abstecher vom Hauptweg).

Stiller Wiesengipfel mit weiten Ausblicken

Die Reuterwanne ist ein – auf den ersten Blick – recht unscheinbarer Grasberg nördlich von Jungholz. Diese hübsche, über weite Strecken recht stille Wanderung führt uns hinauf auf seinen überraschend aussichtsreichen Gipfel mit Ausblicken übers Wertachtal und bis weit hinein ins Tannheimer Tal.

Vom **Parkplatz Langenschwand** ①, 1130 m, spazieren wir auf der – ab hier autofreien – Straße ostwärts und lassen schnell die letzten Häuser hinter uns. Bald fällt vor uns das Gelände tief in das bewaldete Vilstal ab, und während sich rechts hinter uns der zackige Gipfel des Sorgschrofen erhebt, biegen wir links ab und wandern auf der nun ansteigenden Straße durch Wiesen und Wald hinauf zur **Stubentalalpe** ②, 1284 m. Links an der Hütte vorbei steigen wir anfangs weglos über eine steile Wiese weiter bergan und im Anschluss auf holprigem Weg weiter durch

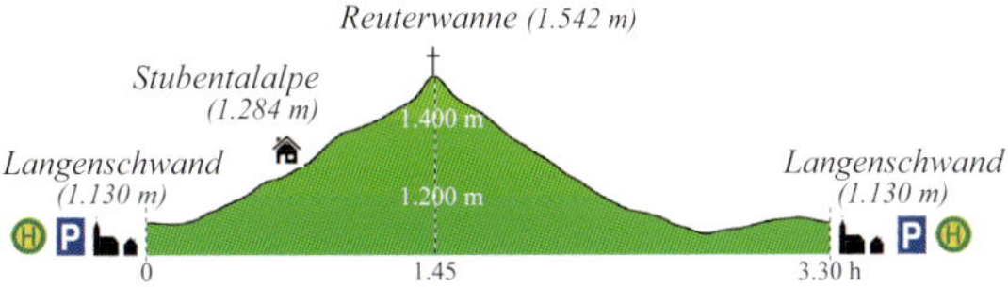

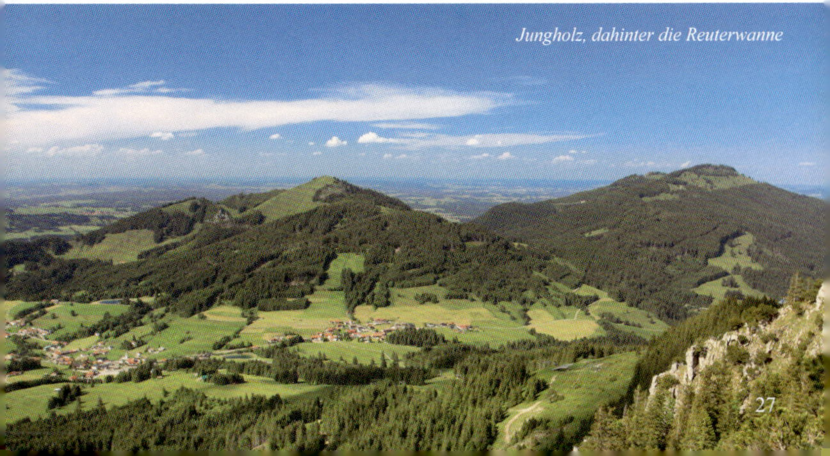

Jungholz, dahinter die Reuterwanne

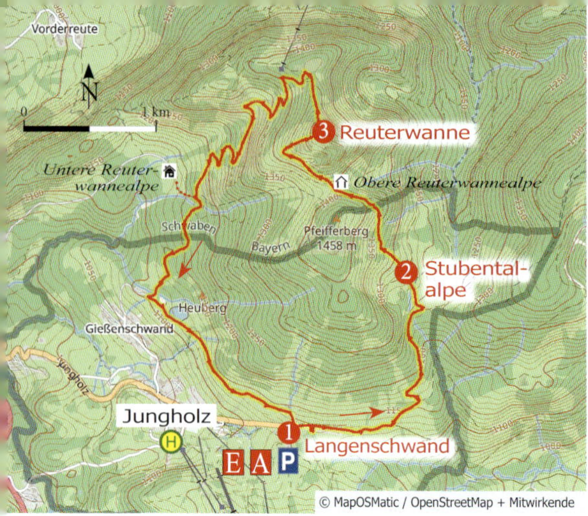

Wald. Kurz hinter der nur mit einem kleinen Grenzstein markierten Grenze zu Deutschland erreichen wir einen breiten Schotterweg, auf dem wir links in wenigen Minuten zu einem Sattel hinaufwandern (1387 m). Dort öffnet sich der Wald zu einer weiten Wiesen- und Weidelandschaft. Direkt auf dem Sattel liegt die Obere Reuterwannealpe, und auf der gegenüberliegenden Seite haben wir einen weiten Blick in Richtung Grünten. Gleich neben der Hütte beginnt ein schmaler Trampelpfad, der sich quer einen steilen Wiesenhang hinaufzieht. Mit jedem Meter wird das Panorama schöner und allmählich rückt links das langgestreckte Wertachtal ins Blickfeld. Der Weg macht eine scharfe Rechtskehre und führt steil über offene Wiesen hin-

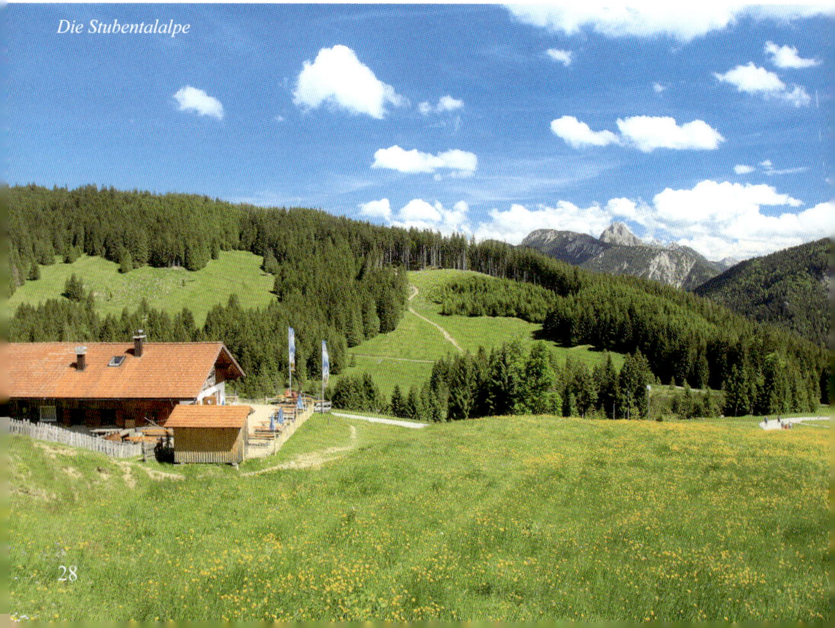

Die Stubentalalpe

auf zum nahen Gipfel der **Reuterwanne** ③, 1542 m. Der Berg mag aus dem Tal recht unscheinbar wirken, der Rundumblick von oben ist allerdings sensationell: im Süden das lange Wertachtal, weit im Hintergrund die Gipfel von Gaishorn, Großem Daumen und Grünten, etwas näher der zackige Doppelgipfel des Sorgschrofen und die sanften Kämme des Wertacher Hörnles, im Norden das voralpine Allgäu, und auch Richtung Ostallgäu reicht der Blick. Der Abstieg erfolgt über den schmalen, bewaldeten Grat Richtung Norden (Wegweiser »Wertach«), ist recht steil und holprig und verläuft insbesondere am Anfang direkt an der steilen Abbruchkante (Vorsicht mit Kindern!). Auf einer Lichtung (1436 m) weist uns ein Schild links den Weg Richtung Untere Reuterwannealpe. Der Wegverlauf ist hier etwas unklar, aber im Grunde geht es schnurgerade über eine steile Wiese bergab, manchmal queren wir dabei Wegspuren, die den Hang in weiten Serpentinen bewältigen. Am unteren Wiesenende stoßen wir auf einen breiten Schotterweg, an dem wir uns links halten und der uns in weiten Kehren durch offenes Gelände abwärts führt. In einer sehr scharfen Kurve zweigt links ein Weg Richtung Jungholz ab (wer noch einkehren möchte, kann vorher rechts auf der Straße zur etwa 350 Meter entfernten Unteren Reuterwannealpe hinüberwandern). Für den direkten Rückweg jedoch biegen wir hier ab, verlassen den Schotterweg und wandern für etwa 15 Minuten durch den Wald süd- und dabei leicht abwärts. Dann öffnet sich der Wald und wir stehen am Rand einer weiten Wiese oberhalb von Jungholz mit dem Sorgschrofen im Hintergrund. Hier wenden wir uns nach links und folgen dem schönen »Höhenweg«, der uns mit leichtem Auf und Ab – vorbei an einem Wasserspeicher und einer Kneippanlage – zurück zu unserem Ausgangspunkt in Langenschwand bringt.

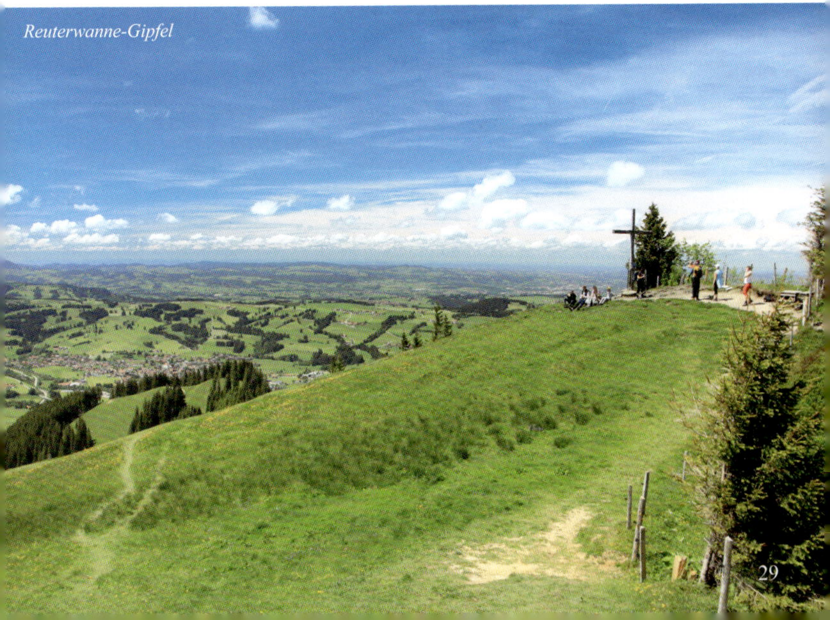

Reuterwanne-Gipfel

5 Auf den Sorgschrofen

2.30 Std. | 500 Hm | 5 km

Jungholz-Langenschwand; von Oberjoch 7 Kilometer auf der B310 Richtung Wertach, dann 2,5 Kilometer auf einer Stichstraße nach Jungholz und weiter zum Ortsteil Langenschwand ganz am Ende mit Wanderparkplatz, 1130 m
*(**Navi**: Jungholz, Langenschwand 135);*
Bus Reutte–Tannheim–Oberjoch ca. alle 60 bis 90 min; Bus Oberjoch–Jungholz ca. alle 2 Stunden.

meist sehr steil bergauf/bergab auf Wiesentrampelpfaden. Im Gipfelbereich ausgesetzt, felsig, Trittsicherheit unbedingt erforderlich.

Kamelstüble ①; weitere in Jungholz

Über schmale Felsgrate bei Jungholz

Der Sorgschrofen mit seiner felsigen Kuppe ist der Hausberg der kleinen Tiroler Enklave Jungholz an der Nordwestecke des Tannheimer Tales. Auf stillen Wiesenpfaden steigen wir hinauf auf seinen zum Ende hin sehr scharfkantigen und ausgesetzten Felsgipfel mit seiner schönen Aussicht.

Vom **Parkplatz Langenschwand** ①, 1130 m, geht es etwa 100 m wieder zurück Richtung Jungholz, dann kurz vor der kleinen Dorfkirche links und aus dem Ort heraus. Der sich anschließende Schotterweg führt geradewegs auf den Sorgschrofen zu, der sich vor uns erhebt. Bald erreichen wir die unteren Ausläufer einer der vielen Skipisten, die den Sorgschrofen-Nordhang durchziehen und beginnen unseren Aufstieg. Es geht am linken Rand einer – im Sommer von bunten Blumen übersäten – Wiese hinauf, steil und ohne Serpentinen auf einem ausgetretenen Trampelpfad. Mit jedem Schritt öffnet sich in unserem Rücken ein schönerer Blick auf den kleinen Ort Jungholz, allmählich werden auch die dahinter liegenden Gipfel von

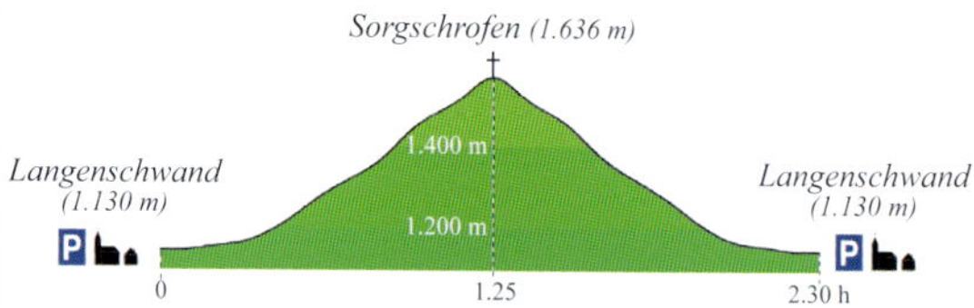

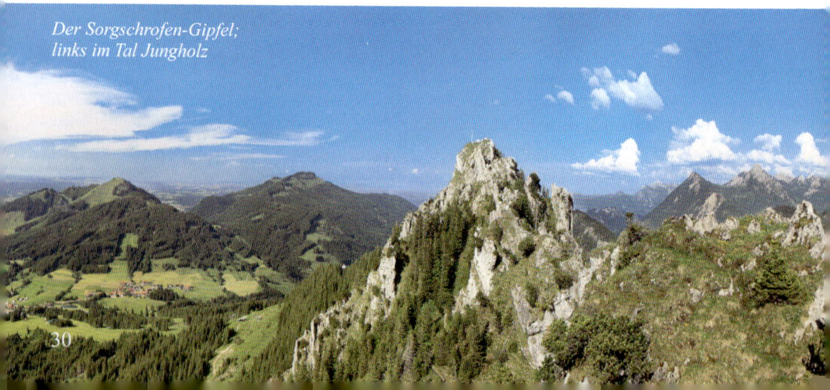

Der Sorgschrofen-Gipfel; links im Tal Jungholz

Reuterwanne und Edelsberg sichtbar. Dann queren wir die Piste/Wiese und steigen auf der rechten Seite auf einem steilen Forstweg weiter an, bis wir eine kleine Abdachung mit einem **Skilift-Gebäude** ②, 1400 m, erreichen. Hier enden auch die freien Wiesen. Rechts etwas unterhalb erkennen wir die Hütte der Älpele Alpe, dahinter öffnet sich das Wertachtal und direkt über uns verläuft der zackige Felsgrat zwischen den Gipfeln von Zinken und Sorgschrofen. Hier kurz links, dann erneut steil den Hang hinauf bis zu einem nahen Grat, wo wir einen ersten Blick hinüber ins Tannheimer Tal werfen können. Auf dem Grat halten wir uns rechts und wandern – nun bei deutlich angenehmerer Steigung – weiter. Zum Ende erwartet uns noch ein recht anstrengender, steiler und sich etwas ziehender Anstieg hinauf zum Gipfelbereich, wobei es teils über nackten, allerdings angenehm griffigen Fels geht; Seilsicherungen geben zudem zusätzliche Sicherheit. Dann haben wir den Gipfel erreicht. Das Gelände ist hier sehr ausgesetzt und recht holprig durch die vielen Felsen, es ist also besondere Vorsicht angebracht. Der Rundblick vom **Sorgschrofen** ③, 1636 m, den wir uns durch den anstrengenden Anstieg verdient haben, ist allerdings beeindruckend. Das Tannheimer Tal, das Vilstal mit dem Ostallgäu in der Ferne, sowie Reuterwanne und Wertacher Hörnle. Wer mit dem Gedanken spielt, dem kaum einen Steinwurf entfernten Zinken-Gipfel einen Besuch abzustatten, sollte allerdings vorgewarnt sein: Der Übergang ist kein Zuckerschlecken, sehr ausgesetzt und teils unangenehm rutschig und steil. Unser Rückweg erfolgt schließlich wieder auf dem Hinweg.

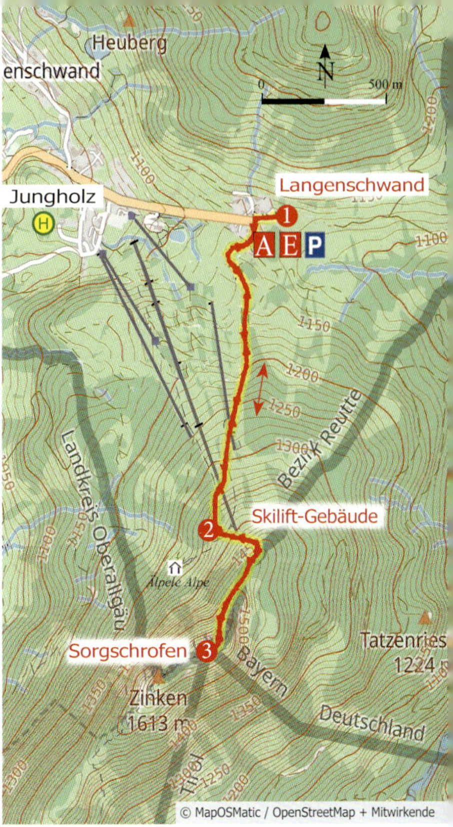

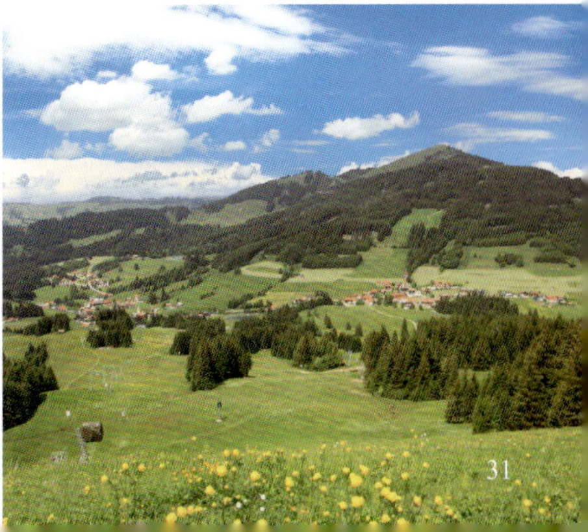

Beim Aufstieg; Jungholz

6 Auf den Zinken

3.30 Std. | 600 Hm | 8,5 km

Unterjoch, 1010 m; ca. vier Kilometer nördlich von Oberjoch an der B310 Wertach–Oberjoch. Parkplatz »Wertachbrücke« am nordwestlichen Ortsrand *(**Navi**: 87541 Bad Hindelang-Unterjoch, Sorgschrofenstraße);*
Bus Reutte–Tannheim–Oberjoch ca. alle 60 bis 90 min; Bus Oberjoch–Unterjoch ca. stündlich.

Auf der unteren Hälfte breite Teerstraße (Anliegerverkehr), ansonsten schmale Wanderwege, teils recht steil. Am felsigen Zinken-Gipfel etwas leichte Kletterei.

In Unterjoch

Spannende Tour hoch über dem Wertachtal

Am Nordrand der Oberjoch-Hochebene erhebt sich ein langgestreckter, isoliert stehender Grat mit einem markanten, felsigen Doppelgipfel. Von Unterjoch steigen wir hinauf auf seinen Südgipfel, den Zinken, der uns mit etwas Kraxelei unterm Gipfelkreuz sowie einem wunderschönen Panorama erwartet.

Vom **Parkplatz in Unterjoch** ①, 1013 m, spazieren wir hinüber zur Dorfmitte und biegen gegenüber der Kirche in den kleinen, hübsch gestalteten Kurgarten ein. Dort wandern wir – parallel zur Straße – an einem kleinen Bach entlang und durch einen Mini-Tobel hindurch und stoßen wieder auf die Straße. Genau gegenüber beginnt ein Wanderweg, der etwas später auf eine weitere Straße trifft (mit gelegentlichem Anliegerverkehr). Auf dieser bleiben wir

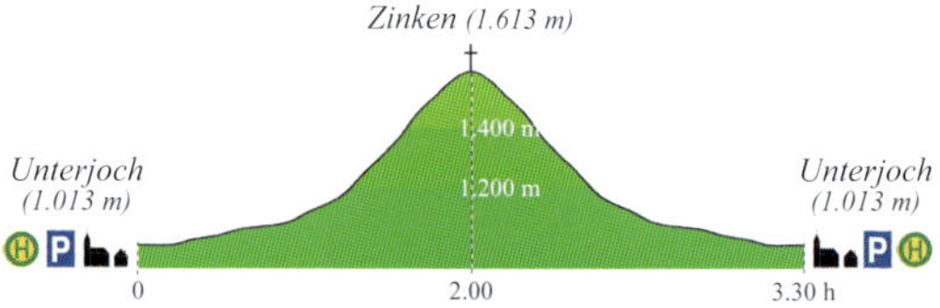

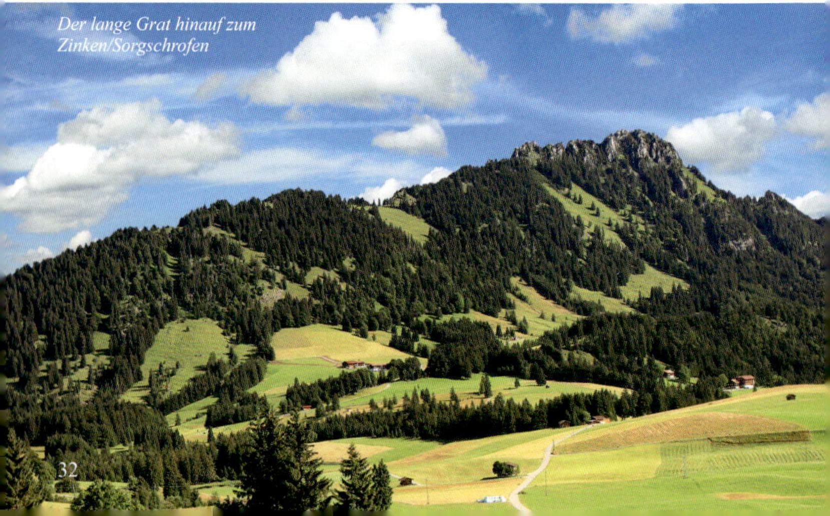

Der lange Grat hinauf zum Zinken/Sorgschrofen

für ca. 1,5 Kilometer, passieren vereinzelte Bauernhäuser, während sich zur Rechten eine hübsche, offene Landschaft mit Wiesen und Mooren ausbreitet. Allmählich rücken im Süden die Gipfel von Iseler, Ponten und Rohnenspitze ins Bild, dann biegt die Straße links ab und steigt hinauf zu den **Zehrerhöfen** ②, 1140 m, die vom langgestreckten Bergrücken des Zinken überragt werden. Hier endet sowohl die Teerstraße als auch der gemütliche Teil der

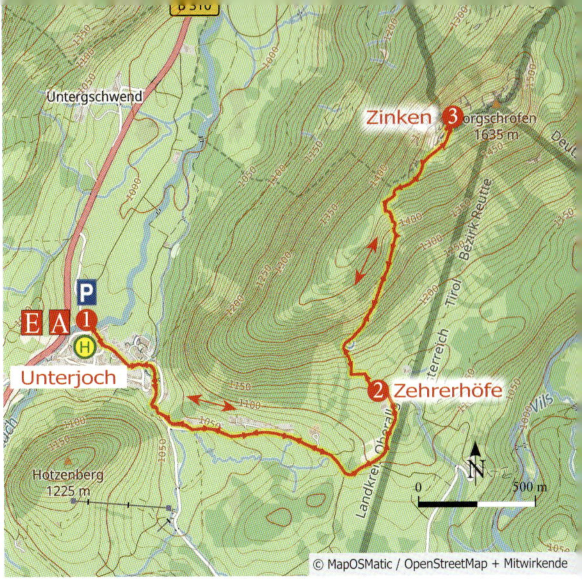

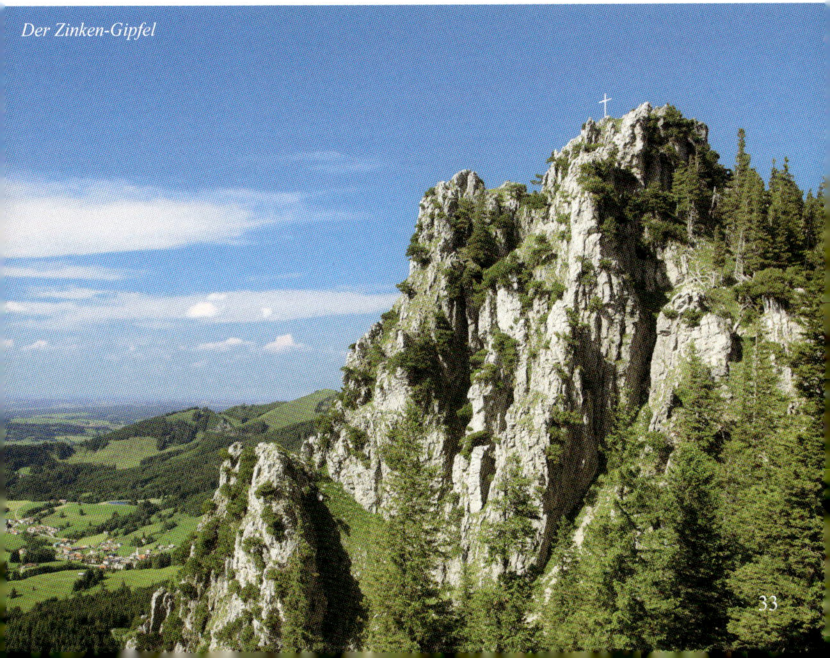

Der Zinken-Gipfel

Wanderung, denn es geht sofort recht steil bergan: zuerst am Waldrand, schließlich quer über den steilen, bewaldeten Osthang des Zinken aufwärts. Der Wald lichtet sich immer wieder und gibt den Blick frei auf das Tannheimer Tal und die Hochebene des Oberjochs. Nach einem letzten steilen Wiesenstück haben wir schließlich den Kamm erreicht (1450 m) und auch den anstrengendsten Anstieg hinter uns. Oben halten wir uns rechts und steigen weiter an. Das Gelände wird immer rauher, bald tauchen die ersten nackten Kalkfelsen auf und plötzlich erhebt sich vor uns der mächtige Kalkblock des Zinken-Gipfels. Kurz darauf stehen wir direkt unterhalb des Gipfels und haben zum Abschluss noch etwas Kletterei vor uns: Die letzten Meter in nacktem Fels sind zwar seilgesichert, aber dennoch – für manchen Wanderer – eine kleine Herausforderung mit gelegentlichem Handeinsatz. Dann haben wir es auf den kleinen, felsigen Gipfel des **Zinken** ③, 1613 m, geschafft, und können uns an dem wunderschönen Panorama erfreuen: im Osten Aggenstein und Einstein, im Süden die Wiesen des Oberjochs mit den Gipfeln der Allgäuer Alpen als Hintergrundkulisse, im Westen das tiefe Wertachtal mit den sanften Kämmen von Wertacher Hörnle und Hirschberg und im Norden unter uns die kleine österreichische Enklave Jungholz.

Variante: Der benachbarte Sorgschrofen-Gipfel mag verlockend nah wirken, der Weg hinüber ist allerdings nur für sehr geübte Wanderer geeignet. Ohne Handeinsatz geht nichts und insbesondere das erste Drittel ist nicht ganz ohne: schattig, matschig und weitgehend ohne Seilsicherung. Kurz vor dem Sorgschrofen-Gipfel wartet dann noch ein seilgesicherter Anstieg. Etwa 30 – 40 Minuten hin und zurück.

Empfehlenswerter ist wohl, die Aussicht vom Zinken zu genießen und entspannt den Rückweg anzutreten, der auf dem gleichen Weg wie hinauf erfolgt. Am Ende kann man im Kurpark von Unterjoch die Beine in den Kneippbecken wiederbeleben oder sie auf den gemütlichen Holzliegen hochlegen und dem Rauschen des Baches lauschen. Und wer mit Kindern unterwegs ist, wird sie hier eine Weile beschäftigt wissen.

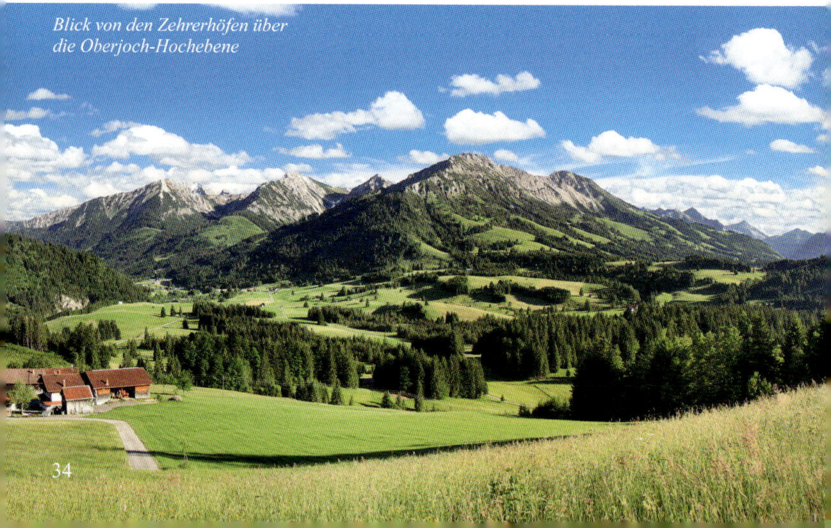

Blick von den Zehrerhöfen über die Oberjoch-Hochebene

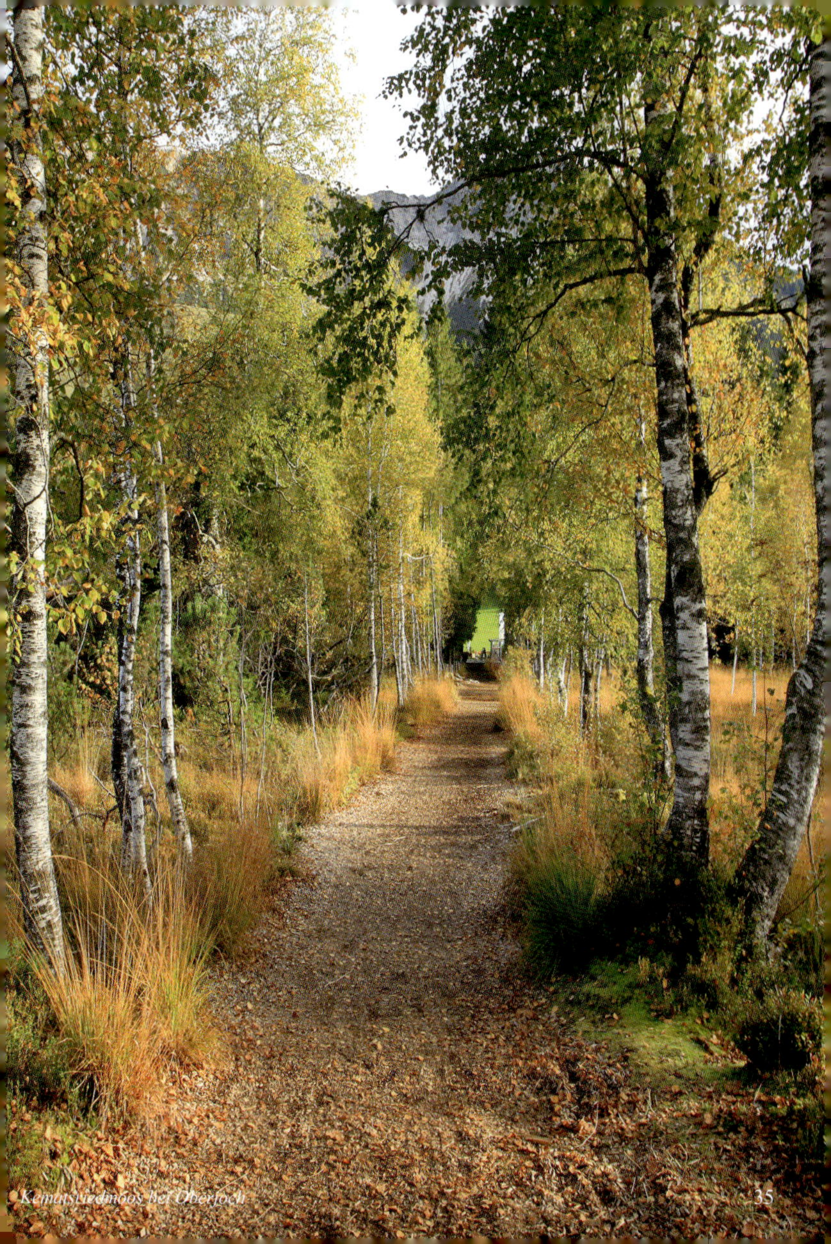

Kematsriedmoos bei Oberjoch

7 Rund um den Sorgschrofen

5 Std. | 370 Hm | 14,2 km

Unterjoch, 1010 m; ca. vier Kilometer nördlich von Oberjoch an der B310 Wertach–Oberjoch. Parkplatz »Wertachbrücke« am nordwestlichen Ortsrand *(**Navi**: 87541 Bad Hindelang-Unterjoch, Sorgschrofenstraße);* Bus Reutte–Tannheim–Oberjoch ca. alle 60 bis 90 min; Bus Oberjoch–Unterjoch ca. stündlich.

Breite Fahr- und Fußwege mit einigen mäßigen Anstiegen.

Gasthäuser in Unterjoch ① und Jungholz ②; Kälberhofalpe ④; Sorgalpe 1 und 2

Stille Wege durchs Wertach- und Vilstal

Der Sorgschrofen bildet mit seinen 1635 m die nordwestlichste Ecke des Tannheimer Tales und die südwestlichste Ecke des Ostallgäus. Sein markanter Felsgrat erhebt sich einsam aus der Landschaft und bietet sich für eine Umrundung geradezu an. Wir durchstreifen dabei die schönen Täler von Wertach und Vils sowie die Ausläufer der Oberjoch-Hochebene.

Vom **Wanderparkplatz Unterjoch** ①, 1013 m, folgen wir der Straße knapp 100 Meter nordwärts und biegen dann rechts in einen Wirtschaftsweg ein. Auf diesem geht es etwa einen Kilometer schnurgerade durch die Wiesen des Wertachtales, bis wir hinter einem Gebäude rechts abzweigen und die Wertach überqueren. Nun rechts des Flusses erneut nordwärts bis zur Sorgalpe 1. Durch ein sich anschließendes Waldstück betreten wir die Enklave

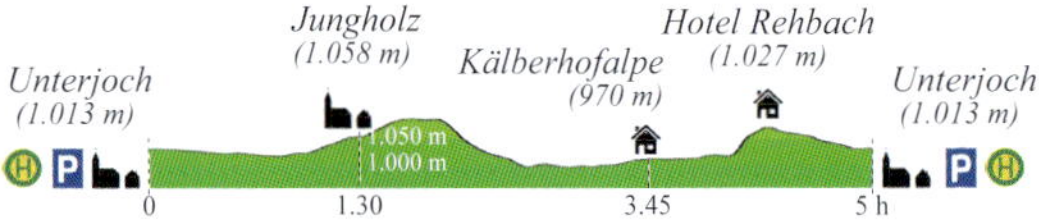

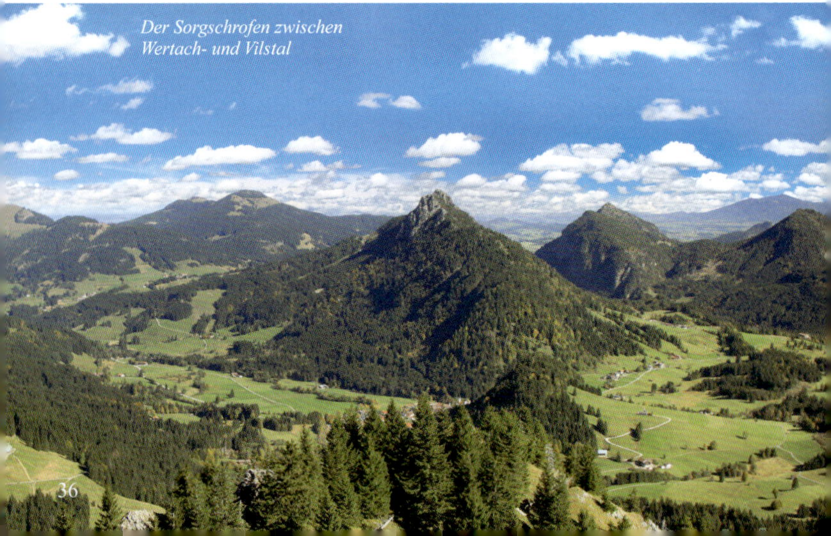

Der Sorgschrofen zwischen Wertach- und Vilstal

Jungholz, dort anfangs am Waldrand rechts bis zu einer Querstraße und auf dieser links in den Ort **Jungholz** ②, 1058 m, mit seinem großen zentralen Parkplatz. Hier halten wir uns rechts, wandern auf einem hübschen Weg entlang des Mühlbaches hinauf in den Ortsteil Langenschwand und weiter in östlicher Richtung auf der Hauptstraße aus dem Ort heraus. Dort, wo die Teerstraße links abbiegt, folgen wir geradeaus einem Schotterweg, steuern einen nahen Waldrand an und steigen hinab in den bewaldeten Taleinschnitt des Scheidbaches, wo wir auf einen Wirtschaftsweg stoßen. Dort rechts, aus dem kleinen Tälchen wieder heraus und hinüber zu den nahen Wiesen der **Scheidbachalpe** ③, 977 m. Von der Hütte sind es nur wenige Schritte hinab zum Talboden des Vilstales und zur Vils. Am Fluss angekommen wenden wir uns nach rechts und

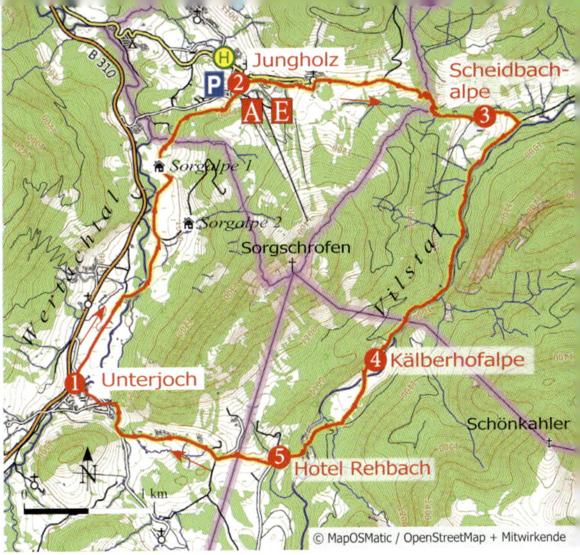

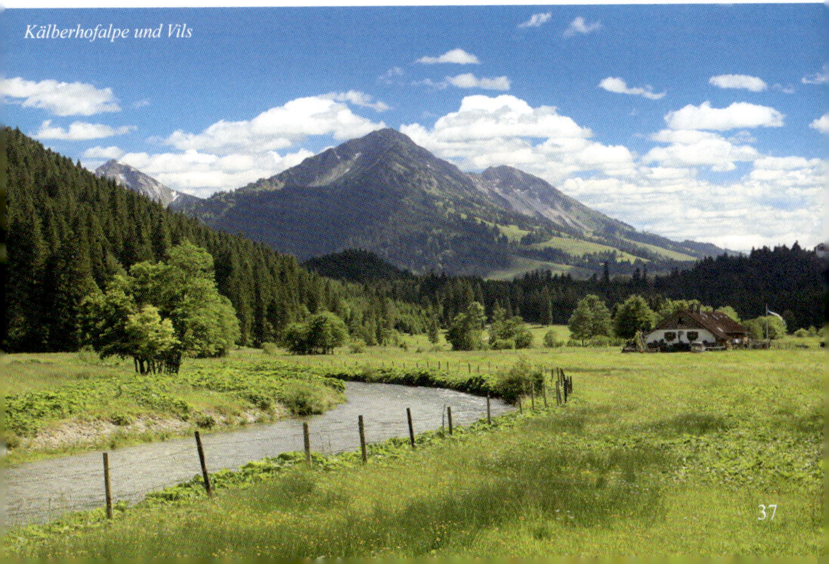

Kälberhofalpe und Vils

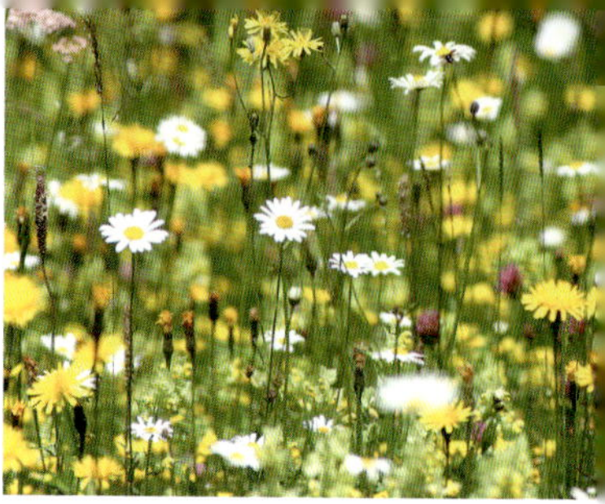

wandern auf der Straße talaufwärts. Vor uns liegt ein knapp zwei Kilometer langer enger, bewaldeter Talabschnitt, wobei unser Weg immer sehr schön direkt am rauschenden Wasser verläuft. Schließlich öffnet sich das Tal zu einer weiten, sehr idyllischen Almwiesen-Ebene mit der **Kälberhofalpe** ④, 970 m. Rechts und links wird das Hochtal von bewaldeten Hängen eingerahmt, und in der Ferne ist der Iselergrat zu erkennen. Wir wandern auf dem Schotterweg durch die weiten Wiesen südwärts, biegen am ersten Abzweig – am Südende der Wiesen – rechts ab und gelangen wieder zur Vils, die hier von einer ganz urtümlichen Auwald-Landschaft umgeben ist. Wir überqueren den Fluss und steigen am gegenüberliegenden Ufer kurz aber sehr steil hinauf zum **Hotel Rehbach** ⑤, 1072. Vom Hotelgebäude folgen wir der Zufahrtstraße für wenige Minuten bis zum Waldrand und biegen dann in einen Wanderweg ein, der rechts eine Wiesenkuppe hinaufführt. Auf der anderen Seite des Hügels stoßen wir erneut auf ein Sträßchen, das uns Richtung Unterjoch bringt. Kurz vor dem Ort zweigt – als schönere Alternative zur Straße – links ein schmaler Pfad ab, der uns an einem Bach entlang durch einen kleinen Tobel und den sich anschließenden hübschen Kurpark bis zur **Unterjocher Kirche** ⑥, 1013 m, bringt. Von hier sind es noch knapp 500 Meter durch den Ort hindurch zum Wanderparkplatz an der Wertach.

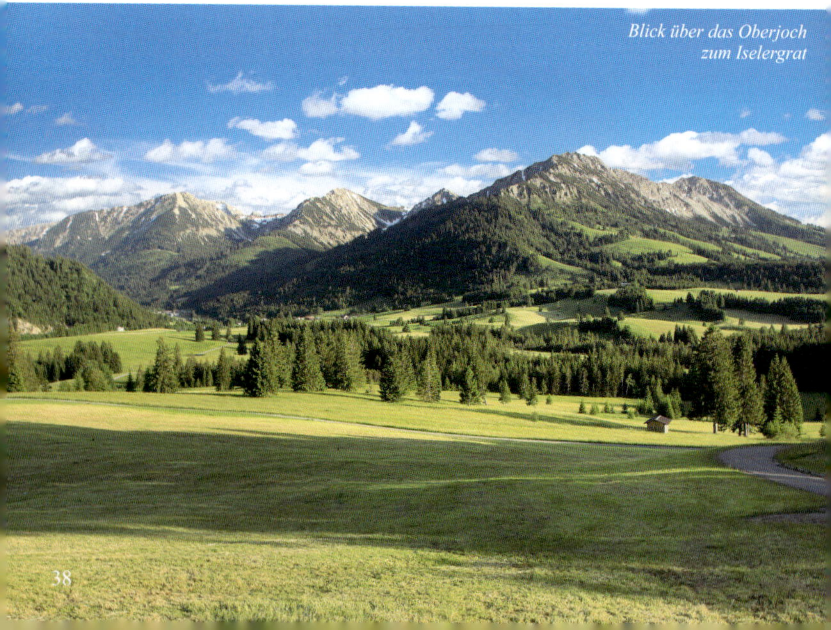

Blick über das Oberjoch zum Iselergrat

Über den Iseler-Grat 8

.30 Std. | 470 Hm | 6 km

Schattwald Wannenjochbahn, 1090 m; Schattwald ist der westlichste Ort im Tannheimer Tal, die Lift-Talstation liegt am südwestlichen Ortsrand *(**Navi**: A-6671 Schattwald, Schattwald 32);*
Bus Reutte–Tannheim–Oberjoch ca. alle 60 bis 90 min, Haltestelle »Schattwald Dorfplatz« (ca. 300 Meter Fußweg zum Startpunkt).

Wannenjochbahn Sessellift, Betriebszeiten ca. ab Mitte Juni Fr–So, Anfang Juli–Mitte Oktober tägl., 8.45–16.15 h. Generell nur bei trockener Witterung; ggf. Ruhetage (aktuelle Infos auf der Homepage prüfen), Tel. +43 5675 6260, www.tannheimer-bergbahnen.at, Talstation 1090 m, Bergstation 1565 m.

Der Gratweg ist teils etwas holprig, aber nicht wirklich schwierig, setzt jedoch gute Trittsicherheit und Schwindelfreiheit voraus. Zur Nordseite geht es oft fast senkrecht bergab, Vorsicht mit Kindern!

Wannenjochstadl ②; Zipfelsalpe *(längerer Abstecher: plus 40 min h+z, plus 75 Hm).*

Gratwanderung hoch über dem Oberjoch

Im Süden erhebt sich hoch über dem Oberjoch der markante Felsgrat zwischen Iseler und Kühgundkopf. Neben einer Bahn aus Oberjoch führt auch von Schattwald ein Lift in alpine Höhen und ermöglicht uns eine schöne Gratwanderung mit weiten Ausblicken über die Hochebene sowie die Gipfellandschaft im Süden rund um das Hintersteiner Tal.

Nach der gemütlichen Sesselliftfahrt von **Schattwald** ①, 1090 m, hinauf zur **Bergstation** ②, 1560 m, haben wir oben einen schönen Blick zurück über das langgestreckte Tannheimer Tal. Unser weiterer Weg zieht sich nun leicht ansteigend die locker mit Latschen bestandenen Osthänge des Kühgundkopfes hinauf. Nach gut 800 Metern zweigt rechts ein Pfad ab, der etwas später scharf rechts umbiegt und weiter den Hang ansteigt. Kurz darauf haben wir den Kamm erreicht sowie den von einem Kreuz gekrönten Gipfel des **Kühgundkopfes** ③, 1855 m (in D Kühgundspitze genannt). Hier öffnet sich auch der Blick Richtung Nord-

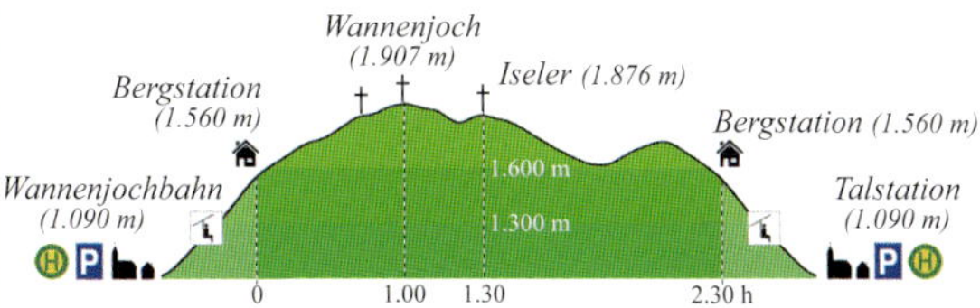

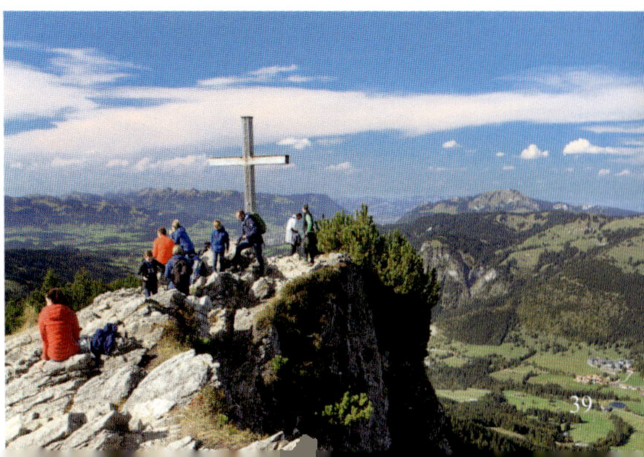

Iseler-Gipfel hoch über Oberjoch

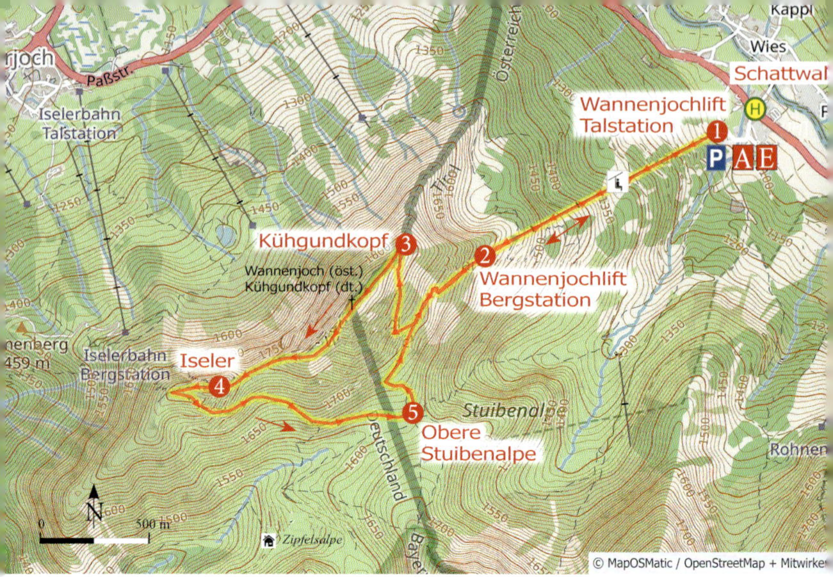

westen über die Oberjoch-Hochebene. Nun erwartet uns der wunderbare Gratweg, der sich im gemächlichen Rechtsbogen hinüber zum Iseler zieht. Der schmale Pfad führt hinauf zum nahen Gipfel des Wannenjochs (in Deutschland Kühgundkopf genannt), mit 1907 m dem höchsten Punkt des Grates und überraschenderweise ohne Gipfelkreuz. Der Weg ist schmal und manchmal etwas holprig, aber insgesamt nicht schwierig. Zur Rechten fällt das Gelände allerdings abrupt und fast senkrecht ab, eine gewisse Sorgfalt unterwegs ist also durchaus angebracht. Zur Linken – auf der sonnigen Südostseite – geht der Grat in steile Wiesen mit lockerer Latschen-Bedeckung über. Es geht leicht auf und ab, schließlich kurz vor dem Iseler durch eine etwas tiefere Senke und dann kurz und steil hinauf zum letzten Gipfel des Grates, dem **Iseler** ④, 1876 m, der aufgrund des nahen Sesselliftes meist sehr gut besucht ist. Hinter dem Gipfel fol-

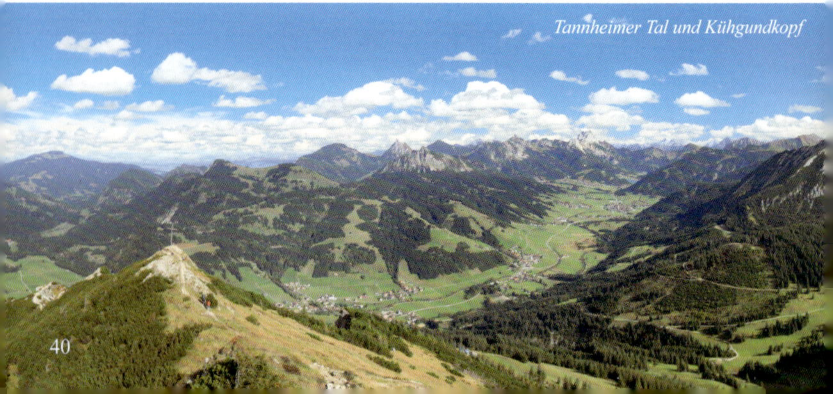

Tannheimer Tal und Kühgundkopf

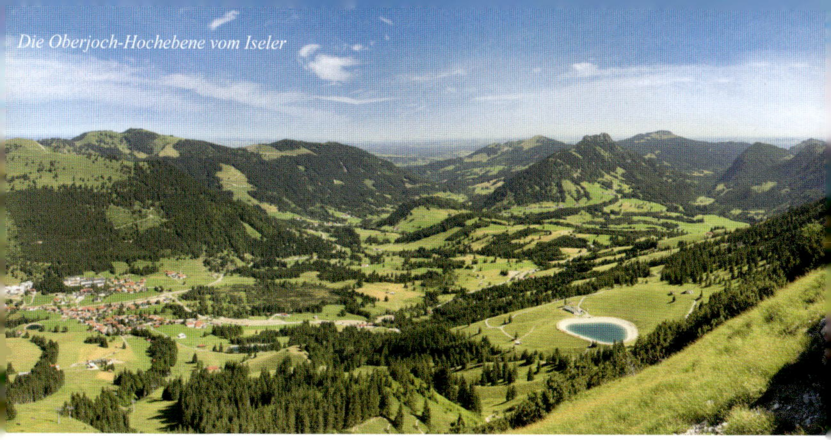

Die Oberjoch-Hochebene vom Iseler

gen wir dem Grat noch für knapp 200 Meter, dann biegen wir links ab. Unser Rückweg verläuft von hier über die sonnigen Südflanken des Iseler-Massivs. Es geht ostwärts, links steigt das Gelände steil zum Grat auf, während sich rechts das weite, wiesenbedeckte Tal des Zipfelbaches ausbreitet mit der gleichnamigen Alphütte mittendrin. Im Hintergrund erheben sich zahlreiche schroffe Dolomitgipfel bis hin zum Hochvogel in der Ferne. Stetig gemächlich absteigend erreichen wir schließlich einen weiten Wiesensattel mit den Grundmauern der **Oberen Stuibenalpe** ⑤, 1613 m. (Hier besteht die Möglichkeit, einen etwas längeren Abstecher zur Zipfelsalpe einzuschieben – ca. 40 min. hin und zurück, plus 75 Hm). Ansonsten wenden wir uns hier nach links, steigen ein kurzes Stück bergan, um dann gemütlich zurück zur Bergstation zu wandern.

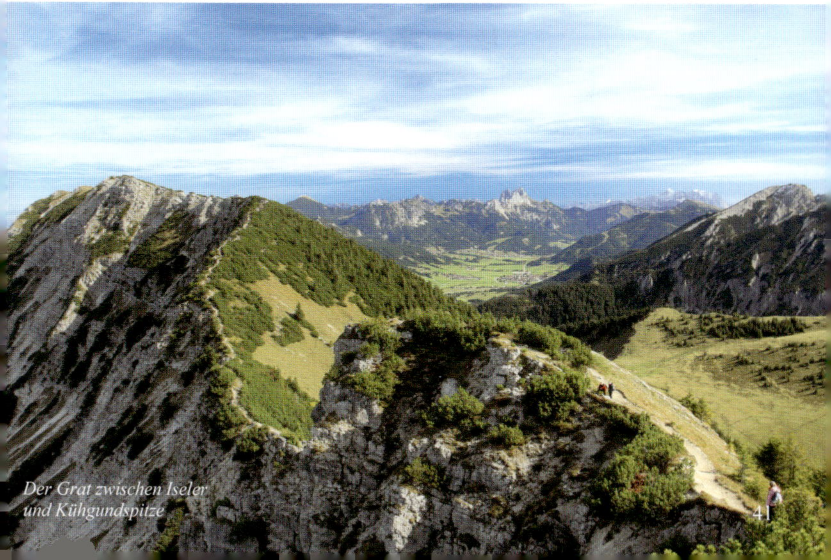

Der Grat zwischen Iseler und Kühgundspitze

9 Bschießer und Ponten

3.30 Std. | 650 / 1125 | 9,8 km

Schattwald Wannenjochbahn, 1090 m; Schattwald ist der westlichste Ort im Tannheimer Tal, die Lift-Talstation liegt am südwestlichen Ortsrand *(**Navi**: A-6671 Schattwald, Schattwald 32)*
Bus Reutte–Tannheim–Oberjoch ca. alle 60 bis 90 min, Haltestelle »Schattwald Dorfplatz« (ca. 300 Meter Fußweg zum Startpunkt).

Wannenjochbahn Sessellift, Betriebszeiten ca. ab Mitte Juni Fr–So, Anfang Juli–Mitte Oktober tägl., 8.45–16.15 h. Generell nur bei trockener Witterung; ggf. Ruhetage (aktuelle Infos auf der Homepage prüfen), Tel. +43 5675 6260, www.tannheimer-bergbahnen.at, Talstation 1090 m, Bergstation 1565 m.

Alpines Gelände, teils über offene Wiesen, teils auf schmalen Graten und durch schrofiges Gelände. Der Abstieg ist teilweise recht steil.

Wannenjochstadl ②; Zipfelsalpe (1526 m; liegt nicht direkt am Weg, ca. 20 Minuten ab der verfallenden Oberen Stuibenalpe ③; Stuiben-Sennalpe ⑥

Schmale Grate zwischen Tannheimer und Hintersteiner Tal

Diese herrliche Tour im Westen des Tales führt auf zwei ungemein aussichtsreiche 2000er, die sich auf der Grenze zwischen Tannheimer Tal und Hintersteiner Tal erheben. Einen Teil des Aufstiegs nimmt uns der Sessellift ab, ehe wir auf den schönen Gratwegen weite Panoramen genießen können.

Im Sessellift schweben wir gemütlich von **Schattwald** ①, 1090 m, hinauf zur **Bergstation** ②, 1560 m, wo wir einen weiten Blick über das Tannheimer Tal genießen können. Unsere Wanderung beginnt mit einem längeren, mäßig steilen Anstieg quer über den Osthang des Kühgundrücken bis zu einer Kuppe, hinter der sich eine weite Wiesenlandschaft öffnet; links dahinter erhebt sich unser erstes Gipfelziel, der Bschießer. Der Weg verliert wieder an Höhe bis zu einem breiten Wiesensattel mit den Resten

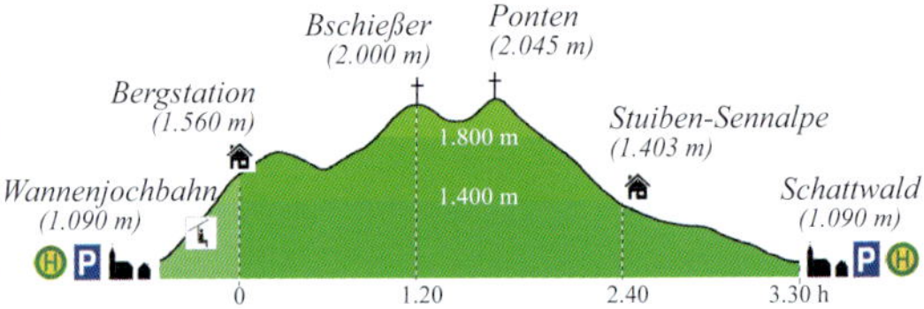

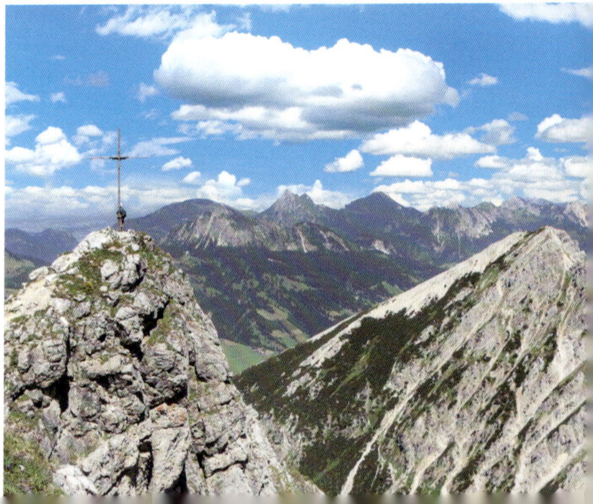

Panorama vom Ponten-Gipfel

der **Oberen Stuibenalpe** ③, 1613 m. (Rechts führt ein Weg über die weiten Wiesen in etwa 20 min. hinunter zur Zipfelsalpe, die sich von hier aber unseren Blicken entzieht.) Wir halten uns geradeaus und steigen über einen Wiesenhang aufwärts. Hinter einem – streckenweise etwas matschigen – Abschnitt mit dichtem Latschengestrüpp wird das Gelände steiler und geht mit zunehmender Höhe in karges Felsgestein und Geröll über. In steilen Serpentinen zieht sich der Pfad bergwärts, bis wir schließlich das

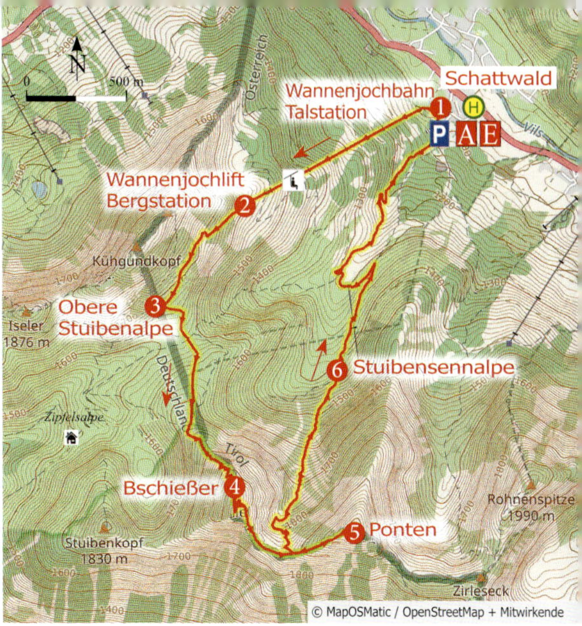

Gipfelkreuz oben auf dem **Bschießer** ④, 2000 m, erreichen. Das schöne Panorama umfasst im Süden das langgestreckte Hintersteiner Tal mit der markanten Pyramide des Hochvogels, im Südwesten die Daumen-Gruppe, im Norden den Iseler-Grat und gegenüber im Osten den nahen Gipfel des Ponten. Der Abstieg vom Bschießer-Gipfel erfolgt auf seiner Ostseite über einige Serpentinen und folgt dann einem schmalen Grat, der im weichen Linksbogen hinüber zum Ponten führt. Rechts dieses Grates

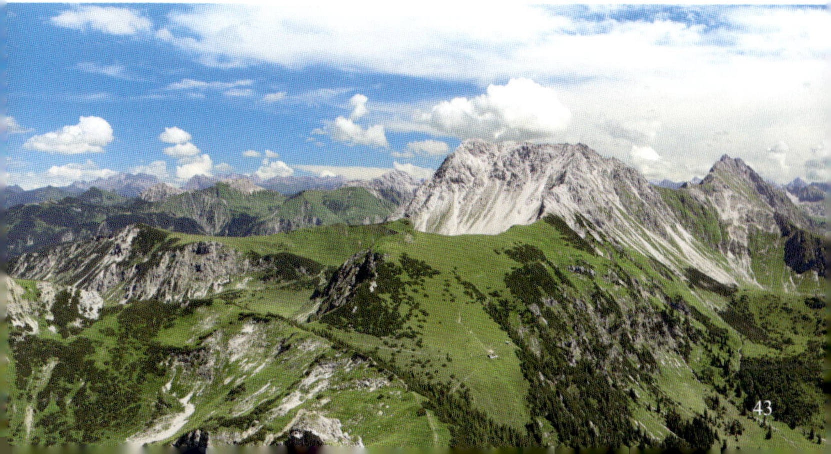

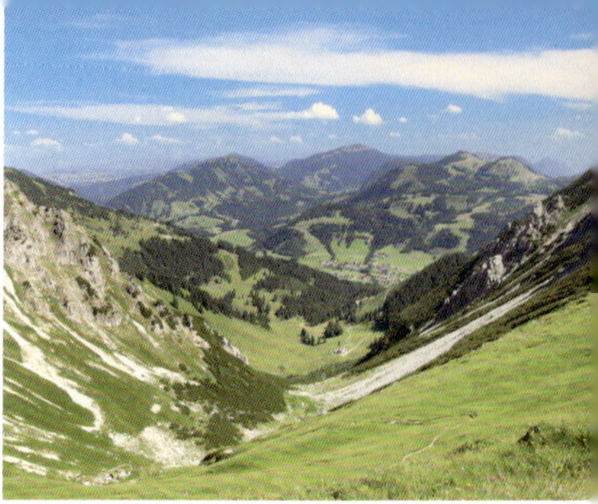

fallen die Felswände fast senkrecht ins Hintersteiner Tal ab. Hier zweigt links unser Abstieg ins Tannheimer Tal ab (1914 m). Vorher sollten wir allerdings noch dem nahen und sehr lohnenden Ponten einen Besuch abstatten. Dazu geht es direkt auf dem schmalen Grat geradewegs ca. 150 Höhenmeter aufwärts bis zum Gipfel des **Ponten** ⑤, 2045 m, mit prächtigem Rundblick über das Tannheimer Tal und die nahen Gipfel von Gaishorn und Rauhhorn. Zurück am Abstiegs-Abzweig folgen wir dem schmalen Pfad, der sich – anfangs in zahlreichen, engen Kehren – den steilen, grasbewachsenen Talschluss des Stubentales zwischen Bschießer und Ponten hinabzieht, und erreichen schließlich die **Stuibensennalpe** ⑥, 1403 m. Ab hier wird das Gelände zahmer, und der schmale Wanderweg geht in einen breiten Wirtschaftsweg über, dem wir etwa 750 m folgen. An einem Abzweig heißt es kurz aufpassen: Der Wirtschaftsweg geradeaus führt auf der rechten Talseite hinunter nach Schattwald; wir biegen hier allerdings scharf links ab, gehen wieder einige Meter taleinwärts und wechseln auf die linke Talseite. Kurz nach Überqueren von zwei kleinen Bächen verlassen wir den breiten Schotterweg, halten uns rechts und wandern links des Stubenbaches auf breitem Weg talabwärts. Nach einem längeren Abstieg queren wir erneut den inzwischen breiteren Bach, treffen auf einen Wirtschaftsweg und sind nach wenigen Minuten am Parkplatz an der Wannenjochbahn angekommen.

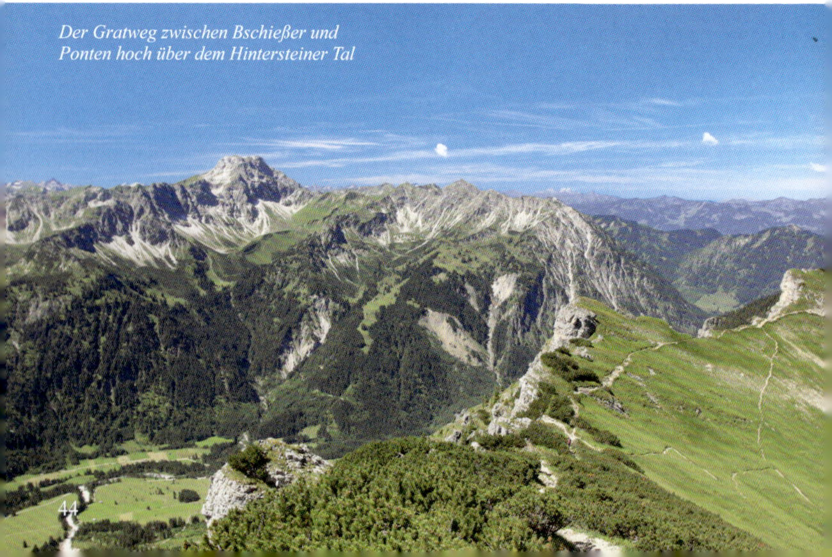

Der Gratweg zwischen Bschießer und Ponten hoch über dem Hintersteiner Tal

Durchs Älpeletal zur Rohnenspitze 10

Std. | 925 Hm | 11,8 km

Tannheim »Parkplatz West« am westlichen Ortsrand, Umgehungsstraße Ausfahrt Kienzen,1097 m *(**Navi**: A-6675 Tannheim, Unterhöfen 106)*;
Bus Reutte–Tannheim–Oberjoch ca. alle 60 bis 90 min., Haltestelle »Tannheim Parkplatz West«.

Bis zur Älpelehütte stetig mäßig bergauf (teils Schotterstraße), ab dann alpine Wege, an der Rohnenspitze leichte Kletterei sowie ein sehr steiler Abstieg über ihre Nordostflanke. Zum Ende gemütlicher Ausklang auf breiten Fahrwegen.

Älpele ②

Malerisches Hochtal und karger Felsgipfel

Eine sehr abwechslungsreiche Tour im Westen des Tannheimer Tales, bei der wir auch ins Hintersteiner Tal hineinschnuppern. Der Aufstieg führt uns hinauf in das stille, vom Gaishorn überragte Hochtal des Älpeles. Über das aussichtsreiche Zirleseck gelangen wir zur schroffen Rohnenspitze, die uns mit etwas ausgesetzter Kraxelei erwartet. Auf dem Rückweg statten wir dem stillen Höfersee einen Besuch ab.

Hinter dem **Parkplatz** ①, 1097 m, verläuft ein Fußweg, dem wir in westlicher Richtung folgen, um bald auf einen breiten Schotterweg zu stoßen. Auf diesem beginnen wir links unseren Aufstieg ins Älpeletal. Es geht stetig im locker bewaldeten Taleinschnitt bergan, meist auf dem Fahrweg, wobei sich gelegentlich einige weite Kehren auf (beschilderten) Trampelpfaden abkürzen lassen. Rechts unter uns rauscht derweil der kleine Bach talwärts. Schließlich öffnet sich das Tal, der Wald weicht offenen Wiesen und Weideflächen, und wir haben die **Älpele-**

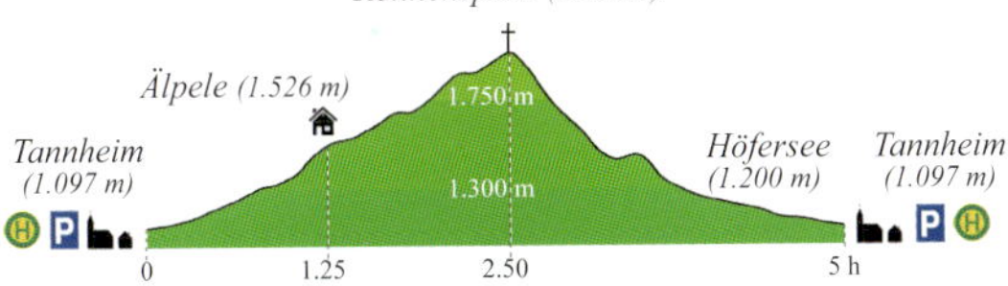

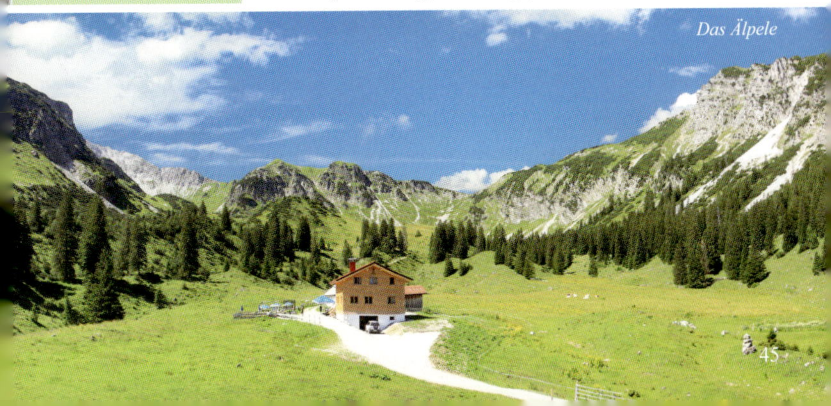

Das Älpele

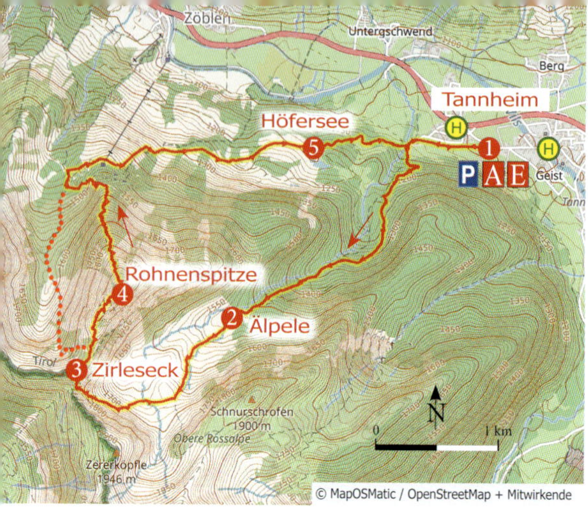

hütte ②, 1526 m, erreicht. Vor uns breitet sich ein weites, hübsches Hochtal aus, eingerahmt von den steil ansteigenden Wänden des Schnurschrofen links sowie der Rohnenspitze zur Rechten. Durch diese schöne, von vereinzelten, kleinen Baumgrüppchen durchsetzte Almlandschaft wandern wir auf einem Wanderweg weiter ins Tal hinein und steigen dabei allmählich an. Nach gut 20 Minuten zweigt rechts ein etwas unscheinbarer Pfad ab (links führt der Weg hinauf Richtung Schnurschrofen und Gaishorn), auf dem wir den vor uns aufragenden Grat ansteuern. Wir queren den kleinen – meist trockenen – Älpelebach und steigen dann steil zu einem Sattel empor, der den Übergang zum Hintersteiner Tal bildet. Jenseits des Sattels öffnet sich ein weiter Talkessel (mit der Willersalpe), in der Ferne ist der Große Daumen zu erkennen. Am Sattel wenden wir uns nach rechts und steigen auf dem Grat in wenigen Minuten hinauf zum **Zirleseck** ③, 1872 m, einem hübschen, aussichtsreichen Rastplatz. Richtung Westen führt von hier ein Kammweg zum Ponten, wir orientieren uns jedoch nach Norden, wo die nahe Rohnenspitze auf uns wartet. Wir steuern direkt eine Felskuppe an, rechts versteckt sich ein kleines Holzhäuschen zwischen den Steinen,

Ponten (li.) und Rohnenspitze (re.), dazwischen das Zirleseck

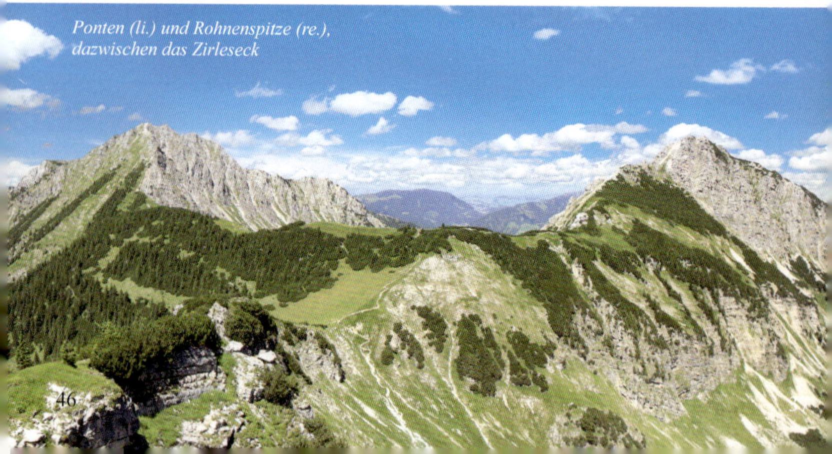

während der weitere Weg allerdings auf der linken Bergseite verläuft. (Wem der Weg über die Rohnenspitze und der sich anschließende steile, schottrige Abstieg vom Gipfel nicht so zusagt, kann vor dem Holzhäuschen links ins Tal absteigen, den Berg zur Linken umgehen und weiter unten wieder auf den Weg treffen). Der Pfad wird zunehmend anspruchsvoller und felsiger; gelegentlicher Handeinsatz ist an dieser Stelle kaum zu vermeiden, und gleich zu Beginn hilft ein Drahtseil über eine kniffelige Stelle hinweg. Danach folgt wieder ein Normalweg, allerdings immer wieder von einzelnen Felsen durchsetzt und streckenweise etwas mühsam. Zum Ende folgt noch ein Anstieg durch Schotter, dann haben wir den Gipfel der **Rohnenspitze** ④, 1990 m, und auch den höchsten Punkt der heutigen Wanderung erreicht (Das Gipfelkreuz befindet sich noch etwas weiter auf einem ausgesetzten Vorgipfel). Der Abstieg erfolgt über die steile Nordflanke: In unzähligen Serpentinen geht es abwärts, anfangs durch Schotter und Geröll, dann folgen Latschengestrüpp und schließlich Wald. Der Weg dreht allmählich nach links und stößt kurz darauf auf den Wanderweg, der durchs Pontental herabführt (Alternativroute). Auf diesem geht es noch kurz weiter talwärts bis zu einem Schotterweg, auf dem wir rechts nach wenigen Minuten das obere Ende eines Skilifts erreichen. Geradeaus weiter steigen wir schließlich im Linksbogen über eine Wiese/Skipiste den Hang hinab und stoßen erneut auf eine Schotterstraße. Auf dieser verlieren wir allmählich weiter an Höhe und queren dabei die unteren, locker bewaldeten Hänge der Rohnenspitze. Nach gut 20 Minuten auf diesem Weg zweigt rechts ein kurzer Stichweg zum stillen **Höfersee** ⑤, 1200 m, ab. Wieder zurück auf dem Hauptweg, erreichen wir nach einem weiteren Abstieg den Älpelebach und kurz darauf unseren Ausgangspunkt.

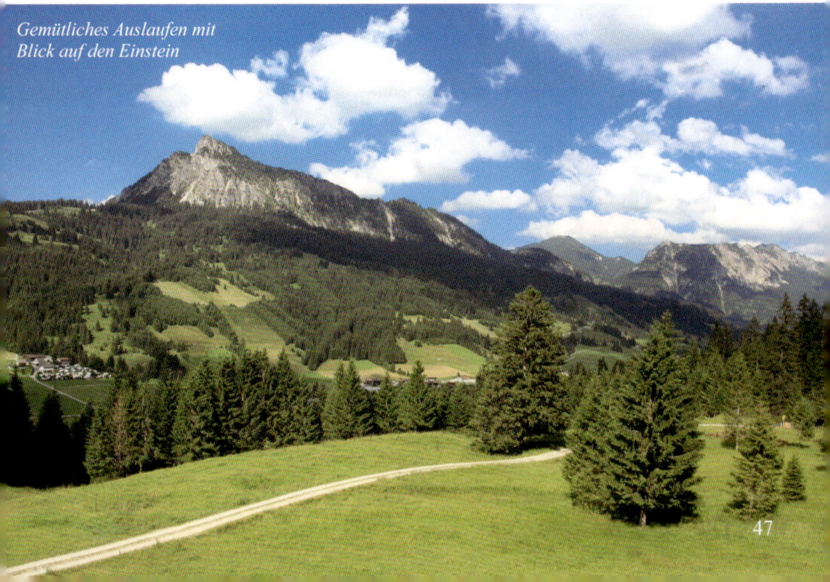

Gemütliches Auslaufen mit Blick auf den Einstein

11 Tannheimer Tal-Runde Mitte

4 Std. | 200 Hm | 11 km

Tannheim »Parkplatz West« am westlichen Ortsrand, Umgehungsstraße Ausfahrt Kienzen, 1097 m *(**Navi**: A-6675 Tannheim, Unterhöfen 106)*; Bus Reutte–Tannheim–Oberjoch ca. alle 60 bis 90 min., Haltestelle »Tannheim Parkplatz West«.

Breite Wege, teils Schotter, teils Teer; zu Beginn ein etwas steilerer Anstieg.

keine unterwegs

Weite Wiesen und ein versteckter Bergsee

Eine gemütliche Tour durch die untere Etage des westlichen Tannheimer Tales. Wir wandern hinauf zum stillen Höfersee oberhalb von Tannheim, spazieren entlang der klaren Vils und bummeln genüsslich durch die weiten Wiesen des Talbodens mit freien Ausblicken auf die umgebenden Berggipfel.

Hinter dem **Parkplatz** ①, 1097 m, verläuft ein Weg, dem wir in westlicher Richtung hinter den Häusern von Kienzen entlang folgen. Wir stoßen auf eine Schotterstraße, halten uns geradeaus und queren den Älpelebach. Gleich dahinter beginnt ein etwas steilerer Anstieg einen bewaldeten Hang hinauf, bis wir nach knapp 15 min. eine kleine Lichtung erreichen. Dort führt links ein Stichweg zum stillen und etwas versteckt im dichten Wald gelegenen **Höfersee** ②, 1200 m. Zurück auf dem Hauptweg erwartet uns noch ein leichter Anstieg, dann verläuft der Weg als schöner Höhenweg durch einen Mix aus Wald und freien Wiesen weiter in westlicher Richtung. Rechts hinter uns haben wir einen schönen Blick auf den Einstein auf der gegenüberliegen-

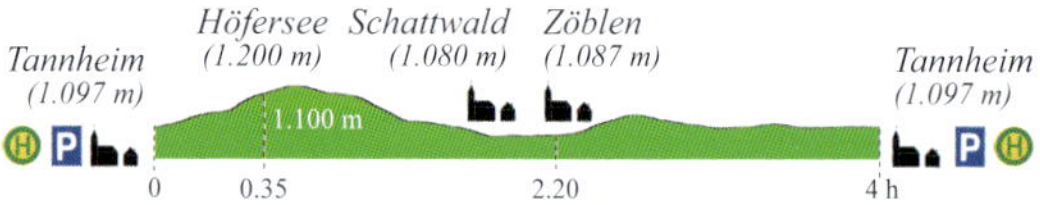

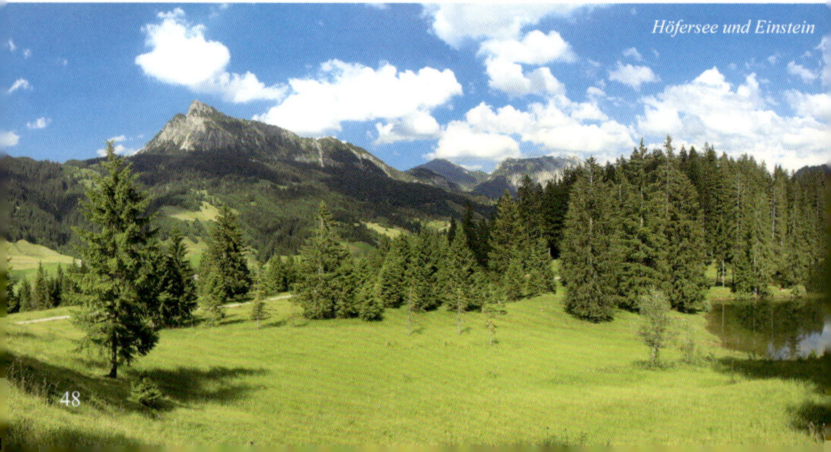

Höfersee und Einstein

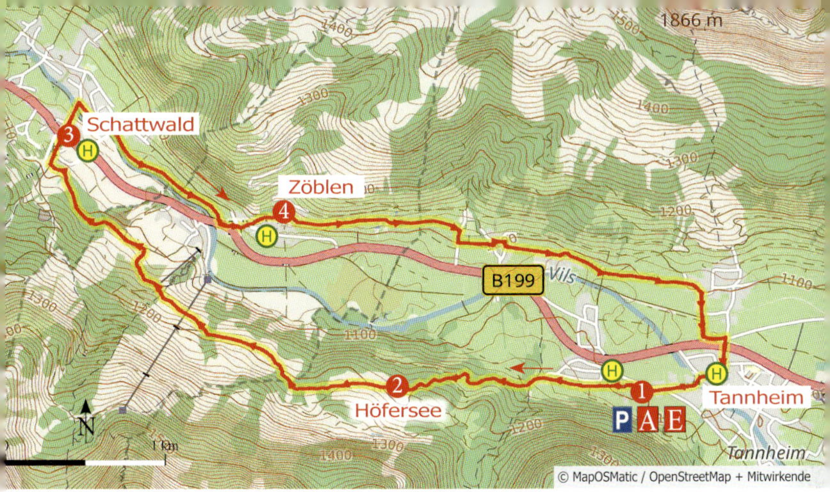

den Talseite. Allmählich verliert der Weg wieder an Höhe und nähert sich schließlich **Schattwald** ③, 1080 m. Kurz vor dem Parkplatz des Wannenjoch-Sesselliftes gehen wir rechts hinab in den Ort, queren die Hauptstraße und noch wenige Minuten weiter bis zur Vils, die wir ebenfalls überqueren. Dahinter gleich rechts und entlang des Flusses auf einem – autofreien – Sträßchen flussaufwärts. Nach etwas mehr als einem Kilometer erreichen wir so **Zöblen** ④, 1087 m. Dort biegen wir – gleich hinter dem Parkplatz am Ortsbeginn – links in die Straße Richtung Gasthaus Zugspitzblick ein, steigen für ca. 300 m bergan und biegen dann rechts in einen schmalen Teerweg ein. Dieser führt als hübscher Fußweg quer durch freie Wiesenhänge in knapp 15 min. hinüber zu einem Campingplatz. Dort rechts, gleich wieder links und erneut in östlicher Richtung weiter durch die Wiesen. Wir passieren die kleine Kirche St. Leonhard und gelangen kurz darauf zum Ort Berg. Wir folgen der 1. Ortstraße rechts, queren die Vils und gelangen zu einer Autostraße. Davor kurz links, sofort wieder rechts und im Anschluss durch den Ort Tannheim auf der Hauptstraße in westlicher Richtung zurück zum »Parkplatz West«.

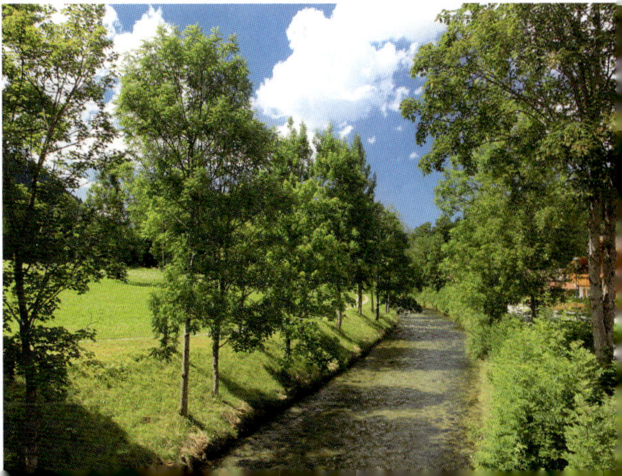

Entlang der Vils

12 Auf den Schönkahler

3 Std. | 480 Hm | 8,8 km

Zöblen am westlichen Ende des Tannheimer Tales, Parkplatz beim Berghotel Zugspitzblick oberhalb des Ortes, 1290 m (von Zöblen führt eine steile, zwei Kilometer lange Serpentinenstraße hinauf zum Berghotel) *(**Navi**: A-6677 Zöblen, Zöblen 42a);* Bus Reutte–Tannheim–Oberjoch ca. alle 60 bis 90 min., Haltestelle »Zöblen Gemeindeamt« (unten im Ort, zum Startpunkt über die Zufahrtstraße plus 200 Hm, 4 km hin und zurück).

Im unteren Bereich breite Forstwege, sonst überwiegend schmale Trampelpfade über offene Wiesen

Berghotel Zugspitzblick ①

Aussichtsreicher Wiesengipfel im Tannheimer Tal

Eigentlich sollte es gar nicht nötig sein, eine Tour auf einen Gipfel mit dem Namen »Schönkahler» schmackhaft zu machen. Der Berg hat es allerdings in der Wahrnehmung recht schwer, da seine behäbige, etwas konturlose Gestalt angesichts der vielen eindrucksvollen Berge im Talrund kaum auffällt. Dabei locken oben ausgedehnte, stille Wiesen und herrliche Ausblicke über das gesamte Tal. Wie der Name schon andeutet.

Vor der eigentlichen Wanderung lohnt es sich, kurz zur kleinen Kapelle oberhalb des **Gasthauses Zugspitzblick** ①, 1290 m, hinaufzusteigen, von wo sich ein schöner Blick über das Tannheimer Tal in seiner ganzen Länge bietet. Die Tour beginnt in Gestalt eines breiten Schotterweges, der sich schräg einen Wiesenhang – oberhalb des Steinebachtales – bergwärts zieht. Nach einer weiten Kehre durch ein Waldstück erreichen wir eine Geländeschulter und einen querverlaufenden Wirtschaftsweg. Auf diesem halten wir uns rechts, biegen knapp 100 m weiter links

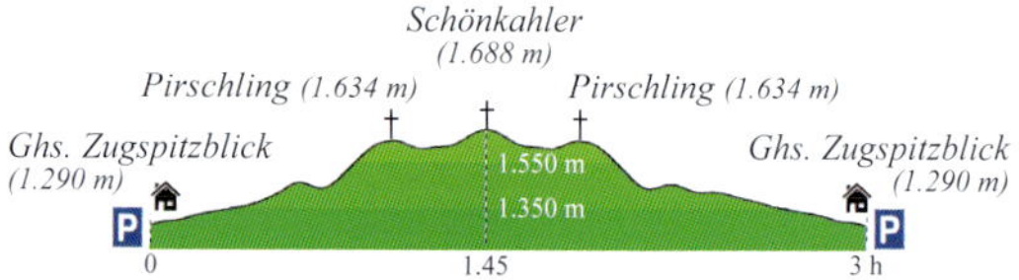

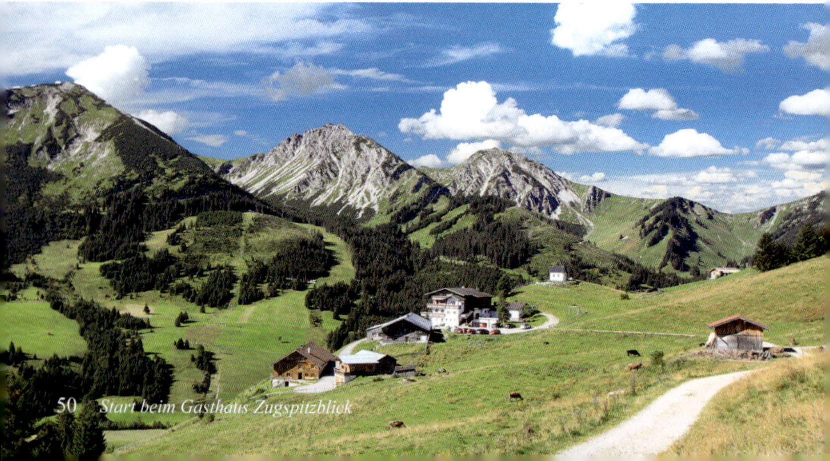

Start beim Gasthaus Zugspitzblick

auf einen etwas unscheinbaren Trampelpfad ein und steigen einen locker bewaldeten Wiesenhang Richtung Norden hinauf. Es geht über eine kleine Erhebung und auf der anderen Seite gleich wieder hinunter. Vor uns breitet sich eine idyllische Moor- und Wiesenlandschaft aus mit einem langgestreckten Wiesenrücken direkt gegenüber. Der Pfad quert eine Schotterstraße und zieht sich dann durch die Wiesen hinauf bis auf den Gipfel des **Pirschlings** ②, 1634 m. Die schöne Aussicht von dort reicht vom auffälligen Felsgipfel des Aggenstein über den Einstein bis zur Gipfelkette von Rohnenspitze, Ponten und Bschießer in unserem Rücken. Im Westen erstreckt sich der lange Grat zwischen Wertacher Hörnle und Hirschberg mit dem Illertal ganz in der Ferne. Vor uns verläuft ein breiter Wiesenrücken, auf dem wir genüsslich hinüber zum Gipfel des **Schönkahlers** ③, 1688 m, wandern. Ein hübsches Plätzchen, meist recht einsam und mit einem herrlichen Panorama, das bis weit über die Ostallgäuer Seenplatte reicht. Der Rückweg ist fast identisch mit dem Hinweg, mit einem kleinen (alternativen) Schlenker: Nach dem langen Abstieg vom Pirschling (und bevor es den kleinen Hügel vom Hinweg hinaufgeht) halten wir uns an der tiefsten Stelle der Wiese rechts und folgen einem Trampelpfad, der sich einen Hang hoch und dann durch ein hübsches Hochmoor windet. Nach wenigen Minuten treffen wir auf einen Forstweg, wo wir uns links halten und bald auf den vom Hinweg bekannten Schotterweg treffen. Auf diesem wandern wir gemütlich bergab zum Gasthof Zugspitzblick.

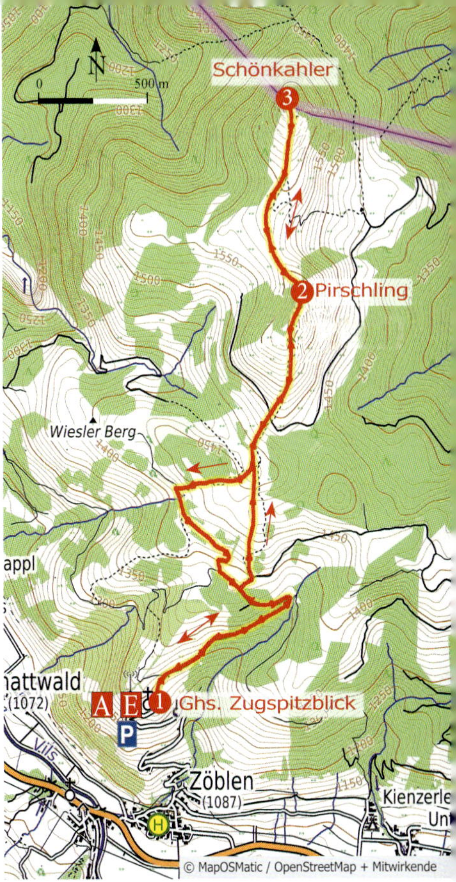

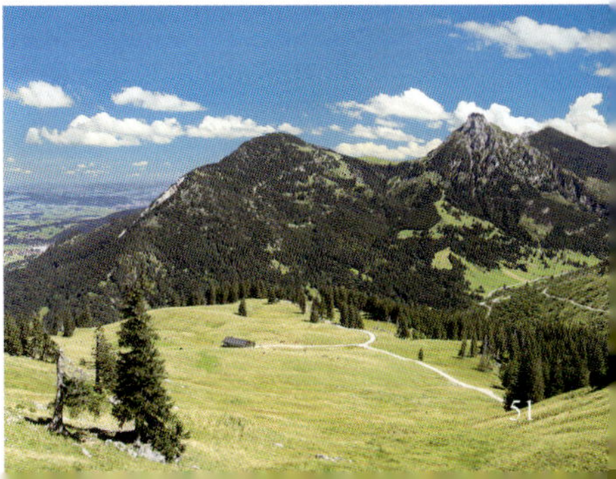

Blick vom Pirschling Richtung Aggenstein

13 Auf den Einstein

3.15 Std. | 775 Hm | 6,5 km

Tannheim, Parkplatz nördlich des Ortes direkt an der Umgehungsstraße, 1097 m (Zufahrt von der Umgehungsstraße via Tannheim Zentrum/Kirche und von dort Richtung »Berg«) *(**Navi**: A-6675 Tannheim, Berg)*; Bus Reutte–Tannheim–Oberjoch ca. alle 60 bis 90 min; Bushaltestelle »Tannheim Gemeindeamt« (200 Meter zum Startpunkt).

Steile An- und Abstiege, meist schmale Wege, teils feiner Schotter, im felsigen Gipfelbereich recht ausgesetzt. Trittsicherheit erforderlich, Teleskopstöcke sind sehr zu empfehlen.

Schäferhütte ②

Herrliche Aussichtskanzel über dem Tannheimer Tal

Gegenüber von Tannheim ragt der isoliert stehende, etwas klobig wirkende Einstein auf. Ringsum von Tälern umgeben, bietet der felsige Gipfel ein unbeschränktes 360-Grad-Panorama über das gesamte Tannheimer Tal, das man sich allerdings durch einen recht knackigen Anstieg verdienen muss.

Vom kleinen Parkplatz in **Tannheim** ①, 1097 m, gehen wir auf der kaum befahrenen Autostraße nordwärts in Richtung des direkt vor uns aufragenden Einstein. Wir queren die Berger Ache und den kleinen Ort Berg, passieren die **Schäferhütte** ②, 1142 m, am oberen Ortsrand und beginnen unseren Anstieg. Es geht schräg links einen Wiesenhang hinauf, bis wir auf einen breiten Wirtschaftsweg treffen. Dieser verläuft in weiten Serpentinen bergan, aber es verläuft auch alternativ ein steilerer Trampelpfad direkt hangaufwärts, der immer wieder den Wirtschaftsweg quert. Schließlich lassen wir die Schotterstraße ganz

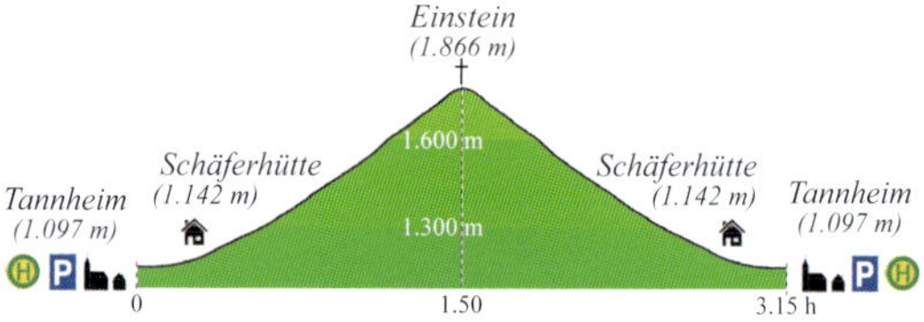

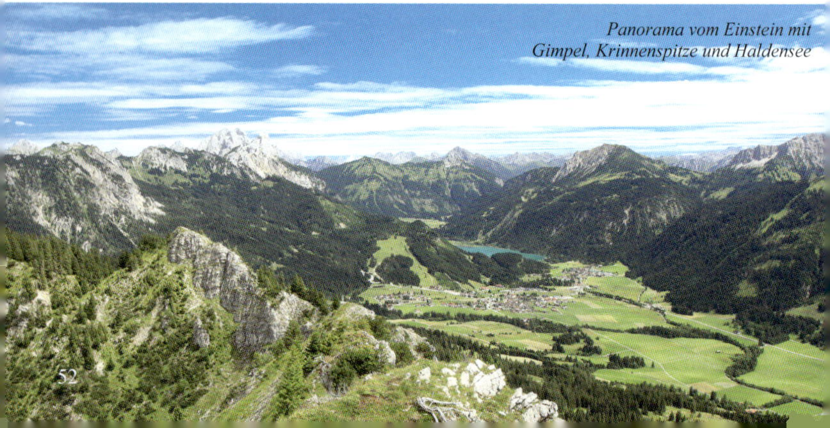

Panorama vom Einstein mit Gimpel, Krinnenspitze und Haldensee

hinter uns und steigen auf einem Wanderweg steil den locker bewaldeten Südhang hinauf. Bald erreichen wir den unteren Rand des eigentlichen Gipfelblocks. Der Weg wird noch steiler und windet sich in zahllosen Serpentinen bis zu einem schmalen, von West nach Ost verlaufenden **Grat** ③, 1750 m, hinauf, der das »Rückgrat« des Einstein-Massivs bildet. Auf der anderen Seite öffnet sich ein schöner Blick hinüber zum Aggenstein und zu den Tannheimer Bergen sowie in das tiefe Ach-/Engetal, das hinüber nach Pfronten im Ostallgäu führt, während sich in unserem Rücken das Tannheimer Tal ausbreitet. Nach einer kleinen Aussichts- und Verschnaufpause beginnt nun unsere letzte, etwas weniger steile Etappe hinauf zum Gipfel. Der Weg zieht sich westwärts auf einem steinigen Pfad den schmalen Grat hinauf und bietet dabei wunderschöne Ausblicke. Bis wir schließlich – nach einigen kurzen, abschließenden Kraxeleien – auf dem kleinen, felsigen Gipfelplateau des **Einstein** ④, 1866 m, stehen und die phantastische Rundumsicht genießen. Der Rückweg erfolgt auf dem gleichen Weg.

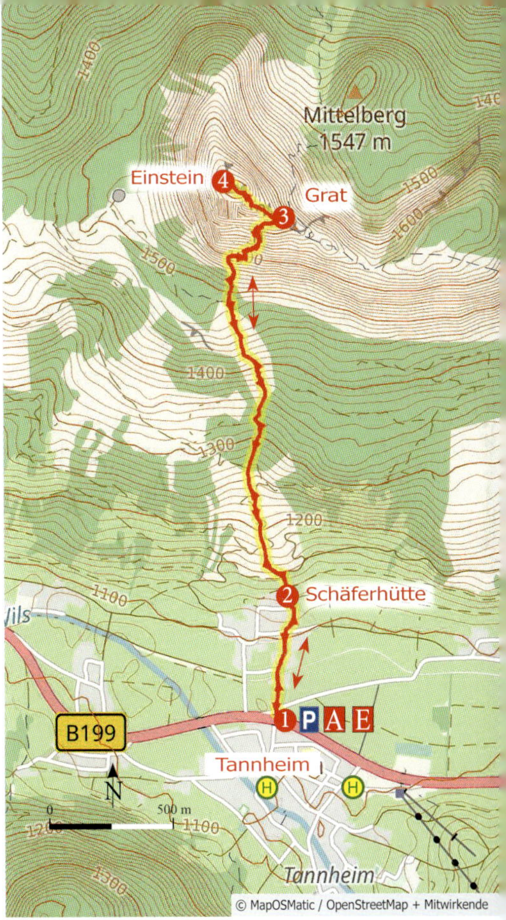

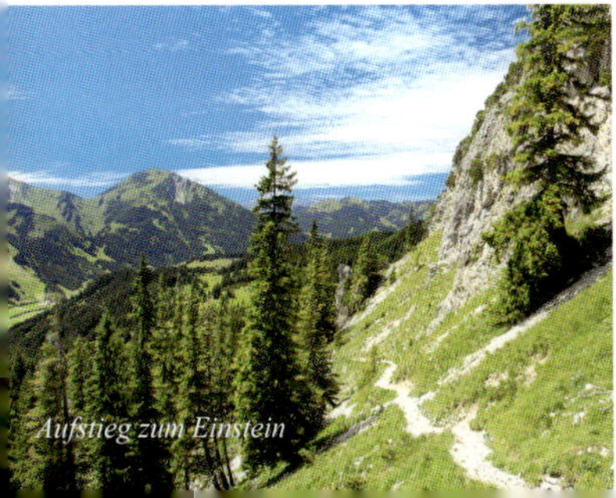
Aufstieg zum Einstein

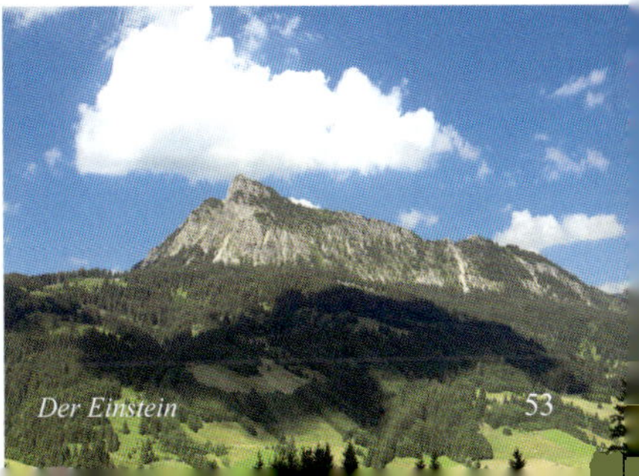
Der Einstein

14 Vilsalpsee-Runde

2.20 Std. | 100 Hm | 7 km

Tannheim, Parkplatz und Bushaltestelle beim Kreisverkehr direkt an der Umgehungsstraße bei der Neunerköpflebahn-Talstation *(**Navi**: A-6675 Tannheim, Bergbahnweg 12)*; ***Hinweis***: Die Zufahrtstraße zum Vilsalpsee ist von 10–17 Uhr für den privaten Autoverkehr gesperrt. Deshalb wählen wir als Ausgangspunkt den Parkplatz der Neunerköpflebahn. Von dort Bus-Pendelverkehr zum Vilsalpsee (zu »Stoßzeiten« vormittags und nachmittags 3 x/Std., sonst stündlich; zusätzlich verkehrt ein kleines Touristenbähnle); Bus Reutte–Tannheim–Oberjoch ca. alle 60 bis 90 min., Haltestelle »Tannheim Kreisverkehr«.

Um den See herum breite, ebene, angenehme Wege. Südlich der Vilsalpe grobe Schotterpfade, alpiner und holpriger. Am Talende muss ein Bach durchwatet werden (alternativ kann man auf dem gleichen Weg wieder zurückgehen); dort halten sich Schneereste bis weit in den Frühsommer hinein.

Gasthof Vilsalpsee u. Fischerhütte ①; Vilsalpe ②

Malerischer Bergsee, eindrucksvoller Wasserfall

Der Vilsalpsee ist unbestreitbar eines der Highlights im Tannheimer Tal. Und entsprechend gut besucht. Ein wunderschöner Bergsee mit einer eindrucksvollen Bergkulisse und einer ganz entspannten Atmosphäre. Teil 2 dieser Tour lässt die idyllischen Seeufer hinter sich und führt in den überraschend wilden Talschluss mit dem hohen Bärgaicht-Wasserfall.

Für die vier Kilometer, die den Parkplatz in **Tannheim** ①, 1097 m, vom See trennen, gibt es mehrere Varianten: Wer vor 10 Uhr anreist, kann mit dem Auto bis zum Parkplatz am nördlichen Seeufer fahren, ab 10 Uhr gibt es die Optionen Pendelbus, Touristenbähnle, Fahrrad oder zu Fuß. Welchen Weg man auch immer wählt, man ist in guter Gesellschaft, denn der See ist ein sehr beliebtes Ziel, sei es zum Baden, zum Wandern oder einfach nur um die Szenerie zu genießen. Am Nordufer des **Vilsalpsee** ②, 1167 m, herrscht jedenfalls immer etwas Trubel mit den beiden Gasthäusern, Kiosk und Bootsverleih. Sehr verständlich angesichts des schönen Panoramas mit dem tiefblauen Wasser und den hoch aufragenden Bergen im weiten Rund. Hinweis: Ein gewaltiger Bergrutsch auf der östlichen Tal-

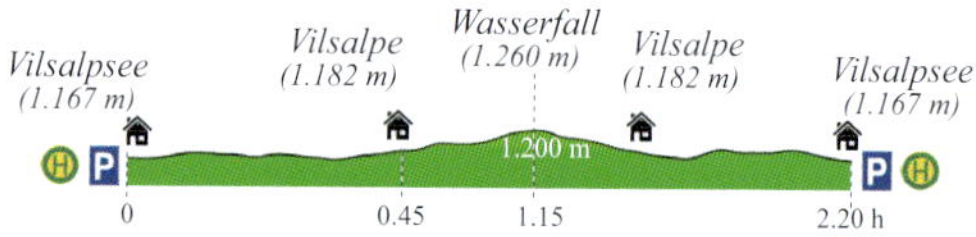

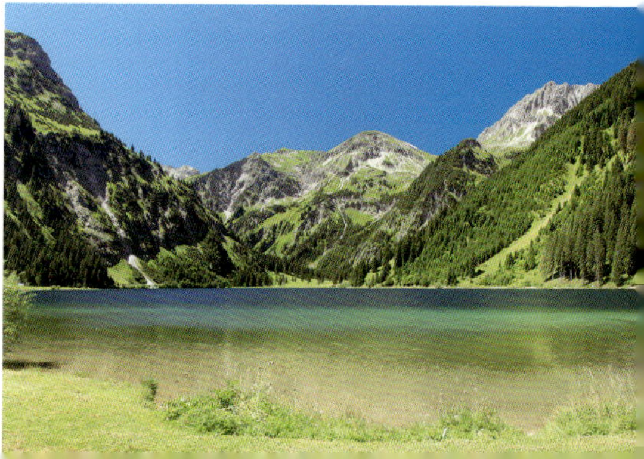

seite hat eine etwas unsichere Situation geschaffen, so dass es vor Ort immer wieder Umleitungen geben kann bzw. der Ostufer-Weg gesperrt ist. Sollte es keine Einschränkungen geben, beginnen wir unsere Wanderung linksherum um den See, spazieren durch eine weite Wiesenebene auf seiner Nordseite und weiter auf einem breiten Schotterweg meist recht ufernah taleinwärts. Am südwestlichen Ende des Sees breitet sich eine weite Schwemmebene aus mit den Weideflächen der hübschen **Vilsalpe** ③, 1182 m, die von den mächtigen Felswänden des Rauhhorns überragt wird. Im Süden bildet der imposante Talschluss den Hintergrund. Bei der Vilsalpe beginnt der Rundweg zum Wasserfall, und die Szenerie ändert sich komplett. Das recht liebliche Almidyll, das uns bisher umgeben hat, weicht fast schlagartig einer wilden, alpinen Landschaft. Knapp 200 m hinter der Hütte gabelt sich der Weg, wir halten uns rechts und durchqueren eine urtümliche Landschaft mit durcheinandergewürfelt liegenden dicken Felsbrocken, kleine Bäche schlängeln sich durch dieses Gewirr, der ganze Weg ist etwas holprig. Schon bald öffnet sich der Wald und gibt den Blick frei auf den steilen, felsigen Talschluss sowie einen hohen Wasserfall. Der Weg wird schmaler und zieht sich durch das Gelände, dem man ansieht, dass es alljährlich von Lawinenabgängen und dem über die Ufer tretenden Bach umgestaltet wird. Der schmaler werdende Pfad windet sich einen Hang hinauf, wo wir einen kleinen, vom **Bärgaicht-Wasserfall** gespeisten **Bach** ④, 1260 m, queren (sollte wegen fehlendem Steg und zu hohem Wasserstand eine Querung nicht möglich sein, geht es auf dem gleichen Weg wieder zurück). Auf der gegenüberliegenden Bachseite stoßen wir auf einen breiten Schotterweg, der uns durch einen Kiefernwald absteigend wieder zurück zur Vilsalpe bringt. Kurz hinter der Hütte halten wir uns diesmal links und folgen dem schönen (fahrradfreien) Weg am westlichen Ufer des Sees, immer direkt am glasklaren Wasser entlang, zurück zum Nordufer beim Gasthof Vilsalpsee.

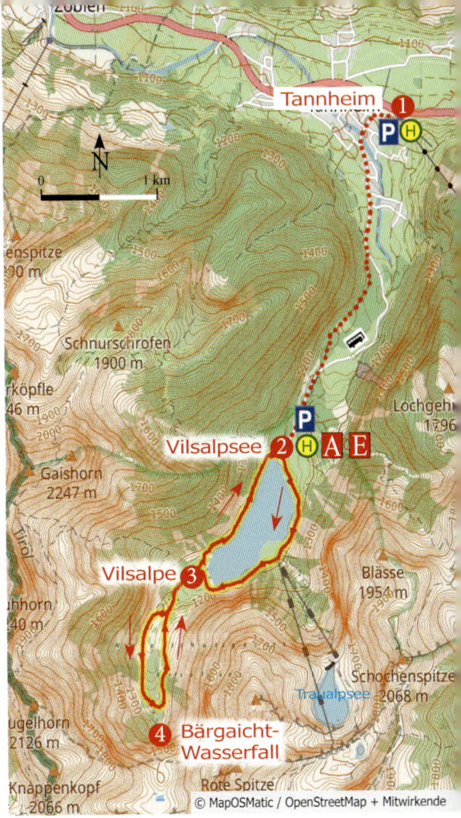

Variante: Zu Fuß zurück nach Tannheim: vier Kilometer, immer leicht bergab, teils auf der Straße (kaum Verkehr, allerdings viele Radfahrer), teils auf einem Wanderweg mehr oder weniger parallel zur Straße durch Wald und Wiesen.

15 Durchs Älpeletal zum Vilsalpsee

4.45 Std. | 800 Hm | 12,7 km

Tannheim »Parkplatz West« am westlichen Ortsrand, Umgehungsstraße Ausfahrt Kienzen,1097 m *(**Navi**: A-6675 Tannheim, Unterhöfen 106)*; Bus Reutte–Tannheim–Oberjoch ca. alle 60 bis 90 min., Haltestelle »Tannheim Parkplatz West«.

In den unteren Etagen teils breite, geschotterte Almstraßen. Weiter oben alpine Pfade.

Älpele ②; Obere Rossalpe ④; Gasthof Vilsalpsee und Fischerstube ⑤

Auf stillen Pfaden über den Schnurschrofen

Diese über weite Strecken sehr stille Tour führt hinauf in das idyllische Älpeletal, weiter zum aussichtsreichen Wiesenkamm am Schnurschrofen und wieder hinab zum herrlichen Vilsalpsee. Überragt von der schroffen Nordwand des Gaishorn warten unterwegs zwei gemütliche Alphütten auf Wanderer.

Wir folgen einem Fußweg hinter dem **Parkplatz** ①, 1097 m, in westlicher Richtung, stoßen auf einen breiten Schotterweg und beginnen links unseren Aufstieg ins Älpeletal. Es geht stetig bergan, wobei wir einige weite Kehren des Fahrwegs gelegentlich auf (beschilderten) Trampelpfaden abkürzen können. Rechts unter uns hören wir den talwärts rauschenden Bachs. Dann öffnet sich der

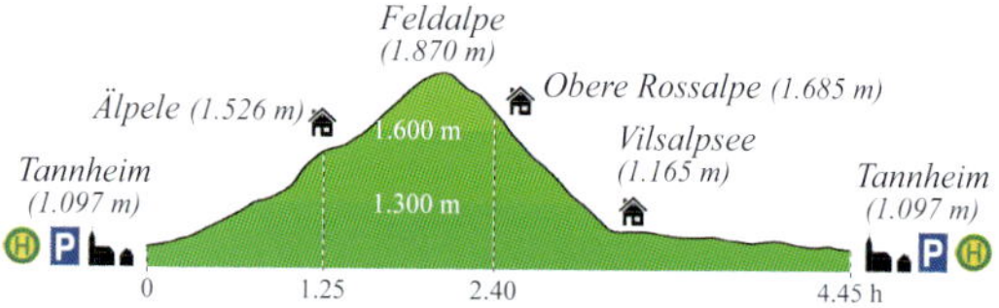

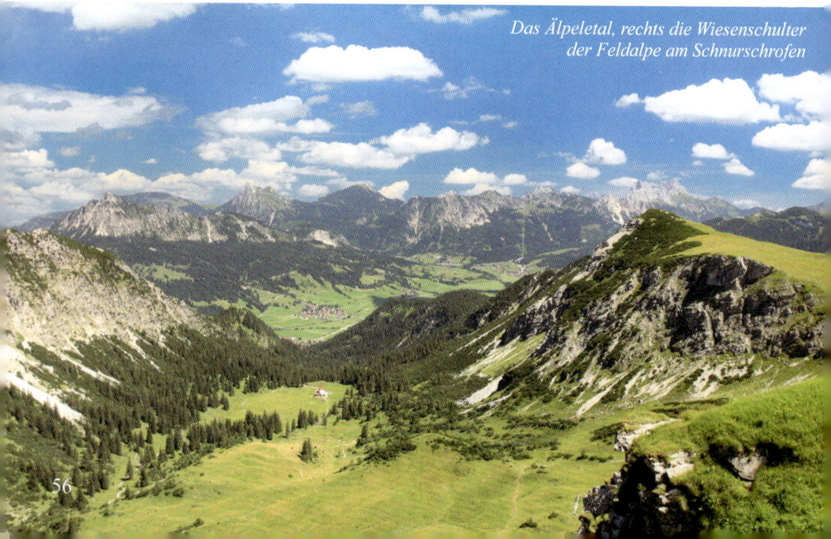

Das Älpeletal, rechts die Wiesenschulter der Feldalpe am Schnurschrofen

Wald zu einem idyllischen Hochtal mit offenen Wiesen und Weideflächen, und wir erreichen die **Älpelehütte** ②, 1526 m. Durch diese schöne, von vereinzelten, kleinen Baumgrüppchen durchsetzte Almlandschaft wandern wir weiter ins Tal hinein und steigen dabei allmählich an. Rechts steigt das Gelände steil zur Rohnenspitze auf, links zum Schnurschrofen. Nach gut 20 Minuten passieren wir einen kleinen Abzweig (hier geht es rechts hinauf Richtung Zirleseck),

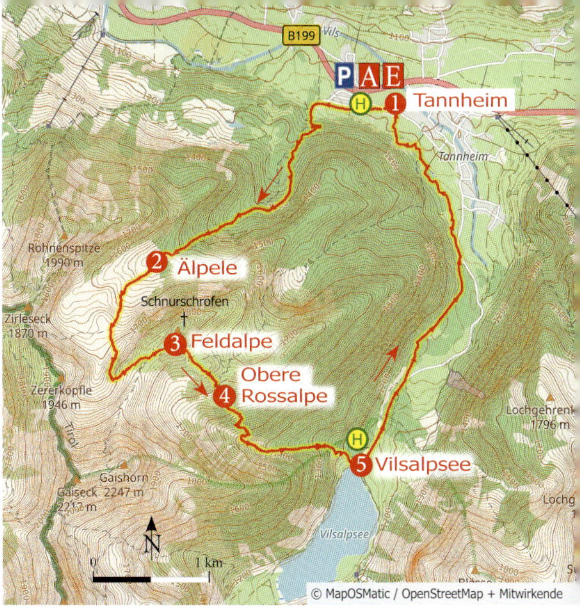

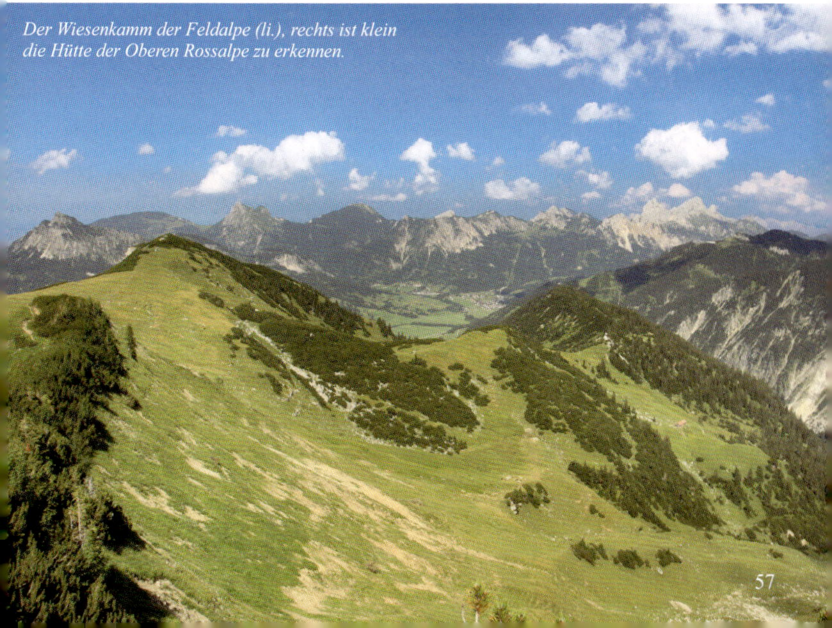

Der Wiesenkamm der Feldalpe (li.), rechts ist klein die Hütte der Oberen Rossalpe zu erkennen.

halten uns schräg links und steigen weiter im stillen Tal bergwärts. Vor uns erhebt sich dabei die hohe, felsige Nordwand des Gaishorns. Unser Weg biegt allmählich nach links ab und führt hinauf auf den breiten Wiesensattel der **Feldalpe** ③, 1870 m. Der eigentliche Gipfel des Schnurschrofens liegt links von uns noch etwas höher, bietet aber mit seiner dichten Latschen-Bedeckung keinen besseren Ausblick. Jenseits des Sattels öffnet sich das weite Tal der Oberen Rossalpe, im Hintergrund eingerahmt von Neunerköpfle und Sulzspitze. Wir verlassen den Sattel und wandern durch die abgeschiedene und recht stille Tallandschaft im weiten Bogen zur Hütte der **Obere Rossalpe** ④, 1685 m. Dort beginnt eine Fahrstraße, allerdings können wir anfangs noch auf einem Trampelpfad bleiben, queren etwas später einen kleinen Bach und stoßen schließlich erneut auf die Fahrstraße. Auf dieser geht es dann im zunehmend dichten Wald im Taleinschnitt hinab zum Nordufer des **Vilsalpsees** ⑤, 1165 m. (Anstatt von hier den gesamten Weg zurück nach Tannheim zu laufen, kann man auch den Pendelbus nehmen, der zum Parkplatz bei der Neunerköpflebahn-Talstation fährt). Nach einem Besuch des Seeufers orientieren wir uns nordwärts und folgen der Fahrstraße. Nach einem Kilometer zweigt links ein Fußweg ab, der am linken Talrand durch den Wald führt. Nach einem weiteren Kilometer berühren wir wieder kurz die Fahrstraße, bleiben aber auf dem linken Fußweg und spazieren am Waldrand weiter. Es geht vorbei an einem Sportplatz, dahinter gleich wieder links, etwas später links vorbei an einer kleinen Lourdes-Kapelle auf einer Felskuppe, und kurz darauf haben wir unseren Ausgangspunkt/Parkplatz erreicht.

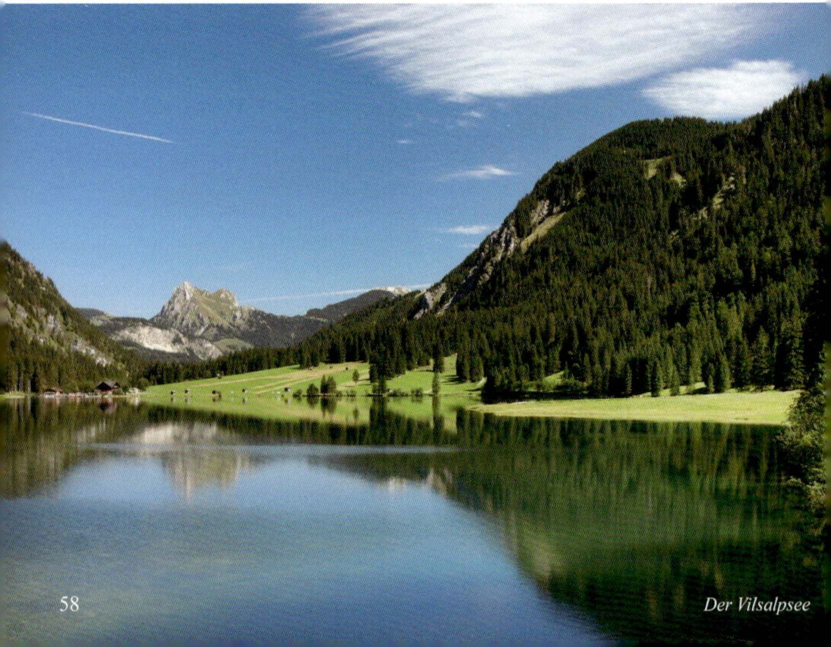

Der Vilsalpsee

Gaishorn und Schnurschrofen 16

30 Std. | 1100 / 1170 | 14 km

Tannheim, Parkplatz und Bushaltestelle beim Kreisverkehr direkt an der Umgehungsstraße bei der Neunerköpflebahn-Talstation *(**Navi**: A-6675 Tannheim, Bergbahnweg 12);*
Hinweis: Die Zufahrtstraße zum Vilsalpsee ist von 10–17 Uhr für den privaten Autoverkehr gesperrt. Deshalb wählen wir als Ausgangspunkt den Parkplatz der Neunerköpflebahn. Von dort Bus-Pendelverkehr zum Vilsalpsee (zu »Stoßzeiten« vormittags und nachmittags 3 x/Std., sonst stündlich; zusätzlich verkehrt ein kleines Touristenbähnle);
Bus Reutte–Tannheim–Oberjoch ca. alle 60 bis 90 min., Haltestelle »Tannheim Kreisverkehr«.

Steiler und anstrengender Anstieg zum Gaishorn. Der Abstieg vom Gipfel zum Schnurschrofen über die sehr steile Nordflanke führt recht unangenehm durch Kalksteingeröll.

Gasthaus Vilsalpsee und Fischerhütte ①; Vilsalpe ②

Mächtiger Felsgipfel und stille Hochwiesen

Eine hochalpine Wanderung für konditionsstarke Gipfelstürmer. Vom malerischen Vilsalpsee ersteigen wir das wuchtige Gaishorn mit seinem großen Panorama. Der Rückweg erfolgt über die steile Nordflanke des Gaishorns hinab zum hübschen Wiesensattel des Schnurschrofen und weiter durch das stille Tal der Unteren Rossalpe nach Tannheim.

Autofahrer parken entweder in Tannheim und nehmen vor der Tour den Bus zum Vilsalpsee oder fahren mit dem Auto zum See (nur bis 10 Uhr möglich!) mit der Busfahrt nach der Tour. Vom Nordufer des **Vilsalpsees** ①, 1165 m, spazieren wir auf der rechten Seeseite direkt am Wasser entlang zum Südende des Sees mit der auf einer Schwemmebene gelegenen **Vilsalpe** ②, 1178 m, wo unser langer Aufstieg beginnt. Über offene Bergwiesen geht es schattenlos und steil den Hang hinauf, während in unserem Rücken der Vilsalpsee allmählich im Tal zurückbleibt. Schließlich erreichen wir eine Weggabelung, überragt von den gewalti-

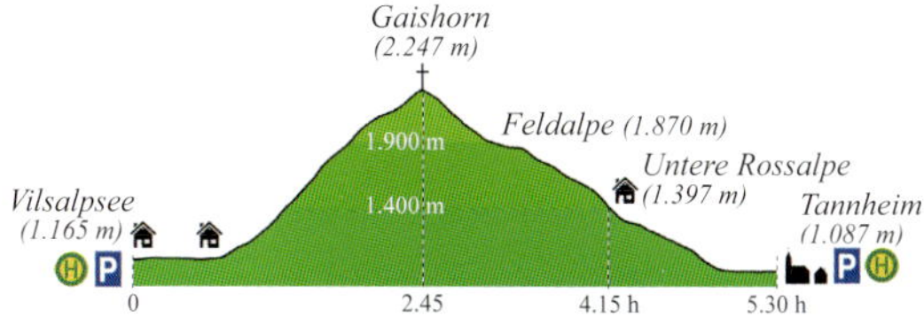

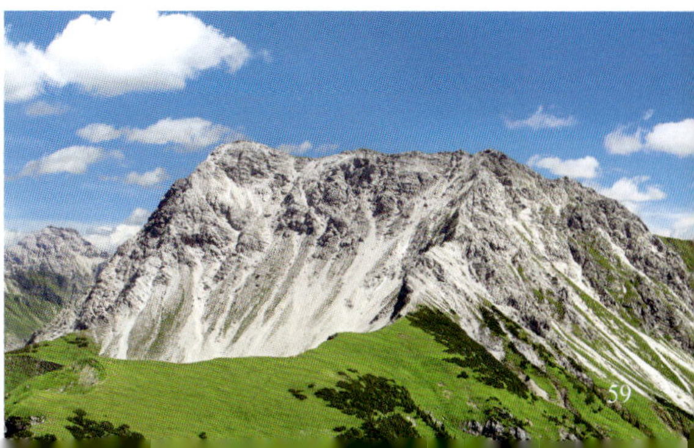

Der Gaishorn-Gipfelblock mit der steilen Nordseite

gen Ostwänden des Rauhhorn, und halten uns rechts. In zahllosen weiteren Kehren steigen wir hinauf Richtung Grat (der Vorderen Schafwanne). Sofern man nicht neugierig ist auf die Aussicht hinüber ins Hintersteiner Tal, kann man knapp unterhalb des Kammes rechts abbiegen und auf etwas kürzerem Weg das Gaishorn ansteuern. Mit nun etwas gemächlicherer Steigung queren wir dessen steile Südhänge und erreichen schließlich einen Sattel etwas westlich/unterhalb des Gipfels. Von hier sind es nur noch wenige Minuten über steile Flanken hinauf zum Gipfelkreuz auf dem **Gaishorn** ③, 2247 m, wo uns ein sensationelles Panorama erwartet. Vom Gipfel gehen wir wieder einige Minuten den Hinweg zurück und biegen dann rechts ab. Der Abstieg vom Grat über die sehr steile, felsige Nordflanke des Gaishorn-Gipfelblocks ist etwas unangenehm, steinig und schrofig und verlangt unsere ganze Aufmerksam-

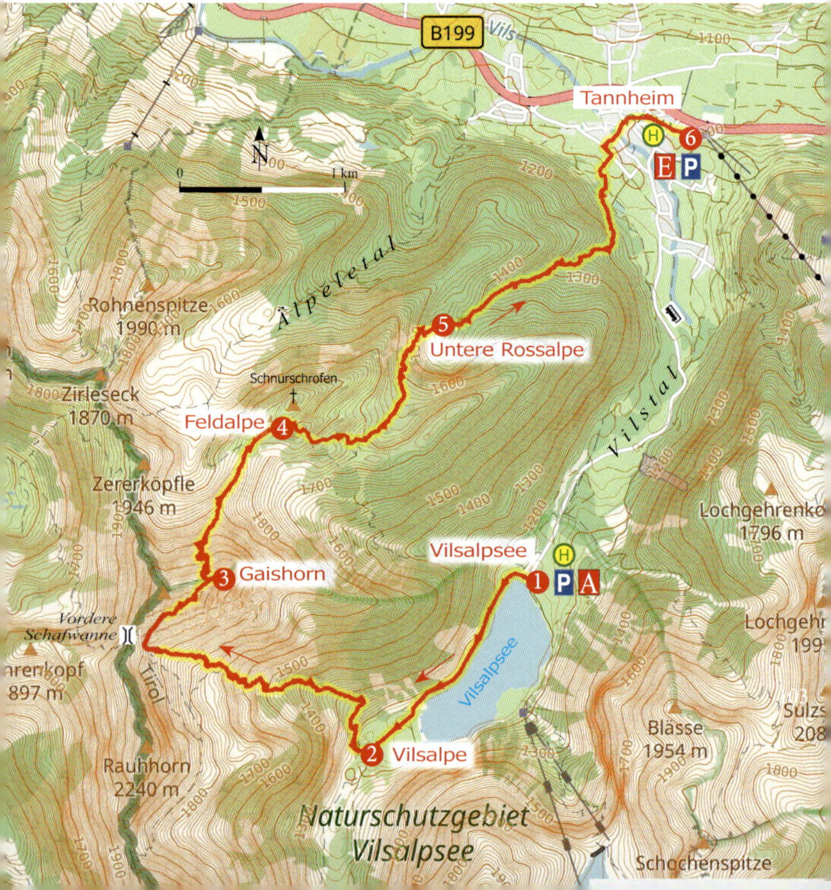

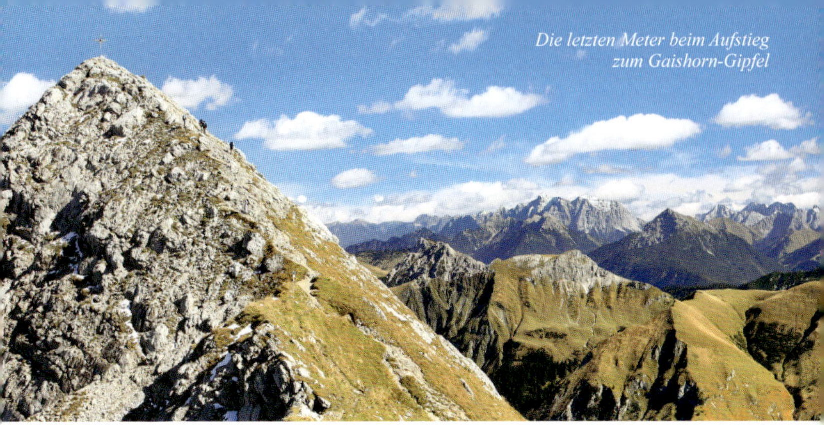

Die letzten Meter beim Aufstieg zum Gaishorn-Gipfel

keit. Nach zahllosen Serpentinen im lockeren Felsschutt erreichen wir schließlich wieder sanfte Wiesen und einen angenehmen Weg, der uns zu einem breiten Wiesenkamm hinüberleitet, der **Feldalpe** ④, 1870 m. Geradeaus vor uns erhebt sich etwas erhöht der latschenbedeckte Schnurschrofen-Gipfel. Wir verlassen diesen hübschen Wiesensattel und steigen rechts über Gras- und Latschenhänge in ein weites, stilles Hochtal hinab. An einer Wegverzeigung halten wir uns links und wandern über das stark strukturierte Gelände weiter talabwärts. Nach einer Steilstufe erreichen wir die **Untere Rossalpe** ⑤, 1397 m. Hier enden die offenen Wiesen und vor uns liegt ein recht enger, bewaldeter Taleinschnitt, durch den wir entlang des Rossalpbaches Richtung Tannheim absteigen. Zum Ende geht es noch gut 10 Minuten durch den Ort zum **Parkplatz** bzw. zur **Bushaltestelle** ⑥, 1097 m, für die Fahrt zum Vilsalpsee.

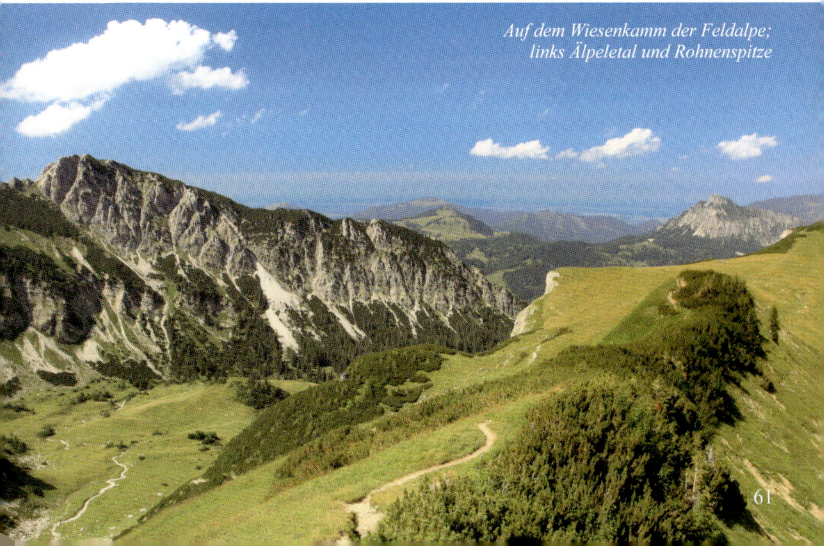

Auf dem Wiesenkamm der Feldalpe; links Älpeletal und Rohnenspitze

17 Schrecksee und Landsberger Hütte

7 Std. | 1100 Hm | 17,2 km

Tannheim, Parkplatz und Bushaltestelle beim Kreisverkehr direkt an der Umgehungsstraße bei der Neunerköpflebahn-Talstation (***Navi**: A-6675 Tannheim, Bergbahnweg 12);* ***Hinweis***: Die Zufahrtstraße zum Vilsalpsee ist von 10–17 Uhr für den privaten Autoverkehr gesperrt. Deshalb wählen wir als Ausgangspunkt den Parkplatz der Neunerköpflebahn. Von dort Bus-Pendelverkehr zum Vilsalpsee (zu »Stoßzeiten« vormittags und nachmittags 3 x/Std., sonst stündlich; zusätzlich verkehrt ein kleines Touristenbähnle); Bus Reutte–Tannheim–Oberjoch ca. alle 60 bis 90 min., Haltestelle »Tannheim Kreisverkehr«.

Sehr anstrengender, längerer Aufstieg; beim Abstieg von der Landsberger Hütte kurze seilgesicherte, etwas felsige Passage. Dazwischen recht unschwierige Wanderung auf hochalpinen Wegen oberhalb der Baumgrenze.

Gasthaus Vilsalpsee und Fischerhütte ①; Vilsalpe ②; Landsberger Hütte ⑦; Obere Traualpe ⑧

Große Vier-Seen-Runde für Konditionsstarke

Eine der spektakulärsten Wanderungen im Tannheimer Tal, aber sicherlich auch eine der anstrengendsten. Nach steilem Anstieg hinauf zu den schroffen Ausläufern von Gaishorn und Rauhhorn wandern wir hinüber zum herrlichen Schrecksee. Über die alpinen Höhen des Schwarzwassertales geht es weiter zur Landsberger Hütte und entlang des Traualpsees wieder hinab zum Vilsalpsee.

Vom Nordufer des **Vilsalpsees** ①, 1165 m, wählen wir den rechten Seeuferweg und wandern am spiegelglatten Wasser entlang zum Südende des Sees mit der auf einer Schwemmebene gelegenen **Vilsalpe** ②, 1178 m, wo unser Aufstieg beginnt. Der es in sich hat! Weitgehend schattenlos geht es über hübsche Bergwiesen steil den Hang hinauf, hinter uns lassen wir im Morgenlicht den malerischen Vilsalpsee zurück, der aber für den gesamten Aufstieg in Sichtweite bleibt. Über uns ragt das gewaltige Rauhhorn in den Himmel. Nach längerem Anstieg wendet sich der

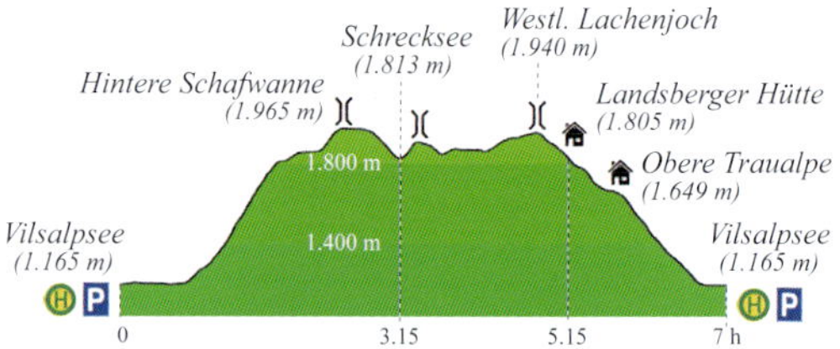

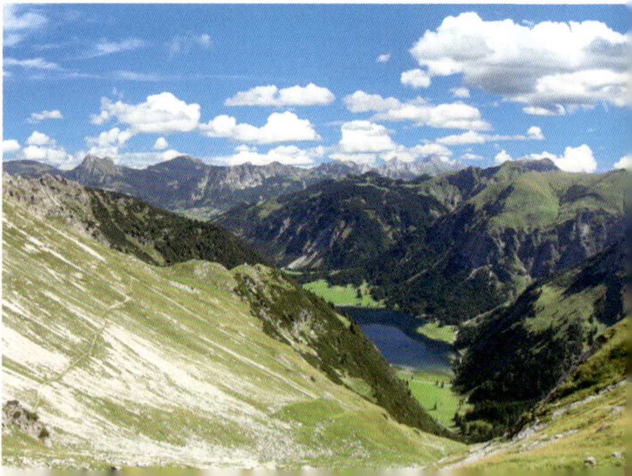

Blick zum Vilsalpsee beim Aufstieg zur Hinteren Schafwanne

Pfad schließlich nach links (rechts geht es Richtung Gaishorn) und quert die Ausläufer der riesigen Schuttfächer unterhalb des Rauhhorn, ein gewaltiges Trümmerfeld mit mächtigen Felsbrocken. Mit leichtem Auf und Ab führt der »Jubiläumsweg« südwärts, rechts ragen die drohenden Ostwände des Rauhhorns in den Himmel, während uns links jenseits des Vilstales die Tannheimer Berge, die Schochenspitze und die Rote Spitze begleiten. Schließlich lassen wir die Schuttfächer hinter uns und wandern auf einem schönen aussichtsreichen Wiesenhang weiter in Richtung Kugelhorn. Zum Ende geht es in steilen Serpentinen hinauf zu einer Scharte mit dem Namen **Hintere Schafwanne** ③, 1965 m, die den Übergang zum Hintersteiner Tal bildet. Vor uns liegt ein schöner Weg, der sich am steilen, grasbewachsenen Westhang des Kugelhorns entlangzieht. Hinter der nächsten Biegung können wir einen ersten Blick auf unser nächstes Etappenziel werfen, den wunderschönen Schrecksee inmitten einer weiten Wiesenwanne. Vom Weg führt ein Stichweg hinab zum **Schrecksee** ④, 1813 m,

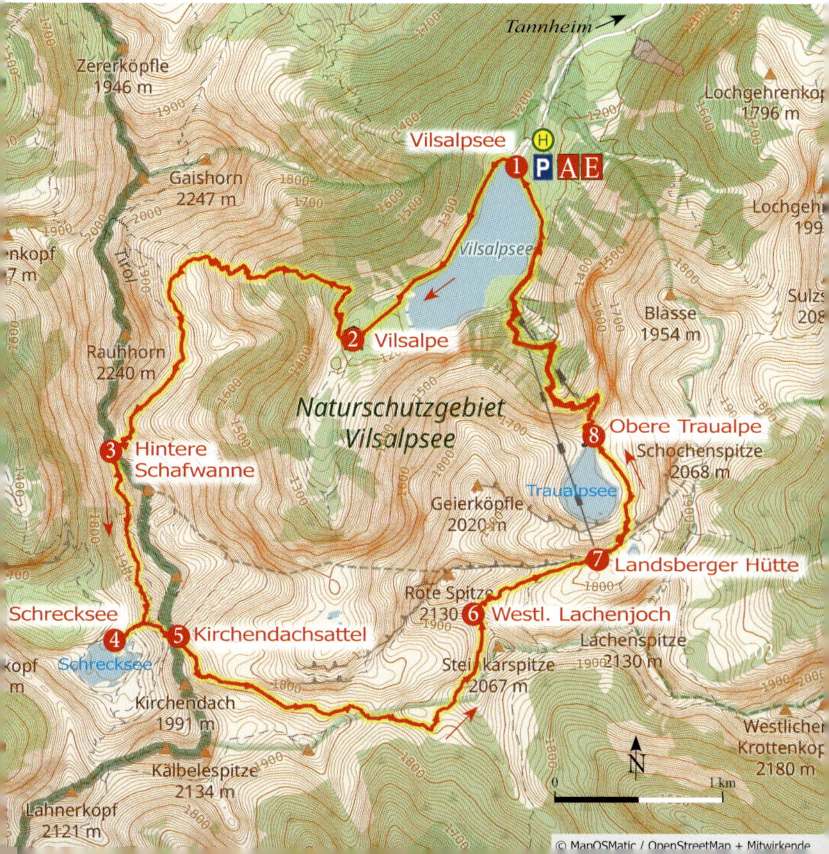

sicherlich einer der malerischten Bergseen in der Region mit seiner kleinen Insel inmitten des türkis schimmernden Wassers.
Unser weiterer Weg führt uns etwa 100 Höhenmeter hinauf zum **Kirchendachsattel** ⑤, 1919 m, dessen seltsamer Name sich beim Anblick des Gipfels daneben sofort erschließt. Ein letzter Blick über den See, dann wenden wir uns der vor uns liegenden Strecke zu: Vom Sattel aus schweift unser Blick über einen gewaltigen Kessel, der die obere Etage des hinteren Vilstals bildet. Ein kleiner Tümpel bildet sein Zentrum, während die markante Gestalt der Roten Spitze unweigerlich alle Blicke auf sich zieht. Unser Weg quert am rechten Rand dieses Kessels die Ausläufer der Kälbelespitze und erreicht schließlich einen breiten, buckeligen Rücken, trifft dort auf den Weg von der Prinz-Luitpold-Hütte, und wechselt hinüber auf die Südseite des Kammes. Oberhalb des Schwarzwassertales, das hinunter zum Lechtal entwässert, wandern wir auf einem herrlichen, mit einzelnen Latschen bestandenen Wiesenhang weiter. Im Süden bilden die Lechtaler Alpen sowie der Hochvogel die eindrucksvolle Kulisse. Bald wendet sich der Weg wieder nach links auf die Vilstalseite und führt uns leicht hinauf zu einem Sattel, dem **Westlichen Lachenjoch** ⑥, 1940 m, zwischen Roter Spitze (links) und Steinkarspitze (rechts). Vor uns breitet sich ein weiterer großer Kessel aus, in dessen Mitte wir die Landsberger Hütte erkennen, daneben die kleine Lache, im Osten überragt von der hohen, steilen Wand der Lachenspitze. Ein angenehmer Abstieg bringt uns über die Wiesenflächen hinunter zu **Landsberger Hütte** ⑦, 1805 m. Der eher einsame Teil unserer heutigen Tour ist damit schlagartig beendet, da von Norden der sehr beliebte Saalfelder Höhenweg zur Hütte stößt. Kurz hinter der Hütte beginnt unser Abstieg ins Vilstal. Eine steile Karstufe wird in engen Serpentinen überwunden, einige Felspassagen sind mit Drahtseilen gesichert, und schon bald erreichen wir den knapp 150 Höhenmeter tiefer gelegenen Traualpsee und etwas später die **Obere Traualpe** ⑧, 1649 m, am westlichen Seeende. Neben der Staumauer beginnt der weitere Abstieg, der uns in zahllosen Serpentinen hinunter zum Vilsalpsee bringt. Dort führt uns der Uferweg in ca. 15 Minuten zurück zu unserem Ausgangspunkt am Nordufer des Sees, wo man die Tour noch einmal gemütlich Revue passieren lassen kann.

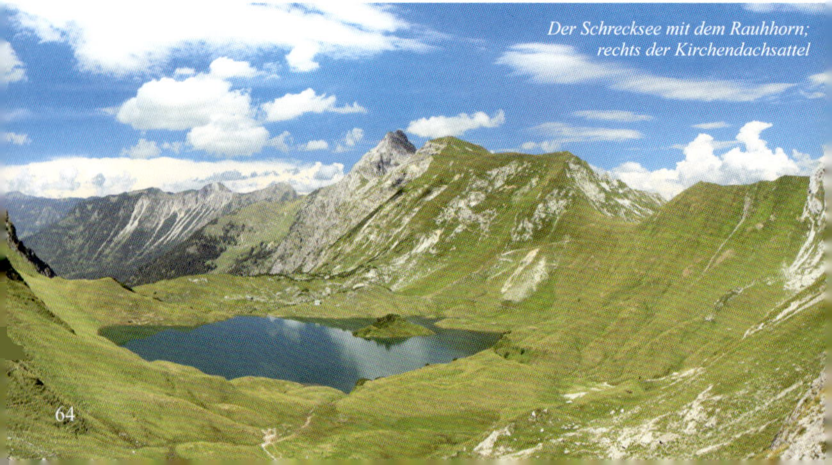
Der Schrecksee mit dem Rauhhorn; rechts der Kirchendachsattel

Saalfelder Höhenweg 18

5 Std. | 350 / 975 | 10,8 km

Tannheim, Neunerköpflebahn am östlichen Ortsrand *(**Navi**: A-6675 Tannheim, Bergbahnweg 12)*; <u>Bus</u> Reutte–Tannheim–Oberjoch ca. alle 60 bis 90 min., Haltestelle »Tannheim Kreisverkehr«.

Neunerköpflebahn: (Kleinkabinenbahn) Betriebszeiten ca. Anfang Mai–Anfang November, 8.45–16.15 h, Tel. +43 5675 6260, www.tannheimer-bergbahnen.at, Talstation 1109 m, Bergstation 1791 m.

Alpines Gelände; überwiegend breite, angenehme Wege ohne anstrengende Anstiege. Der Abstieg von der Landsberger Hütte zum Vilsalpsee ist teils sehr steil, zwischendrin kurze, felsige, seilgesicherte Passagen.

Gundhütte (nahe ②), Gappenfeldalm ⑥; Landsberger Hütte ⑦; Obere Traualpe ⑧; Gasthof Vilsalpsee und Fischerhütte ⑨

Beliebte Panoramawanderung zur Landsberger Hütte

Eine der schönsten und auch beliebtesten Touren im Tannheimer Tal. Mit der Neunerköpflebahn geht es hinauf, um dann auf einem wunderschönen Höhenweg oberhalb von Strindenbachtal, Birkental und Vilstal hinüber zur Landsberger Hütte zu wandern. Letzte Etappe ist der Abstieg vorbei am Traualpsee zum Vilsalpsee als krönender Abschluss.

Von **Tannheim** ①, 1109 m, geht es hinauf zur **Bergstation** ②, 1791 m und weiter auf einem breiten Weg bis zu einer nahen Weggabelung. Geradeaus kann man den Neunerköpfle-Gipfel umgehen, wir wenden uns jedoch nach links und steigen – vorbei an einem oft von unzähligen Gleitschirmfliegern bevölkerten Wiesenhang – hinauf zum **Neunerköpfle** ③, 1862 m, mit seinem schönen Panorama über das Tal, den Haldensee und die Tannheimer Berge. Vom Gipfel folgen wir einem Weg in südlicher Richtung hinüber auf einen breiten Kamm mit schöner Aussicht über Vilstal (recht) und Strindental (links). Der Kammweg biegt schließlich links ab und führt hinab zur Oberen Strin-

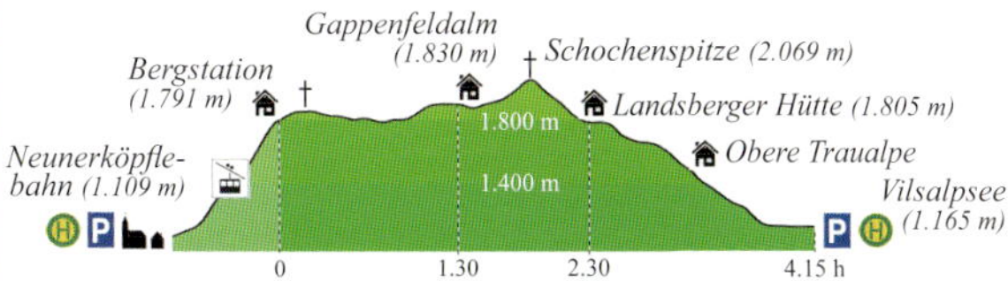

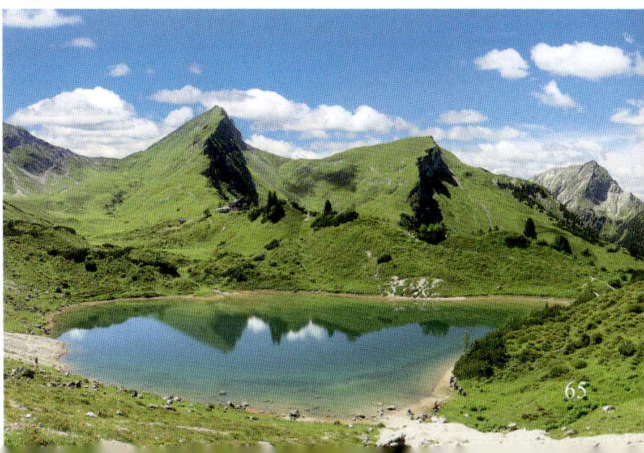

Die Lache bei der Landsberger Hütte

denalpe im Strindenbachtal. Wir verlassen hier allerdings den Hauptweg und biegen rechts in einen schmalen Pfad ein, der mit geringem Auf und Ab im weiten Bogen die wiesenbedeckten östlichen Ausläufer der Lochgehrenspitze quert. Zum Ende treffen wir wieder auf eine Schotterstraße und steigen auf dieser die letzten Meter hinauf zur **Strindenscharte** ④, 1855 m. Jenseits davon öffnet sich das einsame Weißenbachtal, im Hintergrund überragt von der Leilachspitze. Rechts über uns erhebt sich die Sulzspitze, deren Südosthang wir auf breitem Weg queren, um kurz darauf die **Gappenfeldscharte** ⑤, 1860 m, zu erreichen (die bewirtschaftete Gappenfeldalm befindet sich etwa 150 Meter rechts hinter der Scharte). Der Wanderweg zieht sich nun ganz allmählich ansteigend einen Wiesenhang entlang, hinüber zu den steilen Nordabstürzen der Schochenspitze. Der Hauptweg führt etwas unterhalb des Gipfels entlang, aber ein

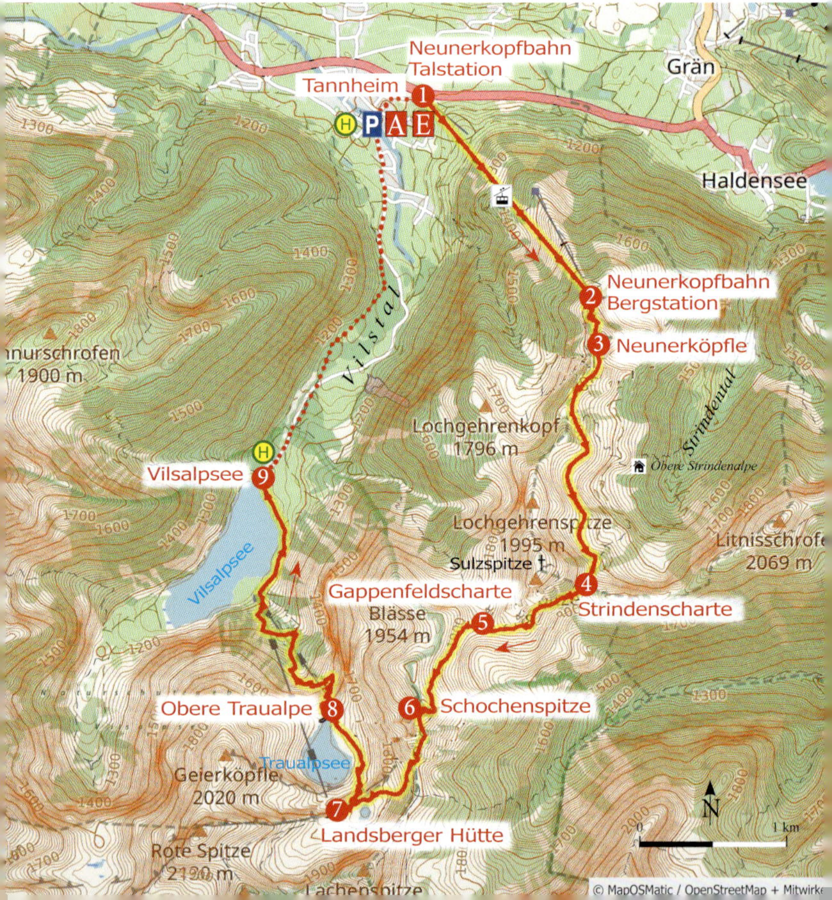

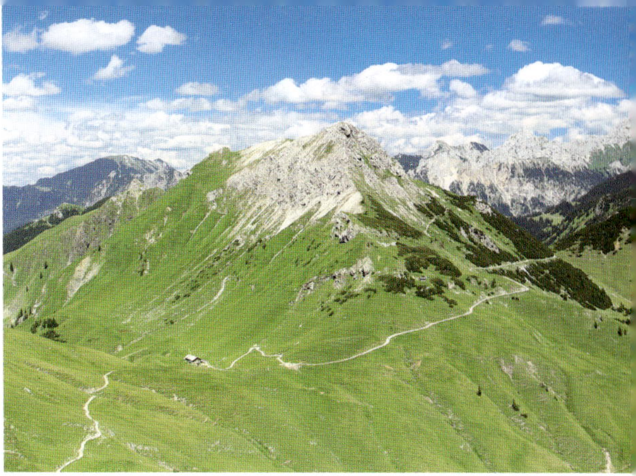

Aufstieg zur **Schochenspitze** ⑥, 2069 m, lohnt ungemein angesichts des atemberaubenden Panoramas: Auf der Westseite fallen die Felswände schwindelerregend steil in die Tiefe, unten leuchten Traualpsee und Vilsalpsee, gegenüber ragt die Rote Spitze keck in den Himmel, und die Allgäuer Alpen füllen den gesamten südlichen Horizont. Die folgende Etappe führt über einen breiten Weg stetig abwärts, vorbei an der kleinen Lache und hinüber zur **Landsberger Hütte** ⑦, 1805 m, die lawinensicher auf einer Karschwelle steht. Beim Blick zurück fallen noch einmal die senkrechten Westabbrüche der Schochenspitze ins Auge. Der Abstieg zum Vilsalpsee beginnt ein paar Schritte vor der Hütte. Die steile Karstufe wird in engen Serpentinen überwunden, einige Felspassagen sind mit Drahtseilen gesichert. Schon bald erreichen wir den knapp 150 Höhenmeter tiefer gelegenen Traualpsee. Ein breiter Weg oberhalb des Seeufers bringt uns über offene Weideflächen zur **Oberen Traualpe** ⑧, 1649 m. Direkt neben der Staumauer folgt der weitere, steile Abstieg, der uns in zahllosen Kehren hinunter zum Vilsalpsee bringt. Dort führt uns der Uferweg in ca. 15 Minuten zum Restaurant **Vilsalpsee** ⑨, 1165 m. Etwa vier gemütliche Kilometer sind es zu Fuß bis zur Talstation in Tannheim (teilweise – autofreie – Straße, teilweise Waldweg, etwa 1 Std.), alternativ sind Bus, Pferdekutsche oder Mini-Bähnle im Angebot.

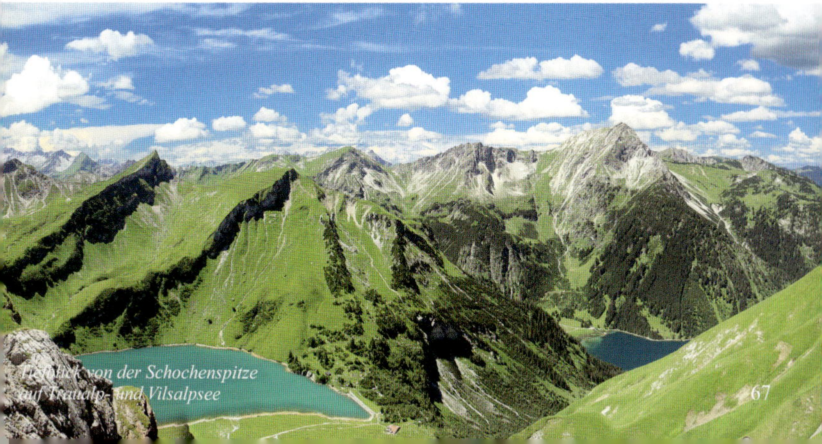

Tiefblick von der Schochenspitze auf Traualp- und Vilsalpsee

19 Zur Bärenmoosalpe

3 Std. | 350 Hm | 7,6 km

Wanderparkplatz im Achtal zwischen Pfronten und Tannheimer Tal. Fünf Kilometer ab Pfronten-Steinach ins Achtal Richtung Tannheimer Tal, kleiner Parkplatz westlich der Straße, 1000 m (1,5 Kilometer vor der Grenze D/A) *(**Navi**: 87459 Pfronten, Achtalstraße)*; (Ggf. fährt wieder der Tälerbus Pfronten–Tannheim, Haltestelle »Pfronten Saras« ca. 700 m südlich des Parkplatzes weiter Richtung Tannheimer Tal.)

Bergauf auf Wirtschaftsweg, bergab auf teils grobschotterigem Wanderweg.

Bärenmoosalpe ②

Stilles Almidyll im Achtal/Engetal

Das Achtal/Engetal verbindet Pfronten mit dem Tannheimer Tal und wird oft nur als Durchgangsstation wahrgenommen. Auf halber Strecke führt ein Weg hinauf zur Bärenmoosalpe inmitten einer sehr stillen und abgeschieden wirkenden Wiesen- und Waldlandschaft. Aufmerksame Kartenleser können dort oben die Flurbezeichnung »Himmelreich» entdecken...wen das nicht lockt!

Direkt beim kleinen **Parkplatz** ①, 1000 m, beginnt ein Wirtschaftsweg, dem wir den Hang hinauf folgen. Während es anfangs noch kurz durch offene Wiesen aufwärts geht, tauchen wir bald in dichten Wald ein, der uns für eine gute halbe Stunde begleitet. Die Schotterstraße zieht sich mit stetiger Steigung die steilen Westflanken des Achtals bergwärts, erreicht schließlich eine Geländeschulter und kurz darauf offenes Gelände. Vor uns breitet sich eine sehr idyllische, stille Wiesenlandschaft aus, flankiert von bewaldeten Hängen. Mittendrin liegt die Hütte der **Bärenmoosalpe** ②, 1260 m, zu der wir in wenigen Mi-

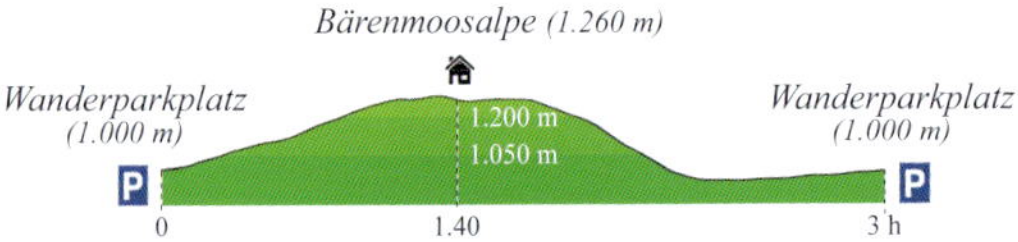

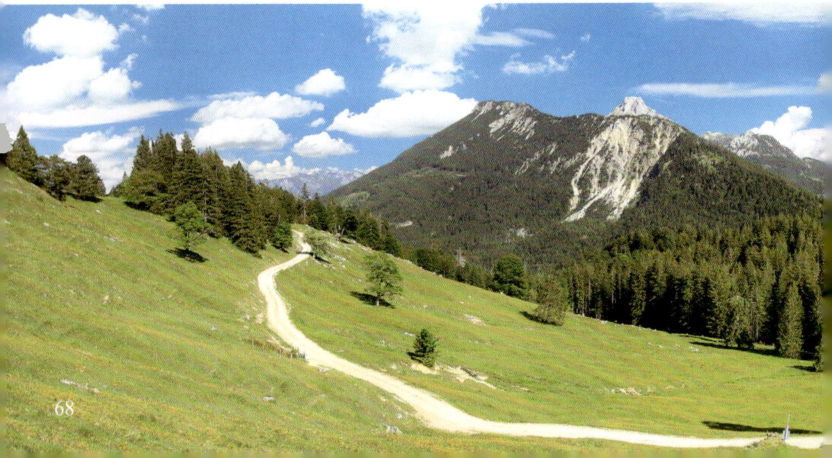

nuten hinüberspazieren. Dort öffnet sich nun auch ein schöner, weiter Blick Richtung Südosten über das Tal, eingerahmt von den Gipfeln des Einsteins, Aggensteins und Breitenbergs. Ein hübsches Plätzchen mit ganz ungewöhnlichen Ausblicken. Von der Hütte folgen wir einem breiten Schotterweg nordostwärts, der sich durch die Almwiesen zieht und allmählich an Höhe verliert. Knapp 15 Minuten später halten wir uns an einem Abzweig rechts, verlassen die Hochwiesen und beginnen unseren Abstieg. Auf einem recht steilen und streckenweise etwas grobschotterigen Weg geht es hinab ins Achtal, dessen Talsohle wir in der Nähe des Gasthofes Fallmühle erreichen (ca. 10 min. talauswärts). Wir unterqueren die Autostraße, überqueren den Steinacher Achen und wenden uns gleich dahinter nach rechts. Am bewaldeten Bachufer geht es talaufwärts, kurz darauf – dem Uferweg folgend – erneut unter der Straße hindurch. Nun wartet noch ein knapp halbstündiger Fußmarsch auf dem zwischen Straße und Bach verlaufenden Wanderweg zurück zum Ausgangspunkt auf uns.

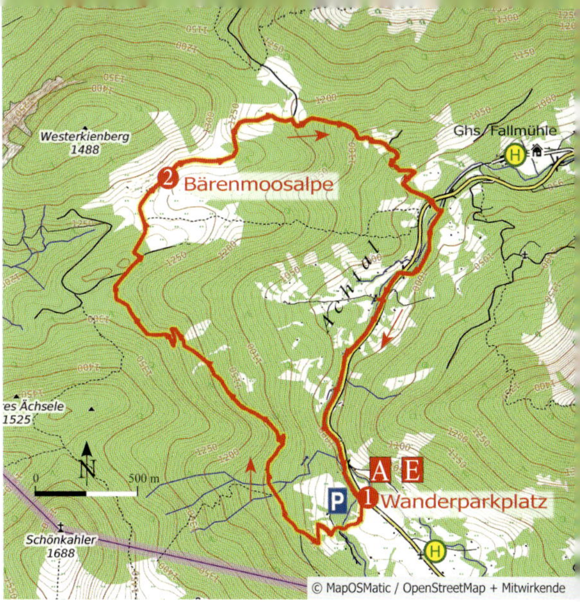

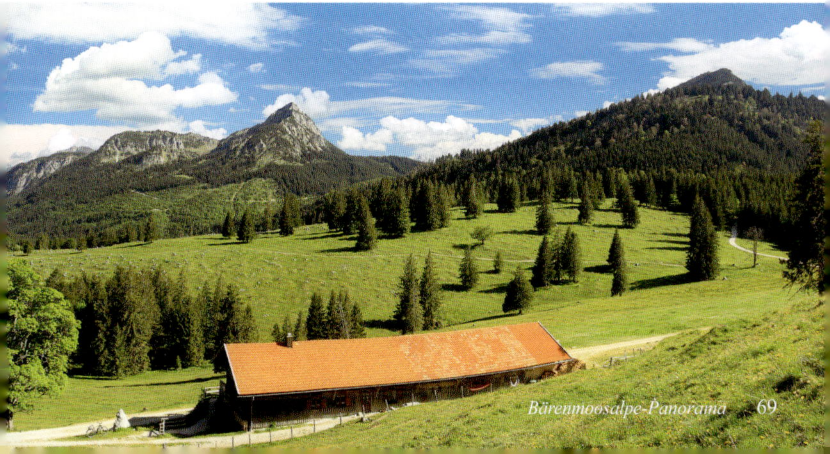

Bärenmoosalpe-Panorama

20 Ostlerhütte und Breitenberg-Gratweg

4 Std. | 330 / 990 | 11,2 km

Pfronten-Steinach, Breitenbergbahn. Anfahrt durch die vielen ineinandergewachsenen Dörfer Pfrontens hindurch Richtung Vils (Tirol) bis zur Talstation östlich von Pfronten-Steinach *(**Navi**: 87459 Pfronten, Tiroler Str. 176)*; Bus Füssen–Pfronten ca. stündlich, Haltestelle »Breitenbergbahn«. Züge Linie Kempten–Reutte ca. stündlich (Bahnhof »Pfronten-Steinach« genau gegenüber der Talstation).

Breitenbergbahn (Kleinkabinenbahn) Betriebszeiten ca. Anfang Mai bis Anfang November, 9–16:30 h, Tel. +49 8363 5820, www.breitenbergbahn.de, Talstation 850 m, Bergstation 1509 m.
Variante: Im Anschluss an die Breitenbergbahn führt die Hochalpbahn als 4er-Sessellift von 1500 m auf 1677 m.

Aufstieg zur Ostlerhütte durch groben Schotter, streckenweise etwas unangenehm. Teils recht steile Abschnitte.

Berghaus Allgäu ②; Hochalphütte ②; Ostlerhütte ④; Gasthof Fallmühle ⑤

Stille Gratwanderung hoch über Pfronten

Die Seilbahn bringt uns hinauf auf den über Pfronten aufragenden Grat des Breitenberges. Über die aussichtsreichen Wiesen auf seiner Südseite steigen wir hinauf zur Ostlerhütte auf dem höchsten Punkt des Berges. Der Abstieg erfolgt über den stillen Westgrat hinab ins Achental und auf angenehmen Uferwegen entlang des Steinacher Achen zurück zur Talstation.

Von der **Talstation** ①, 850 m, bringt uns die Seilbahn hinauf zur **Bergstation** ②, 1509 m, von der wir einen schönen Blick zurück über die tief unter uns liegende Landschaft rund um Pfronten genießen können. Auf der Südseite erwarten uns weite Wiesenhänge, im Hintergrund eingerahmt von den felsigen Gipfeln des Aggenstein und Rossberges. Über diese Wiesen wandern wir auf einem breiten Schotterweg hinauf zu einem querverlaufenden Grat mit der Bergstation des **Hochalpbahn-Sesselliftes** ③, 1677 m. Jenseits des Kammes öffnet sich der Blick in Richtung Westen, während sich hinter uns im Nordosten das seenreiche Ostallgäu ausbreitet sowie das Vilstal mit dem langgezogenen Zirmgrat. Hier am Grat halten wir uns rechts und steigen auf einem steilen Schotterweg

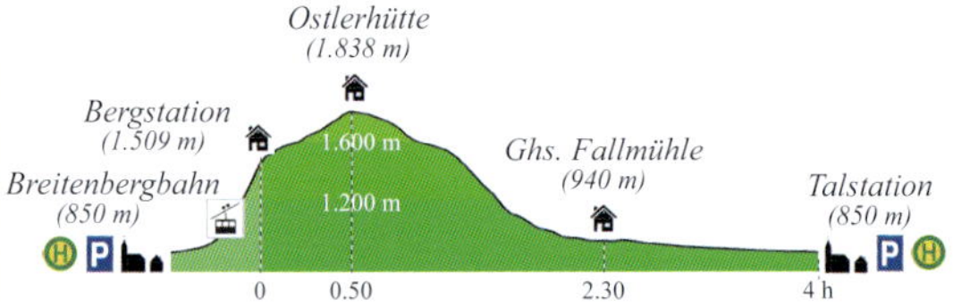

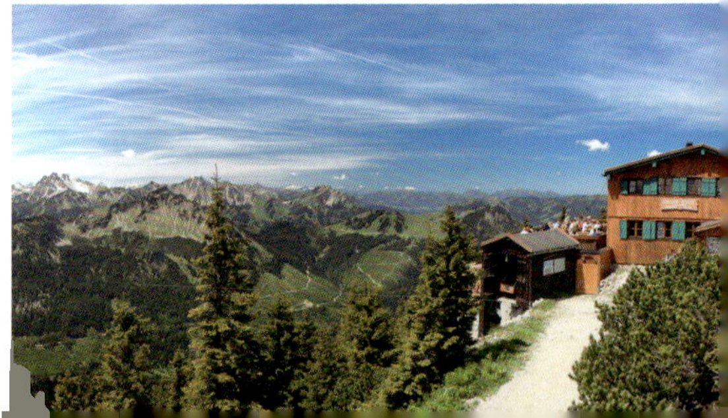

Die Ostlerhütte auf dem Breitenberg

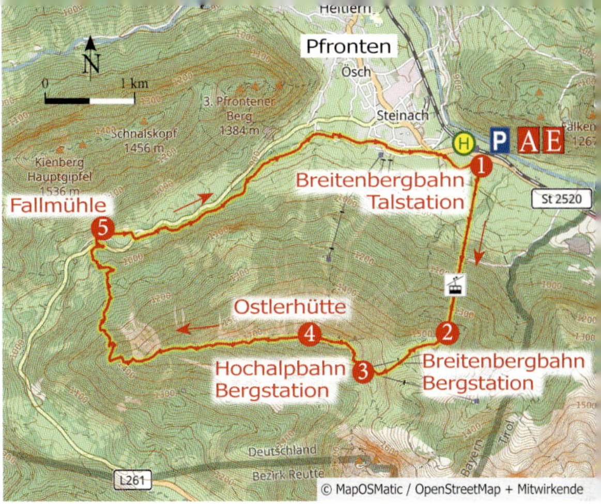

einen mit Latschen bestandenen Hang hinauf zum Breitenberg, auf dessen höchstem Punkt die **Ostlerhütte** ④, 1838 m, thront. Das Panorama von oben reicht weit über den Talkessel von Pfronten, hinüber ins Tannheimer Tal und zum eindrucksvollen, nahen Aggenstein. Wir lassen die Ostlerhütte – und damit auch fast alle anderen Wanderer – hinter uns und folgen dem Wegweiser »Fallmühle«. Der Weg verläuft anfangs durch Latschenbestände entlang des schmalen Grates, um später etwas links des Kammes durch Fichtenwald weiter an Höhe zu verlieren. Nach ca. einer Stunde wird es merklich steiler, es geht nun die Westseite des Breitenberges hinab. Schließlich queren wir eine Forststraße, auf die wir etwas weiter unten erneut treffen und dieser bis zu einer Weggabelung folgen. Dort halten wir uns rechts und erreichen nach 15 Minuten die Straße Pfronten–Tannheim. Gegenüber sind es nur noch wenige Schritte bis zum **Gasthaus Fallmühle** ⑤, 940 m. Vor uns liegt nun ein gut sechs Kilometer langer Fußweg zurück zum Start. Ca. 200 Meter östlich des Gasthauses folgen wir einem schmalen Wiesenweg, unterqueren die Straße und wechseln auf die gegenüberliegende Seite des Steinacher Achen. Immer rechts des Flusses bleibend wandern wir gemütlich durch Mischwald talauswärts. Kurz hinter den ersten Häusern von Gschön wechseln wir auf die linke Achenseite, bleiben dort für etwa einen Kilometer, wechseln wieder auf die rechte Flussseite und erreichen schließlich die Talstation.

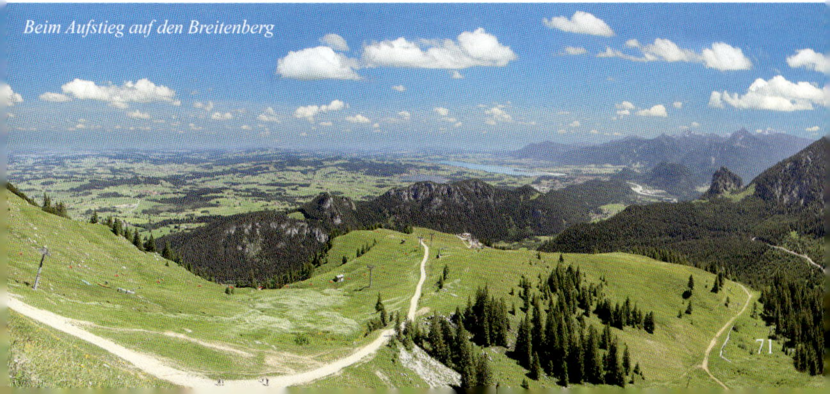

Beim Aufstieg auf den Breitenberg

21 Breitenberg und Aggenstein

3 Std. | 575 Hm | 6,7 km

Pfronten-Steinach, Breitenbergbahn. Anfahrt durch die vielen ineinandergewachsenen Dörfer Pfrontens hindurch Richtung Vils (Tirol) bis zur Talstation östlich von Pfronten-Steinach *(**Navi**: 87459 Pfronten, Tiroler Str. 176);* Bus ab Füssen und Kempten ca. stündlich, Haltestelle »Breitenbergbahn«. Züge Kempten–Pfronten ca. stündlich (Bahnhof »Pfronten-Steinach« genau gegenüber der Talstation).

Breitenbergbahn (Kleinkabinenbahn) Betriebszeiten ca. Anfang Mai bis Anfang November, 9–16:30 h, Tel. +49 8363 5820, www.breitenbergbahn.de, Talstation 850 m, Bergstation 1509 m. (**Variante**: Im Anschluss an die Breitenbergbahn führt die Hochalpbahn als 4er-Sessellift von 1500 m auf 1677 m.)

Steile Serpentinen hinauf zum Aggenstein-Gipfel, dort oben einige drahtseilgesicherte Kletterpassagen, ebenfalls steiler Abstieg von der Bad Kissinger Hütte durch den »Bösen Tritt«.

Berghaus Allgäu ②; Hochalphütte ②, Bad Kissinger Hütte ⑤

Gipfelglück zwischen Ostallgäu und Tannheimer Tal

Auf den Aggenstein führen viele Wege, wobei der einfachste mit einer Fahrt der Breitenberg-Seilbahn von Pfronten hinauf beginnt. Von den weiten Wiesenhängen des Breitenberges steigen wir einen steilen, aber letztlich überraschend einfachen Weg hinauf zum Aggenstein-Gipfel. Der Rückweg bringt uns über seine steilen Südflanken zur Bad Kissinger Hütte sowie zurück zur Bergstation. Eine wunderschöne Runde zwischen Ostallgäu und Tannheimer Tal.

Mit der Seilbahn geht es schnell von der **Talstation** ①, 850 m, hinauf zur **Bergstation** ②, 1509 m, die direkt auf dem Grat des Breitenberges thront. Während sich rückblickend ein beeindruckender Tiefblick hinab in den Kessel von Pfronten und das Vilstal bietet, erwartet uns oben eine weite, offene Wiesenlandschaft, die im Hintergrund vom mächtigen Aggenstein überragt wird. Wir folgen einem breiten Weg, der sich über den Wiesenhang hinaufzieht, und genießen mit zunehmender Höhe immer weitere Ausblicke über das ostallgäuer Voralpenland. Schließlich erreichen wir einen Grat, der zwischen Brei-

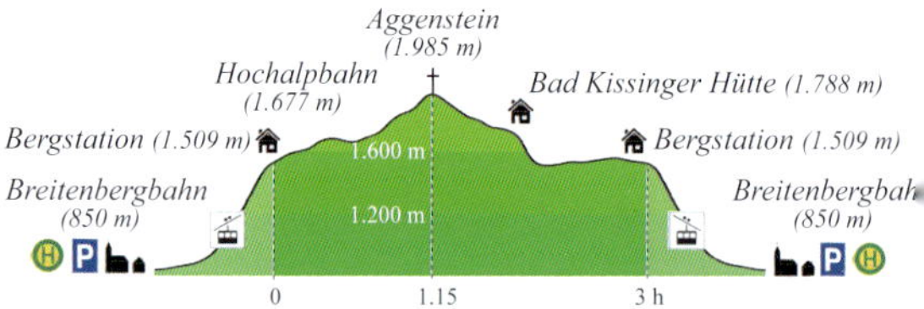

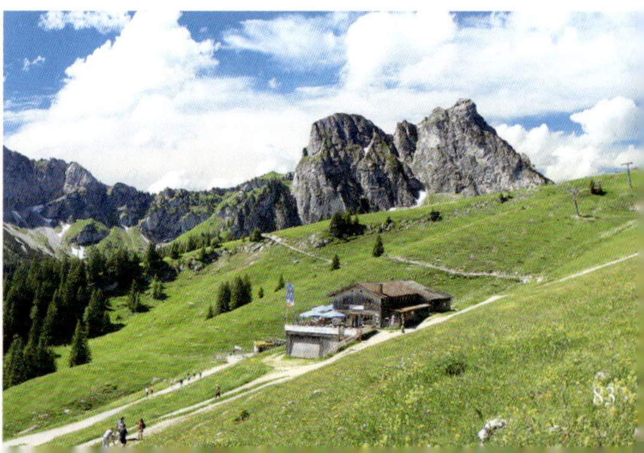

Hochalphütte und Aggenstein

tenberg (rechts) und Aggenstein (links) verläuft, mit der kleinen Bergstation des **Hochalpbahn-Sesselliftes** ③, 1677 m. Jenseits öffnet sich ein erster Blick hinüber ins Tannheimer Tal. Wir wenden uns nach links und wandern auf dem Grat Richtung Aggenstein. Nachdem der felsige Gipfelblock bisher einen eher unbesteigbaren Eindruck gemacht hat, erkennen wir nun, dass auf seiner Westseite eine schmale, steile und von Gras bedeckte Rinne das nackte Gestein unterbricht und eine Aufstiegsmöglichkeit bietet. Der Anstieg hat es trotzdem in sich: Im unteren Bereich erwarten uns einige drahtseilgesicherte Felspassagen, an denen man kurz

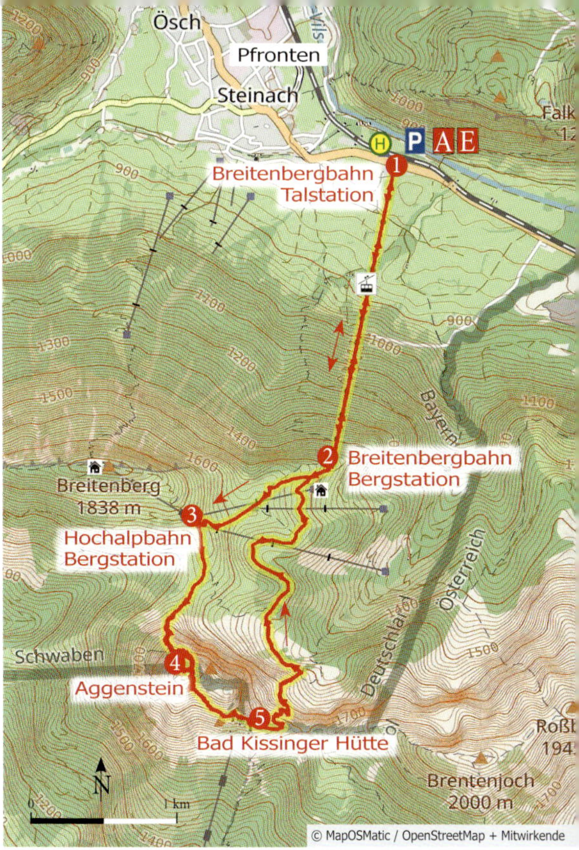

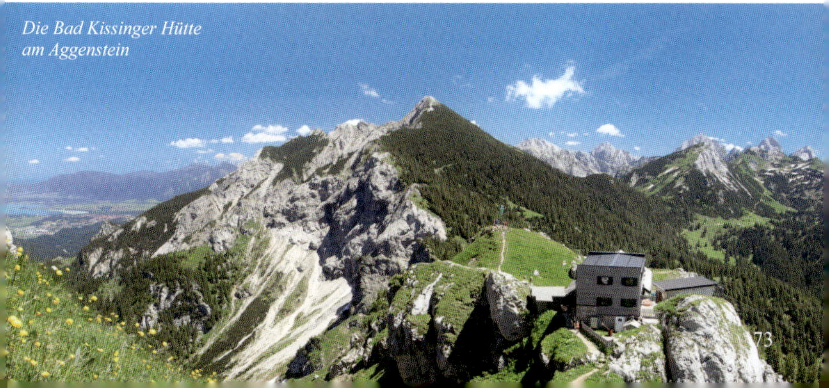

Die Bad Kissinger Hütte am Aggenstein

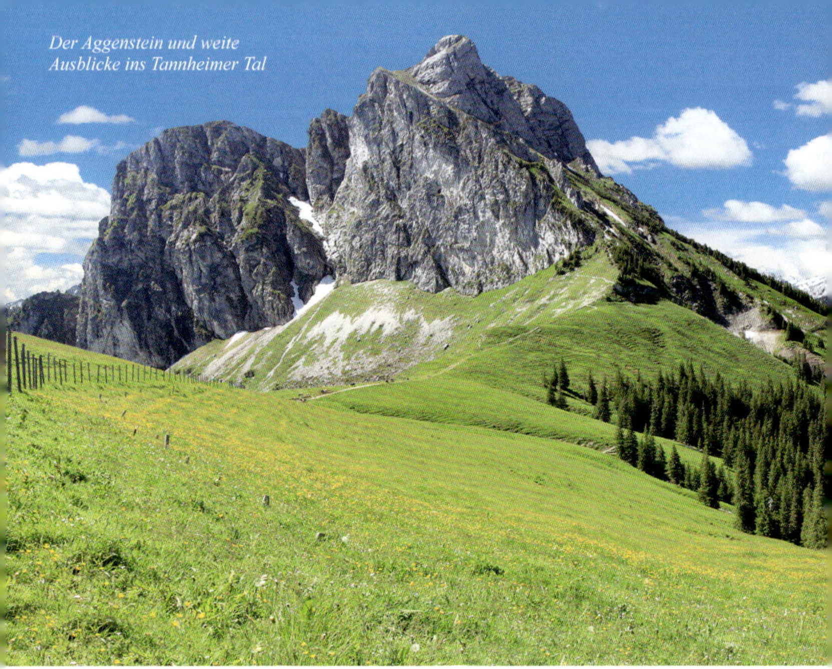

Der Aggenstein und weite Ausblicke ins Tannheimer Tal

die Hände einsetzen muss, danach geht es in zahllosen Sepentinen anstrengend den steilen Hang hinauf. Schließlich erreichen wir den Grat, wechseln auf die Tannheimer Seite hinüber und treffen auf den Aufstiegsweg von der Bad Kissinger Hütte (unser späterer Rückweg). Zuvor steigen wir natürlich noch rechts auf den Gipfel hinauf, der zwar schon recht nah ist, aber uns trotzdem noch etwas nicht ganz leichte Kletterei über einige drahseilgesicherte Felspartien abverlangt. Oben auf dem **Aggenstein-Gipfel** ④, 1985 m, angekommen genießen wir ein sensationelles 360-Grad-Panorama, das wirklich kaum Wünsche offen lässt. Zum Abstieg geht es wieder über die Kletterpassage, dann in weiten Serpentinen den sehr steilen, südseitigen Wiesenhang des Aggenstein bergab. Hinter einer Kurve taucht plötzlich die schön auf einem Kalkfelsen thronende **Bad Kissinger Hütte** ⑤, 1788 m, auf. Auf der aussichtsreichen Terrasse lässt es sich wunderbar aushalten. Hinter der Hütte folgen wir für einige Minuten dem weiter an Höhe verlierenden Grat, passieren den Abstieg nach Grän (rechts), um etwa 100 Meter weiter links dem Wegweiser Richtung Pfronten zu folgen (1730 m). Die Wegbezeichnung »Böser Tritt« lässt Schlimmes erahnen, aber letztlich geht es zwar sehr steil, aber nicht wirklich schwierig die Nordflanke abwärts, vorbei an einigen spektakulären senkrechten Felswänden. An der »Grenzhütte« (1507 m) wenden wir uns nach links und folgen einem schmalen Wanderweg, der unterhalb der Nordabstürze des Aggenstein und schließlich durch einen Mix aus Wiese und Wald zurück zur Bergstation der Breitenbergbahn führt.

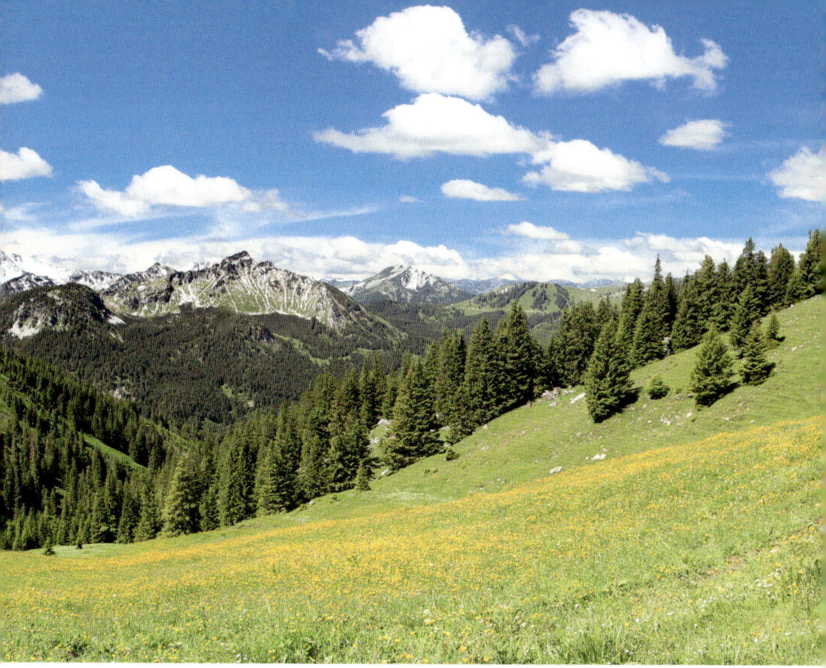

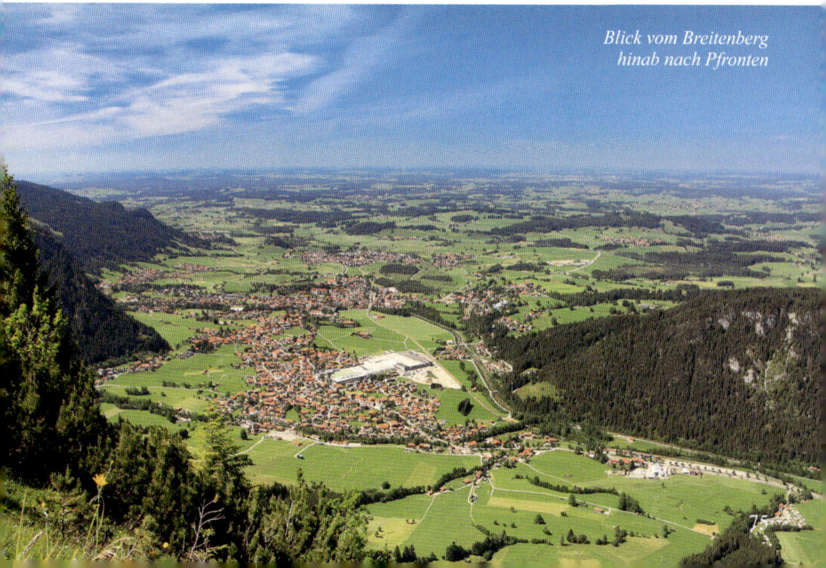

Blick vom Breitenberg hinab nach Pfronten

22 Auf die Große Schlicke

2.30 Std. | 350 Hm | 5,7 km

Grän, Füssener Jöchlebahn, 1205 m; Grän liegt 3 km östlich von Tannheim, die Seilbahn-Talstation östlich des Ortes, Zufahrt via Umgehungsstraße *(**Navi**: A-6673 Grän, Füssener Jöchle Str. 8)*; Bus Reutte–Tannheim–Oberjoch ca. alle 60 bis 90 min., Haltestelle »Grän Liftanlagen«.

Füssener Jöchlebahn: (Kleinkabinenbahn) Betriebszeiten ca. Anfang Juni–Anfang November, 9–16.30 h, Tel. +43 5675 6363, www.lifte-graen.com, Talstation 1205 m, Bergstation 1821 m.

Alpines Gelände, schmale, aber ordentliche Wege. Im Gipfelbereich der Großen Schlicke etwas bröselig, schrofig und recht steil (Teleskopstöcke ratsam).

Sonnenalm ②

Herrlicher Höhenweg vor den Tannheimer Bergen

Die Große Schlicke ist ein gewaltiger Berggipfel zwischen Vils- und Raintal. Nach der gemütlichen Seilbahnfahrt zum Füssener Jöchle führt die aussichtsreiche Wanderung über seine steile Südflanke hinauf zum Gipfelkreuz. Das Panorama oben reicht bis weit ins ostallgäuer Voralpenland, während im Süden die hoch aufragenden Felswände der Tannheimer Berge mächtig Eindruck schinden.

Die Seilbahn bringt uns bequem von der **Talstation** ①, 1205 m, hinauf zur **Bergstation** ②, 1821 m, die auf einem aussichtsreichen Sattel thront. Rückblickend haben wir einen schönen Blick über das Tannheimer Tal, während sich vor uns der obere Talschluss des Alptales öffnet, ein weiter Wiesenkessel mit dem ostallgäuer Voralpenland in der Ferne. Als südliche Begrenzung dieses weiten Rundes erheben sich – schräg vor uns – steile, hoch aufragende, helle Felswände, darunter unser heutiges Ziel, die Große Schlicke. Wobei wir den Gipfel über seine harmlosere Südseite erklimmen werden. Dazu halten wir uns rechts, queren die oberen Ausläufer dieses weiten Kessels und gelangen zu einer kleinen Scharte, die den Übergang zum Raintal bildet. Ein prächtiger Aus-

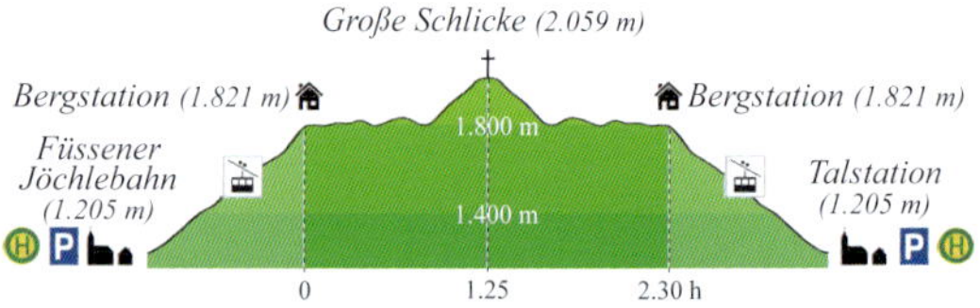

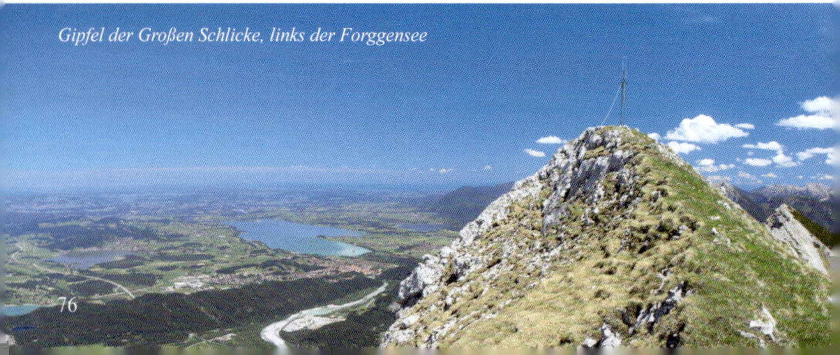

Gipfel der Großen Schlicke, links der Forggensee

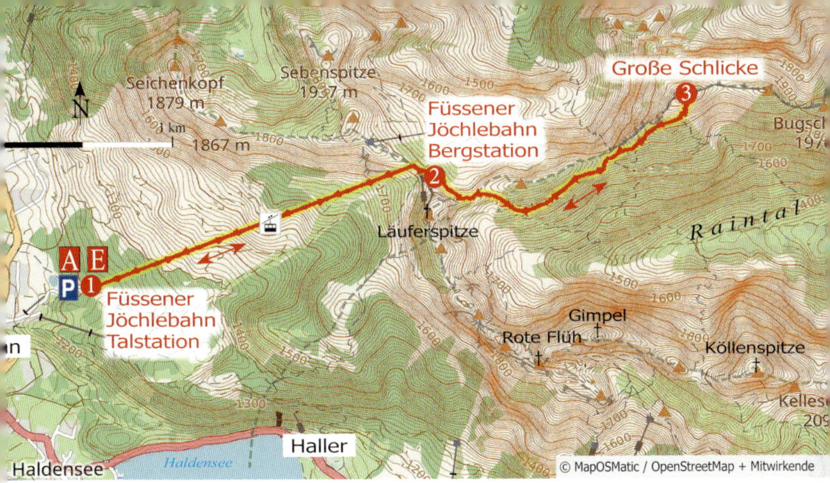

blick erwartet uns: Genau gegenüber reihen sich die mächtigen Gipfel der Tannheimer Berge aneinander, prächtige Kletterziele wie Gehrenspitze, Köllenspitze, Gimpel und Rote Flüh. Deren uns zugewandte steile, schattige Nordseiten machen allerdings einen recht abweisenden Eindruck. Wir halten uns hier links und queren – mit diesem eindrucksvollen Panorama vor Augen – einen mit Latschen bestandenen Steilhang auf der linken Talseite, wobei wir leicht an Höhe verlieren. Am tiefsten Punkt des Weges zweigt rechts ein Pfad hinab ins Raintal ab, während für uns an dieser Stelle der Aufstieg hinauf zur Großen Schlicke beginnt. Es geht stetig bergan in Richtung des langgestreckten Gipfelgrates, wobei wir unterwegs die Vilser Scharte passieren, auf deren Nordseite ein sehr steiler Serpentinenweg durch den Kalkschutt hinab Richtung Vils führt. Bald haben wir die letzten Latschen hinter uns gelassen und steigen zum Schluss in engen, steilen Kehren durch den schrofigen Hang zum Gipfel der **Großen Schlicke** ③, 2059 m, hinauf. Während die felsige Nordseite jäh in die Tiefe abfällt, wird der Südhang des Berges durch einen zwar kaum weniger steilen, aber locker mit Gras bedeckten Hang gebildet, auf dem sich gemütlich rasten lässt. Zumal das Panorama atemberaubend ist: genau gegenüber die mächtigen Tannheimer Gipfel, während Richtung Norden der Blick weit übers Ostallgäuer Seenland streift. Der Rückweg erfolgt auf dem gleichen Weg.

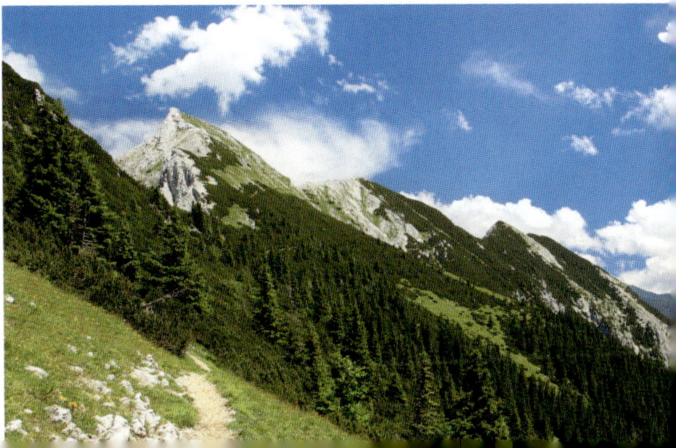

Aufstieg zur Großen Schlicke

23 Gräner Höhenweg (+ Aggenstein)

3.30 Std. | 300 / 915 | 9,6 km

Grän, Füssener Jöchlebahn, 1205 m; Grän liegt 3 km östlich von Tannheim, die Seilbahn-Talstation östlich des Ortes, Zufahrt via Umgehungsstraße *(**Navi**: A-6673 Grän, Füssener Jöchle Str. 8)*;
Bus Reutte–Tannheim–Oberjoch ca. alle 60 bis 90 min., Haltestelle »Grän Liftanlagen«.

Füssener Jöchlebahn: (Kleinkabinenbahn) Betriebszeiten ca. Anfang Juni–Anfang November, 9–16.30 h, Tel. +43 5675 6363, www.lifte-graen.com, Talstation 1205 m, Bergstation 1821 m.

Alpines Gelände, gut zu gehende Wege; am Ende recht steiler Abstieg von der Bad Kissinger Hütte ins Tal. Am (fakultativen) Aggenstein-Gipfel kleine Kraxelei im Fels (seilgesichert).

Sonnenalm ②;
Bad Kissinger Hütte ④

Variante mit Aggenstein: Plus ca. 200 Höhenmeter und 60 Minuten.

Panoramatour für Genießer

Einer der Klassiker im Tannheimer Tal, gut besucht und wunderschön. Mit der Seilbahn geht es hinauf zum Füssener Jöchle, im Anschluss auf dem herrlichen Panoramaweg hinüber zur Bad Kissinger Hütte. Gipfelsammler können von dort auf den Aggenstein-Gipfel steigen und werden mit einem phantastischen Panorama belohnt, ehe wir auf steilen Wegen wieder zurück ins Tal gelangen.

Von der **Talstation** ①, 1205 m, bringt uns die Seilbahn schnell hinauf zur **Füssener Jöchle-Bergstation** ②, 1821 m, wo wir einen schönen Blick ins Tannheimer Tal und in Richtung Nordosten hinüber ins Ostallgäu genießen können. Wir lassen die Bergstation hinter uns und wandern links – vorbei an einem Skiliftgebäude, einigen Lawinenverbauungen und dem Aussichtpunkt Gamskopf – den Kamm hinauf und anschließend auf einem aussichtsreichen, ebenen Wegabschnitt hinüber zum Sefenjoch (1910 m), wo sich uns ein letzter, beeindruckender Blick zurück auf die hellen Kalkgipfel der Tannheimer Berge

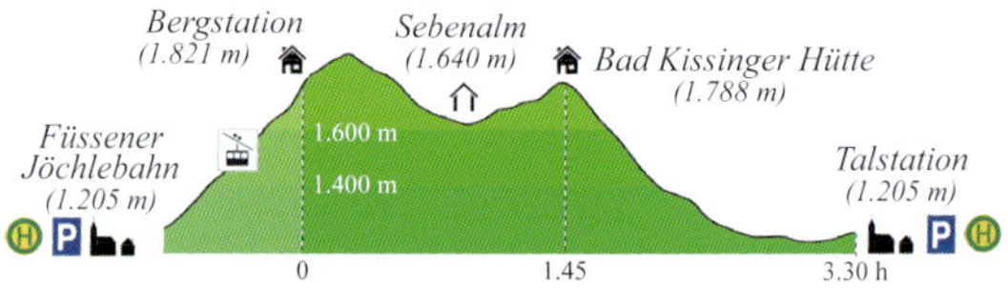

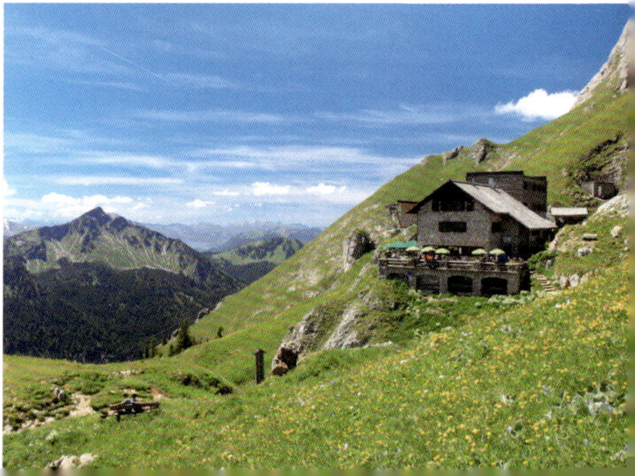

Die Bad Kissinger Hütte am Aggenstein

bietet. Auf der gegenüberliegenden Seite des Sattels öffnet sich ein weiter Kessel, der in der Ferne vom markanten Aggenstein überragt wird. Unser Weg schlängelt sich gut sichtbar durch diese hübsche Landschaft, durch die wir schließlich bis zur schön gelegenen **Sebenalm** ③, 1640 m, hinabwandern. Dahinter verläuft der Wanderweg durch lichten Wald wieder allmählich bergan bis zur gemütlichen **Bad Kissinger Hütte** ④, 1788 m, die wie ein Adlerhorst an den steilen Hängen des Aggenstein klebt.

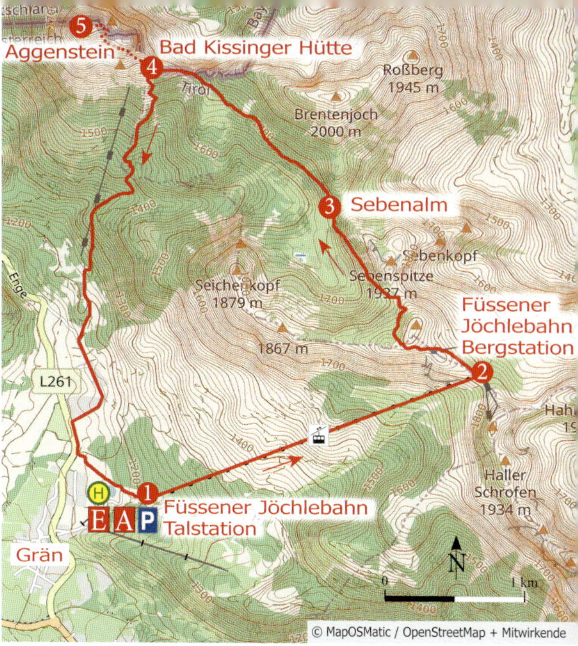

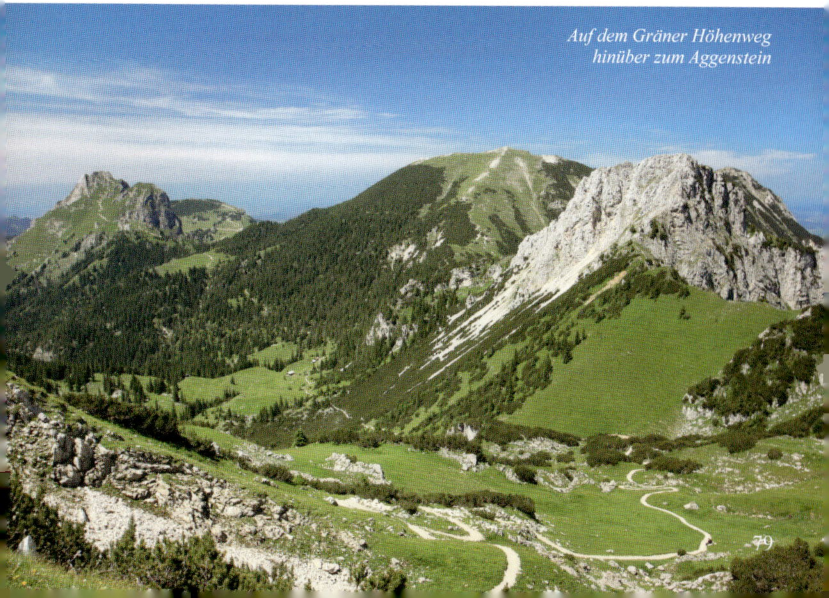

Auf dem Gräner Höhenweg hinüber zum Aggenstein

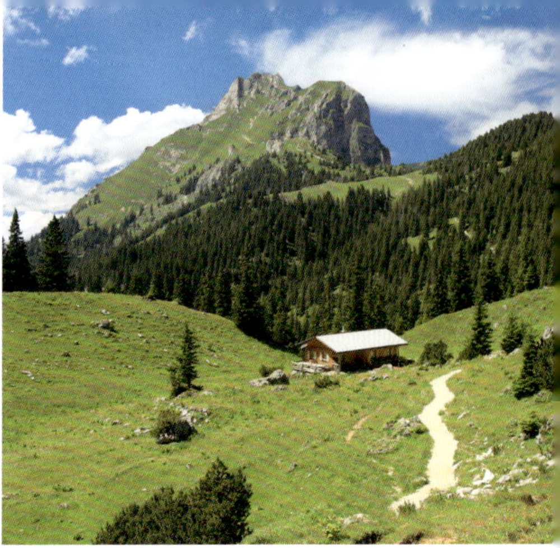

Variante Aggenstein-Gipfel:

Hinter der Hütte beginnt der Anstieg zum **Aggenstein-Gipfel** ⑤, 1987 m (etwa 200 Hm und ca. 60 Minuten hoch und runter). Der Weg zieht sich ohne besondere Schwierigkeit, allerdings recht steil in Serpentinen den wiesenbedeckten Südhang hinauf, um am Gipfel doch noch etwas fordernder zu werden in Gestalt einer kurzen, felsigen Kraxelpassage. Lohn der Mühe ist ein wunderbarer Rundblick über Tannheimer Tal und Ostallgäu.

Zurück zur Hütte geht es auf gleichem Weg. Kurz hinter der Hütte beginnt unser langer Abstieg hinunter Richtung Grän. In unzähligen, teils recht steilen Serpentinen geht es durch Wald abwärts, bis wir einen Wirtschaftsweg erreichen, der uns etwas knieschonender hinab zu den Häusern von Enge und einer Teerstraße leitet. Dort halten wir uns links, an einem Hotel vorbei, dann rechts zur Hauptstraße. Dort etwa 300 Meter parallel zur Straße Richtung Grän, und schließlich links hinter einem Bach durch ein Gatter und vorbei an einem kleinen Speichersee hinauf zum Parkplatz der Talstation.

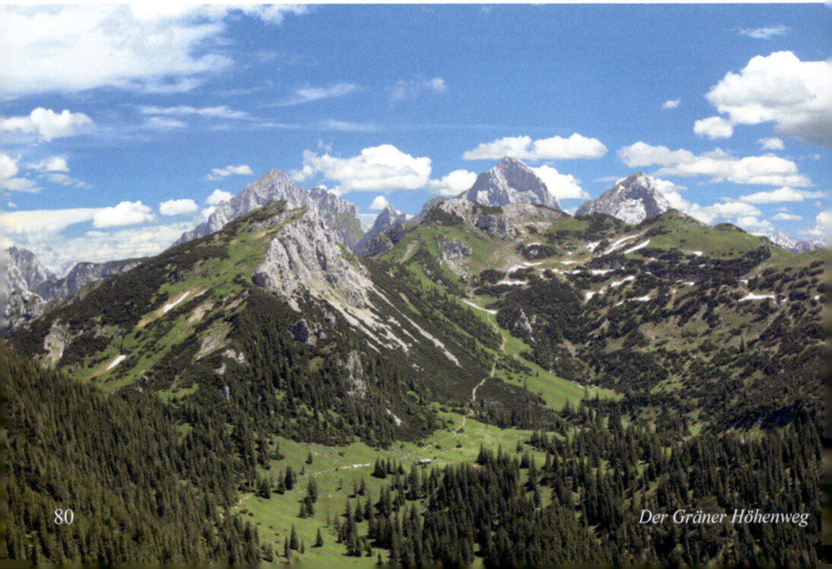

Schartschrofen und Raintal

0 Std. | 420 Hm | 6 km

Grän, Füssener Jöchlebahn, 1205 m; Grän liegt 3 km östlich von Tannheim, die Seilbahn-Talstation östlich des Ortes, Zufahrt via Umgehungsstraße *(**Navi**: A-6673 Grän, Füssener Jöchle Str. 8);*
<u>Bus</u> Reutte–Tannheim–Oberjoch ca. alle 60 bis 90 min., Haltestelle »Grän Liftanlagen«.

Füssener Jöchlebahn (Kleinkabinenbahn) Betriebszeiten ca. Anfang Juni–Anfang November, 9–16.30 h, Tel. +43 5675 6363, www.lifte-graen.com, Talstation 1205 m, Bergstation 1821 m.

Alpines Gelände, ungefährlich, aber teils schmale, durch Latschenwurzeln und Felsen etwas holprige Pfade. Einige etwas steilere Passagen, nach Regentagen streckenweise sehr rutschig und matschig.

Sonnenalm ②; Otto-Mayr-Hütte ④

Phantastische Aussichtskanzel überm Haldensee

Auf dem ersten Teil dieser Tour wandern wir von der Bergstation der Füssener Jöchlebahn hinüber zum nahen Schartschrofen, eine der schönsten Aussichtskanzeln im Tannheimer Tal hoch über dem Haldensee. Der Rückweg führt uns durch das Raintal, immer begleitet von den steil aufragenden Kalkgipfeln der Tannheimer Berge.

Die Seilbahn bringt uns zügig von der **Talstation** ①, 1205 m, hinauf zum **Füssener Jöchle** ②, 1821 m. Kaum der Gondel entstiegen, können wir ein herrliches Panorama genießen: Vor uns breitet sich ein weiter Kessel aus, der sich zum fernen Ostallgäu hin öffnet und überragt wird von den hellen Kalk-Felswänden von Hahnenkopf und Großer Schlicke. Wir wandern am rechten Hang dieses weiten Kessels leicht ansteigend zu einer nahen Scharte, dem Übergang zum Raintal. Dessen gesamte Südseite wird von der imposanten Felslandschaft der Tannheimer Berge eingenommen, die vor uns Spalier zu stehen scheinen: Rote Flüh, Gimpel, Köllenspitze und Gehrenspitze – beeindruckende Giganten aus hellem Wettersteinkalk, die das Herz jedes Kletterers höher schlagen lassen. Mit diesem Panorama vor Augen wenden wir uns nach

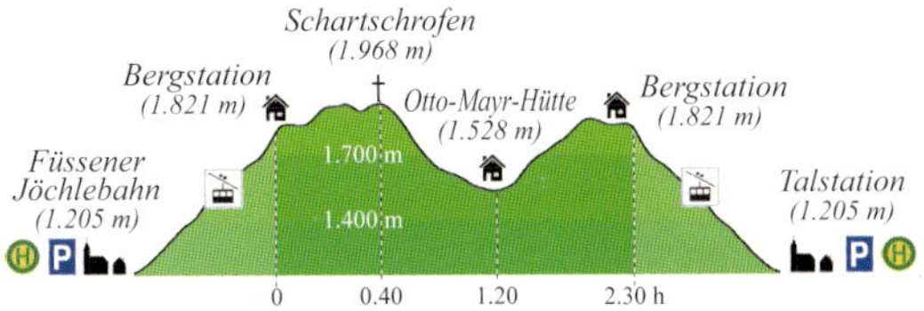

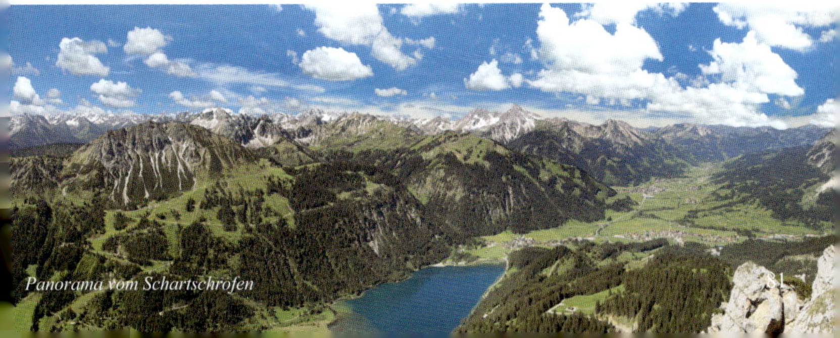

Panorama vom Schartschrofen

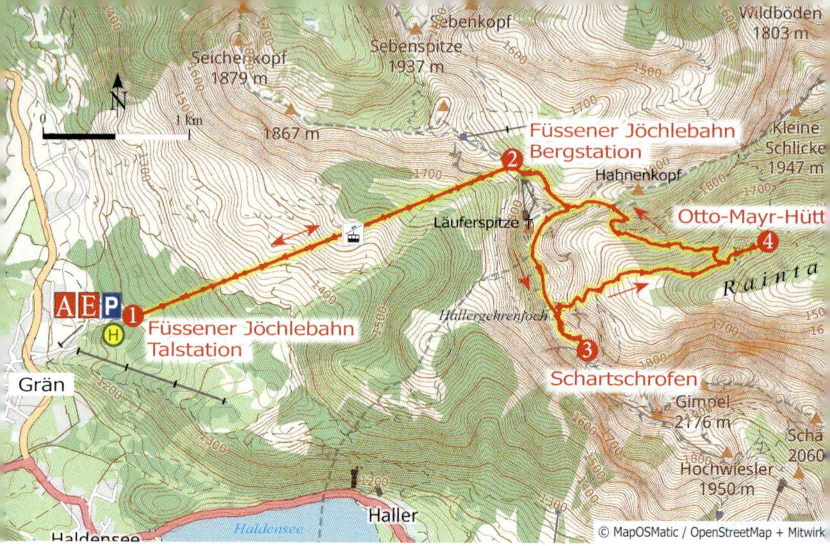

rechts, queren im weiten Bogen einen steilen Hang unterhalb der Läuferspitze und kommen zu einer weiteren kleinen Scharte. Dort wechseln wir auf die gegenüberliegende Seite des Grates, wo sich ein schöner Blick in Richtung Westen über das Tannheimer Tal öffnet. Der streckenweise etwas holprige Pfad windet sich durch dichtes Latschengestrüpp hinab zu einer dritten Scharte, dem Hallergehrenjoch (1851 m), bevor uns ein letzter, steiler Gegenanstieg erwartet. In engen Kehren durch Fels- und mit Latschen durchsetztes Gelände steigen wir zum nahen Gipfel des **Schartschrofen** ③, 1968 m, auf. Der Gipfel gehört sicherlich zu den eindrucksvollsten Aussichtskanzeln

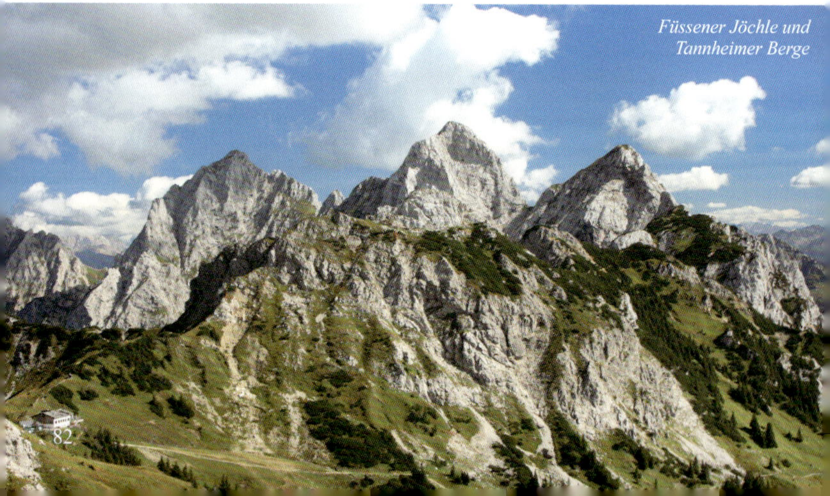
Füssener Jöchle und Tannheimer Berge

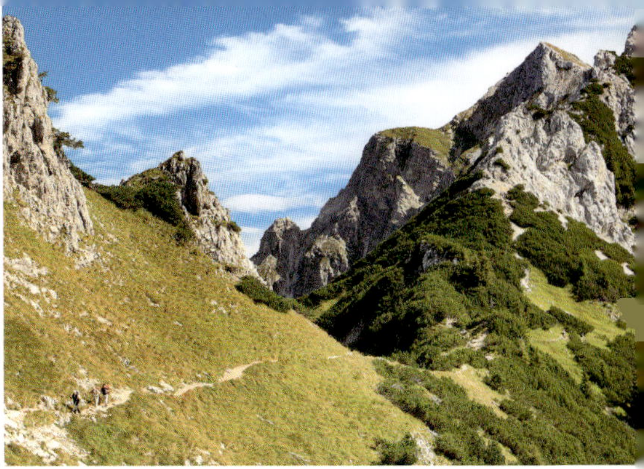

der Region: Zum Greifen nah recken sich Rote Flüh und Gimpel vor uns in den Himmel, im Südwesten schweift der Blick über das weite Tannheimer Tal und die Allgäuer Alpen, tief unter uns schimmert das Wasser des Haldensees. Für den weiteren Weg steigen wir kurz den Hinweg wieder bergab bis zum Hallergehrenjoch, verlassen dann aber den Kammweg und wenden uns nach rechts. Der Pfad führt steil ins wilde Raintal hinab, die anfangs karge Umgebung wird allmählich grüner, das Gefälle sanfter und wir queren den kleinen Sababach. Gemütlich spazieren wir so hinüber zu einer offenen Wiese, passieren die Füssener Hütte und erreichen wenige Meter weiter die **Otto-Mayr-Hütte** ④, 1528 m, alles überragt von den mächtigen Nordwänden der Tannheimer Felsgipfel. Unser Rückweg führt uns wieder talaufwärts, wir folgen für ca. 300 Meter dem Hinweg, bis rechts ein Weg abzweigt, der sich die locker bewaldete Nordflanke des Raintals hinaufzieht. Schließlich haben wir den Kamm bzw. den Sattel zwischen Läuferspitze und Hahnenkopf erreicht, wechseln auf die gegenüberliegende Seite und stehen wenig später an der Bergstation.

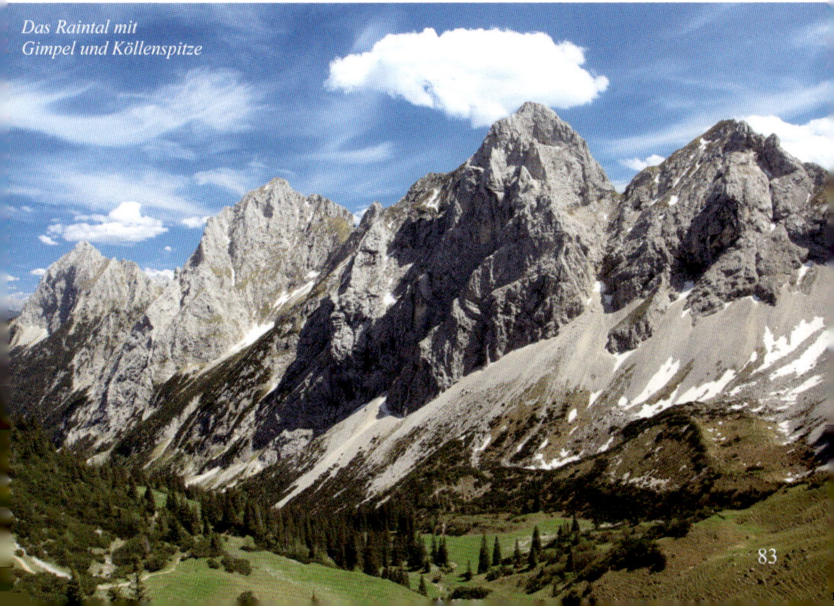

Das Raintal mit Gimpel und Köllenspitze

25 Durchs Raintal zur Nesselwängler Scharte

3.30 Std. | 620 / 1300 | 8,7 km

Grän, Füssener Jöchlebahn, 1205 m; Grän liegt 3 km östlich von Tannheim, die Seilbahn-Talstation östlich des Ortes, Zufahrt via Umgehungsstraße *(**Navi**: A-6673 Grän, Füssener Jöchle Str. 8);*
Bus Reutte–Tannheim–Oberjoch ca. alle 60 bis 90 min., Haltestelle »Grän Liftanlagen«.

Füssener Jöchlebahn (Kleinkabinenbahn) Betriebszeiten ca. Anfang Juni–Anfang November, 9–16.30 h, Tel. +43 5675 6363, www.lifte-graen.com, Talstation 1205 m, Bergstation 1821 m.

Endpunkt: Nesselwängle Mit Bus Reutte–Tannheim–Oberjoch (ca. alle 60 bis 90 min) von Nesselwängle (Haltestelle »Gasthof Köllenspitze«) zurück zum Ausgangspunkt (Haltestelle »Grän Liftanlagen«, manche Busse fahren nur bis »Kohlbichl« → plus 800 Meter Fußmarsch zur Talstation).

Teils hochalpines Gelände mit steinigen Wegen; steiler Anstieg aus dem Raintal hinauf zur Nesselwängler Scharte, steiler Abstieg vom Gimpelhaus nach Nesselwängle.

Sonnenalm ②; Otto-Mayr-Hütte ③; Gimpelhaus ⑤

Spannende Tour durch die Tannheimer Felsgipfel

Eine großartige Streckenwanderung, die uns mitten hinein in die gewaltige Felslandschaft der Tannheimer Berge bringt. Vom Füssener Jöchle wandern wir hinab ins Raintal und steigen anschließend steil hinauf zur Nesselwängler Scharte. Jenseits davon erwarten uns wieder das Tannheimer Tal, große Ausblicke und ein steiler Abstieg vorbei am Gimpelhaus nach Nesselwängle.

Mit der Seilbahn geht es von der **Talstation** ①, 1205 m, hinauf zum **Füssener Jöchle** ②, 1821 m, wo uns sogleich ein schönes Panorama erwartet. Im Westen breitet sich das Tannheimer Tal aus, und im Nordosten öffnet sich der Blick über das Alptal Richtung Ostallgäu. Wir folgen einem Weg, der rechts an den Ausläufern der Läuferspitze hinüber zu einer Scharte führt, die den Übergang zum Raintal bildet. Das tief eingeschnittene Tal, das nach Osten zum Lechtal hin entwässert, wird von den mächtigen Felswänden der Tannheimer Berge überragt, Felsgipfeln, denen wir später noch sehr nahe kommen werden. Am Sattel

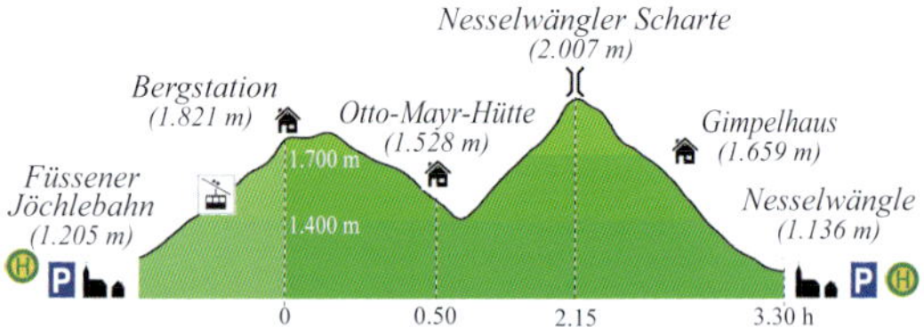

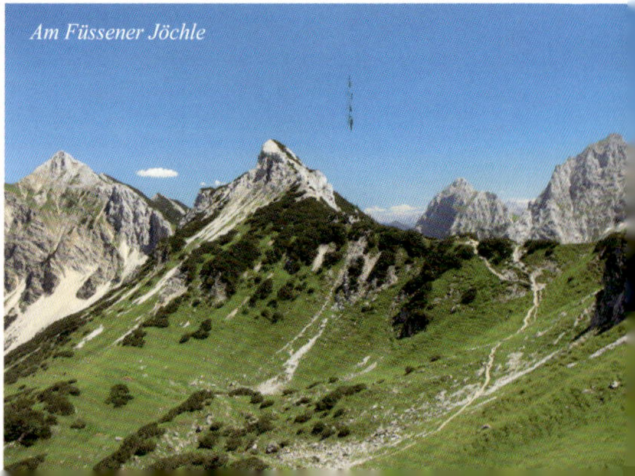

Am Füssener Jöchle

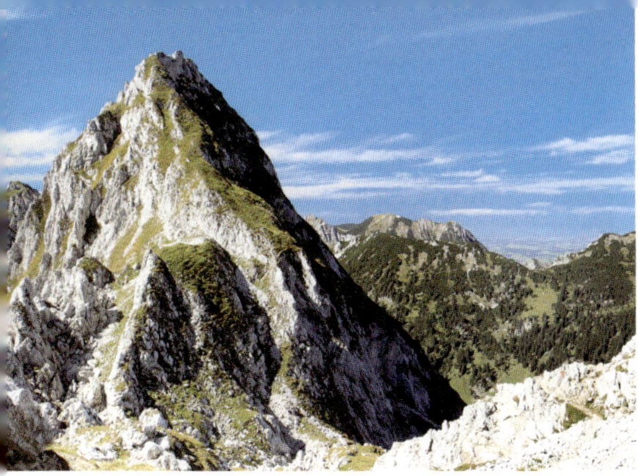

Nesselwängler Scharte

halten wir uns links und beginnen unseren Abstieg ins Tal. Der Weg führt die locker bewaldeten Hänge bergab, wobei wir uns nach ca. 350 Meter an einem Abzweig rechts halten (geradeaus geht es hinauf zur Großen Schlicke). Nach einem längeren Abstieg erreichen wir eine Wiese mit einigen privaten Hütten sowie der **Otto-Mayr-Hütte** ③, 1528 m. Hinter der Hütte führt ein Wanderweg weiter ins Tal hinab, wir queren eine Schotterstraße und erreichen den Sababach (1390 m). Nun heißt es durchschnaufen und Kräfte sammeln, denn vor uns liegt ein Anstieg, der es in sich hat. Das Gelände wird zunehmend steiler, karger und

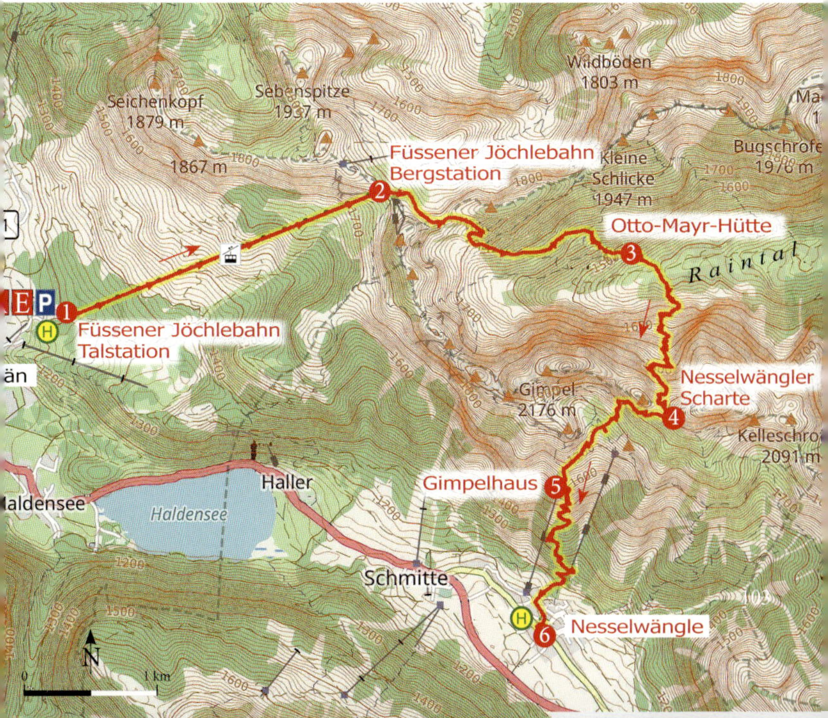

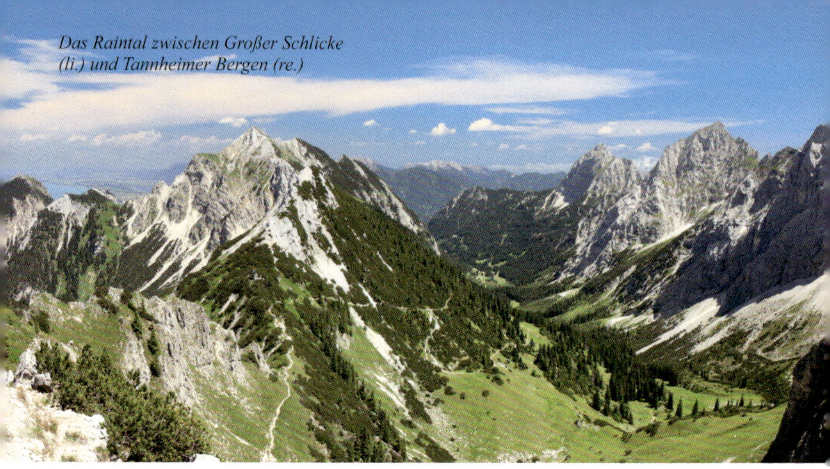

Das Raintal zwischen Großer Schlicke (li.) und Tannheimer Bergen (re.)

felsiger, der Weg zieht sich in unzähligen Serpentinen bergwärts, und über uns ragen die hohen Felsgipfel in den Himmel. Schließlich haben wir es geschafft und erreichen die **Nesselwängler Scharte** ④, 2007 m, einen engen Durchlass im nackten Fels, eingerahmt von mächtigen Felswänden. Eine unglaublich eindrucksvolle Umgebung! Im Süden öffnet sich gleichzeitig ein prächtiges Panorama über das Tannheimer Tal. Wir lassen die Scharte hinter uns und wandern nun am Fuß der hohen Felswände westwärts, wobei der Weg allmählich an Höhe verliert. Schließlich biegen wir links ab, steigen in einigen etwas unangenehm grusigen Kehren ab und erreichen wieder felsfreies Gelände. Die Wiesen gehen allmählich in lichten Wald über, durch den wir weiter absteigen und bald darauf das **Gimpelhaus** ⑤, 1659 m, erreichen. Wir gönnen unseren Kniegelenken eine Pause, ehe der letzte und nicht minder steile Abschnitt der Wanderung beginnt. In zahllosen Serpentinen geht es einen steilen, bewaldeten Hang abwärts, bis wir oberhalb von Nesselwängle auf eine Querstraße stoßen. Auf dieser kurz links, gleich wieder rechts und am Tiefenbach entlang hinab in den Ort **Nesselwängle** ⑥, 1136 m, wo wir einen Bus zurück zum Ausgangspunkt nehmen können.

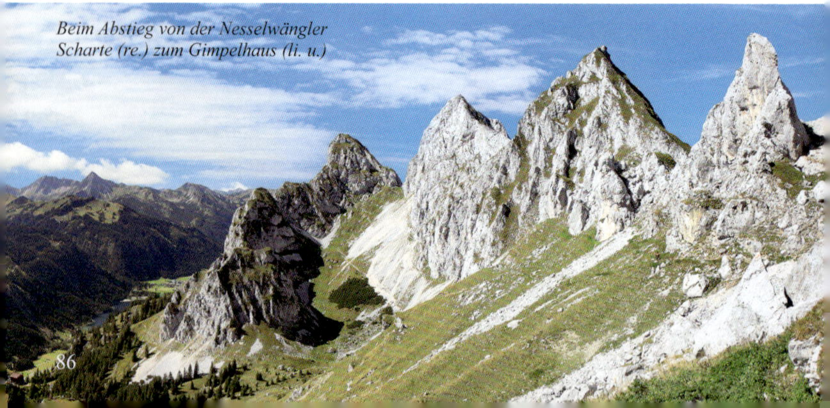

Beim Abstieg von der Nesselwängler Scharte (re.) zum Gimpelhaus (li. u.)

Vom Füssener Jöchle zur Vilser Alm 26

5 Std. | 700 Hm | 8,5 km

Grän, Füssener Jöchlebahn, 1205 m; Grän liegt 3 km östlich von Tannheim, die Seilbahn-Talstation östlich des Ortes, Zufahrt via Umgehungsstraße *(**Navi**: A-6673 Grän, Füssener Jöchle Str. 8);*
Bus Reutte–Tannheim–Oberjoch ca. alle 60 bis 90 min., Haltestelle »Grän Liftanlagen«.

Füssener Jöchlebahn: (Kleinkabinenbahn) Betriebszeiten ca. Anfang Juni–Anfang November, 9–16.30 h, Tel. +43 5675 6363, www.lifte-graen.com, Talstation 1205 m, Bergstation 1821 m.

Alpines Gelände, ungefährlich. Recht steiler Abstieg ins Alptal und steiler Aufstieg zum Vilser Jöchle.

Sonnenalm ②; Vilser Alm ③

Auf ungewöhnlichen Wegen hinab ins Vilser Alptal

Auf dieser ungewöhnlichen Tour wandern wir vom Füssener Jöchle auf stillen Pfaden hinab zur Vilser Alm im Alptal und wieder hinauf zum Vilser Jöchle am Fuß des Brentenjochs. Auf einem Teilstück des schönen Gräner Höhenweges gelangen wir anschließend zurück zur Bergstation.

Mit der Seilbahn geht es hinauf von der **Talstation** ①, 1205 m, zur auf einem Sattel liegenden **Füssener Jöchle Bergstation** ②, 1821 m. Jenseits öffnet sich ein weiter, von Wiesen und Latschen bedeckter Kessel, der rechts von den hellen Felswänden von Hahnenkopf und Großer Schlicke überragt wird. Wir folgen einem schmalem Wanderweg, der durch diese stille, wellige Landschaft nordostwärts zieht und dabei allmählich an Höhe verliert. Wir nähern uns gewaltigen Schutthalden unterhalb der Großen Schlicke und biegen links ab. In zahlreichen Serpentinen geht es steil einen von Buschwerk und Bäumen bestandenen Einschnitt hinab, bis wir den Talboden des Alptals und ebene Wiesen erreichen. Ein gemütlicher Spaziergang

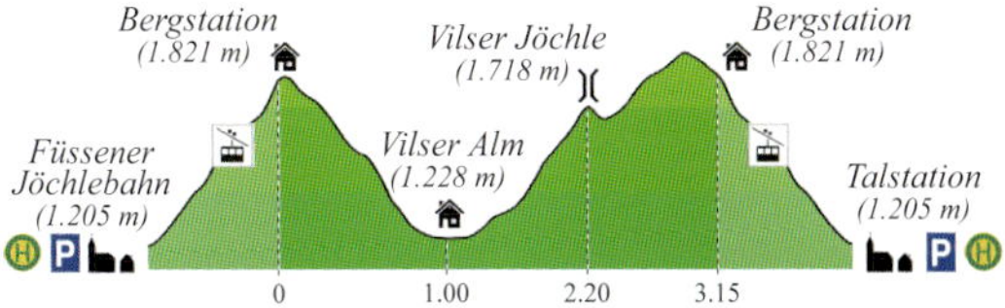

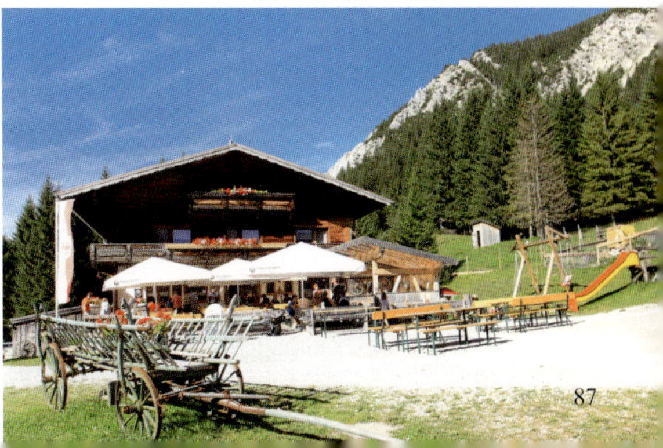

Die Vilser Alm

Beim Aufstieg zum Vilser Jöchl

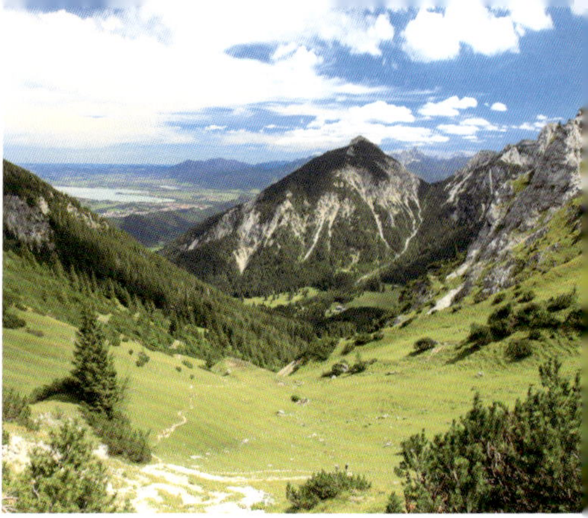

über einen breiten Schotterweg bringt uns zur einladenden **Vilser Alm** ③, 1228 m. Für die nächste Etappe gehen wir wieder ca. 350 Meter den Schotterweg zurück, biegen rechts ab und queren den Kühbach. Dahinter zieht sich eine breite Schotterstraße den bewaldeten Westhang des Hochtales hinauf. Nun heißt es gut aufpassen. Nach ca. 300 Metern – kurz nachdem wir eine nach links führende Schotterstraße passieren – beginnt links ein schmaler und wegen der recht versteckten Beschilderung (»Bad Kissinger Hütte«) leicht zu verfehlender Waldweg (wer den Abzweig aus irgendeinem Grund verfehlt hat: Waldweg und Schotterstraße treffen später wieder aufeinander, allerdings legt die Straße eine sehr lange Kehre ein). Der Weg zieht sich steil den Wald hangaufwärts, trifft – wir erwähnt – schließlich wieder auf die Schotterstraße und führt dann als schmaler Pfad weiter bergwärts. Den Wald lassen wir schnell hinter uns und steigen durch die stillen Almwiesen der Daurachalpe weiter hinauf. Rückblickend haben wir einen schönen Blick auf die Gipfel des Vilser Kegels und der Großen Schlicke auf der gegenüberliegenden Talseite. Nach einigen letzten Serpentinen stehen wir schließlich auf dem kleinen Wiesensattel des **Vilser Jöchls** ④, 1718 m. Rechts steigt

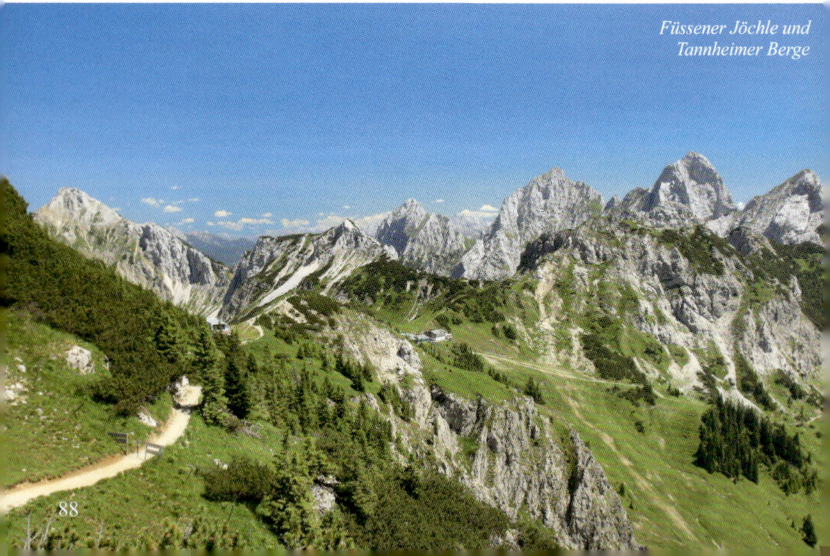

Füssener Jöchle und Tannheimer Berge

das Gelände als steile Wiese zum Brentenjoch an, während der Sattel zur Linken von den Felsen des Sebenkopfes eingerahmt wird. Vom Pass steigen wir durch Latschenbestände hinab bis zur nahen Sebenalm, wo wir auf den Gräner Höhenweg treffen, der Richtung Aggenstein hinüberzieht, dessen markanter Gipfel sich rechts in der Ferne erhebt. Wir halten uns hier links und wandern durch die hübsche Landschaft aus Almwiesen und kleinen Baumgruppen Richtung Füssener Jöchle. Der Weg gewinnt zunehmend an Höhe und steigt dann zum Ende in vielen Serpentinen zu einem Grat hinauf, hinter dem sich uns ein herrliches Panorama bietet: Das Tannheimer Tal liegt uns zu Füßen, und links erheben sich die hellen Kalkgipfel von Gimpel, Köllenspitze und Co. Auf einem schönen Höhenweg spazieren wir gemütlich zurück zur Bergstation der Füssener Jöchlebahn.

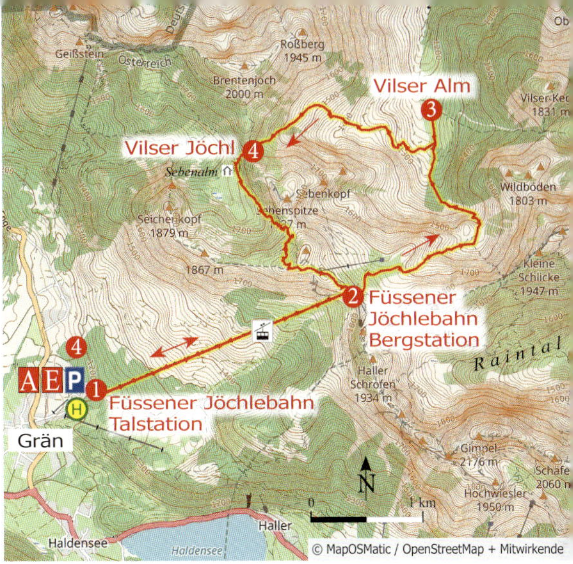

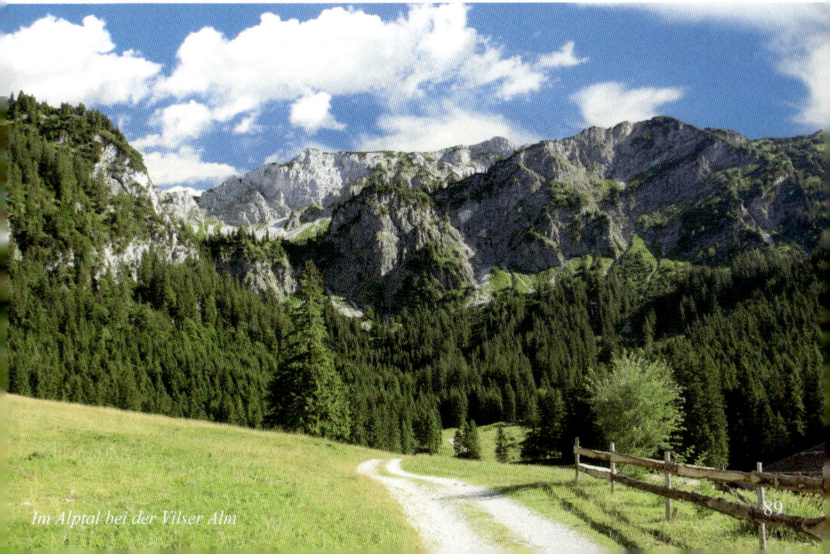

Im Alptal bei der Vilser Alm

27 Auf die Rote Flüh

4.15 Std. | 1000 Hm | 9,7 km

Nesselwängle am östlichen Ende des Tannheimer Tales. Wanderparkplatz des Neuschwand-Schleppliftes westlich des Ortes an der Umgehungsstraße, 1136 m *(**Navi**: A-6672 Nesselwängle, Tannheimer Straße)*; Bus Reutte–Tannheim-Oberjoch ca. alle 60 bis 90 min., Haltestelle »Nesselwängle West« (250 Meter bis zum P).

Ordentliche Wanderwege, bei Nässe rutschig; an der Judenscharte und am Gipfel teils felsiges Steilgelände (seilgesichert); Trittsicherheit erforderlich. Steile An- und Abstiege.

Gimpelhaus ②; Tannheimer Hütte (kurzer Abstecher - der Neubau der Hütte ist vermutlich abgeschlossen).

Den Tannheimer Klettergipfeln ganz nah

Die gewaltigen Felsgipfel der Tannheimer Berge dominieren das gesamte Tal, sind allerdings mit ihren felsigen Graten eher Kletterziele. Eine Ausnahme bildet die Rote Flüh, über deren Ostflanke ein etwas leichterer Aufstieg auf ihren höchsten Punkt möglich ist. Diese sehr anstrengende Tour führt uns steil von Nesselwängle über das Gimpelhaus und entlang hoch aufragender Felswände hinauf zum Gipfel mit seinem herrlichen Panorama.

Vom **Nesselwängler Wanderparkplatz** ①, 1140 m, gehen wir durch ein kleines Wäldchen wenige Schritte hinauf zum breiten »Panoramaweg«, dort rechts und ca. 500 Meter Richtung Nesselwängle. Dann verlassen wir den Fahrweg, biegen links in einen Wanderweg ein, der nach wenigen Minuten erneut auf einen Wirtschaftsweg trifft, der weiter quer zum Hang ostwärts verläuft. Auf diesem bleiben wir für ca. 400 Meter und beginnen dann links un-

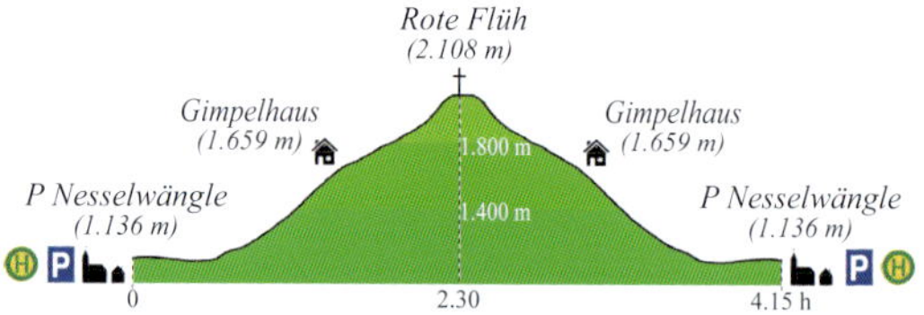

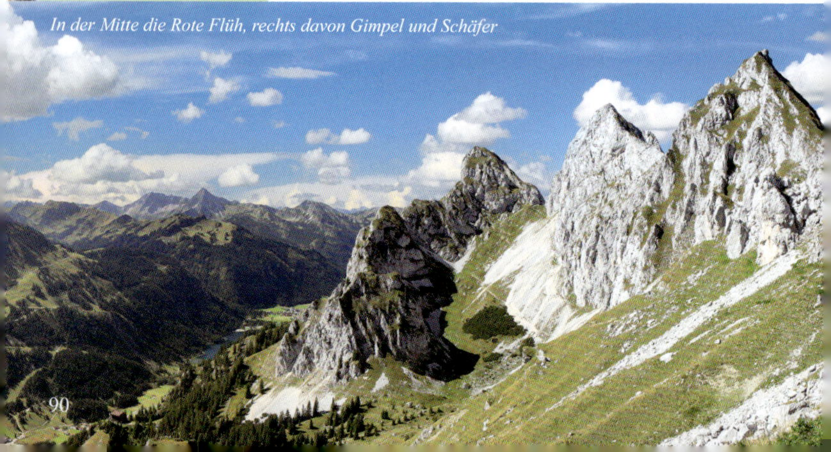

In der Mitte die Rote Flüh, rechts davon Gimpel und Schäfer

seren Anstieg. In zahllosen Serpentinen geht es steil den bewaldeten Hang hinauf, bis sich der Wald schließlich immer mehr lichtet und wir das **Gimpelhaus** ②, 1659 m, erreichen. Hinter der Hütte teilt sich der Weg, wir nehmen den linken und steigen weiter an. Bald bleiben auch die letzten Bäume zurück und wir erreichen offene Wiesen und zunehmend wilderes Terrain. Unser Weg biegt allmählich nach links ab und taucht in ein mit zahllosen kleinen Felsbrocken übersätes Hochtal ein, auf beiden Seiten eingerahmt von hohen Felswänden. Rechts über uns ragt die Südwand des Gimpel auf, darunter gewaltige Schuttkegel, durch deren Ausläufer unser Weg bergwärts führt. Zum Ende geht es in vielen Serpentinen zur Judenscharte empor, wo sich uns ein beeindruckender Blick ins Raintal auf der anderen Seite bietet. An der Scharte links und steil über felsigen Untergrund hinauf (teils seilgesichert) erreichen wir schließlich den herrlich aussichtsreichen Gipfel der **Roten Flüh** ③, 2111 m. Der Abstieg erfolgt auf dem gleichen Weg, wobei wir unterwegs zur Abwechslung einen kleinen Schlenker zur (ehemaligen) Tannheimer Hütte einschieben können. Dazu gehen wir am Ausgang des Hochtales an einem Abzweig nicht rechts direkt zum Gimpelhaus, sondern geradeaus/links zur wenige Minuten entfernten Tannheimer Hütte auf der östlichen Seite eines kleinen Einschnitts. Von dort führt ein schöner Weg im weiten Bogen zurück zum Gimpelhaus mit dem sich anschließenden Abstieg nach Nesselwängle.

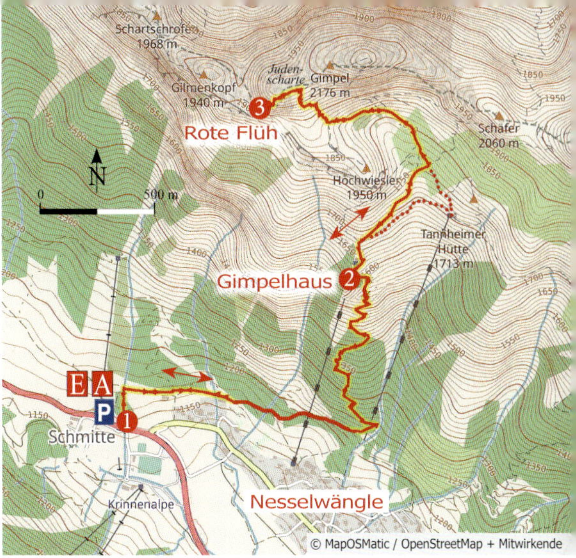

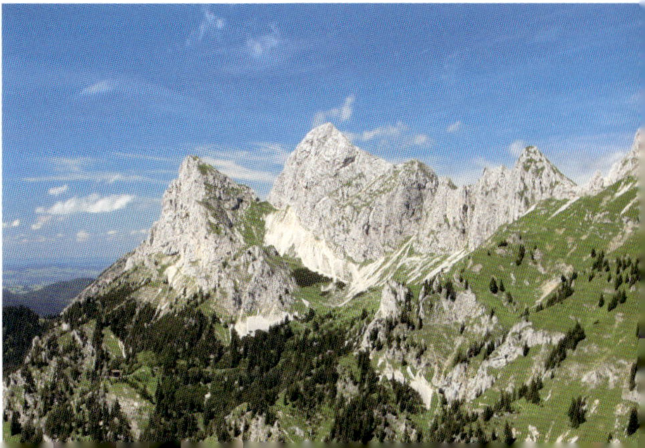

Rote Flüh und Gimpel

28 Auf die Krinnenspitze

2.45 Std. | 500 Hm | 6,5 km

Nesselwängle, Krinnenalplift, 1127 m; die Lift-Talstation liegt ca. einen Kilometer westlich von Nesselwängle (***Navi**: A-6672 Nesselwängle, Nesselwängle 90)*; Bus Reutte–Tannheim–Oberjoch ca. alle 60 bis 90 min., Haltestelle »Nesselwängle West« (ca. 300 m zu Fuß) oder »Krinnenalplift« (am Lift, wird aber nicht von allen Bussen angefahren).

Krinnenalplift: (2er-Sessellift) Betriebszeiten ca. Ende Mai–Ende Oktober, nicht bei Regen, 9–16.30 h, Tel. +43 5675 8250, www.lifte-nesselwaengle.at, Talstation 1127 m, Bergstation 1506 m.

Der steile Aufstieg entlang des Grates setzt Trittsicherheit voraus, die restliche Wanderung ist leicht und verläuft über Wiesenpfade und auf breiten Wegen.

Gräner Ödenalpe ④; Nesselwängler Edenalpe ⑤; Krinnenalpe ⑥

Herrlicher Aussichtsberg gegenüber der Tannheimer Berge

Die Krinnenspitze ist einer der schönsten Aussichtsgipfel im Tannheimer Tal. Der Sessellift nimmt uns einen Teil des Aufstiegs ab, ehe wir auf ausgesetzten Gratwegen zum Gipfel hinaufsteigen. Der Rückweg erfolgt über die steilen, herrlichen Wiesen auf der Südseite des Berges. Drei Alphütten unterwegs bieten eine schöne Auswahl an Einkehrmöglichkeiten.

Von der **Talstation** ①, 1127 m, geht es gemächlich mit dem Sessellift hinauf zur knapp oberhalb der Baumgrenze gelegenen **Bergstation** ②, 1506 m. Über uns ragt die steile Nordwand der Krinnenspitze auf, abweisend und viel zu steil und unwegsam für einen Normalweg. Stattdessen folgen wir einem breiten Forstweg für ca. 300 Meter in östlicher Richtung, biegen dann rechts ab und steigen in vielen Kehren einen schmalen Weg hinauf bis zu einem Grat, der den Übergang zur Bergsüdseite bildet. Vor uns breitet sich eine herrliche, offene, sich zum Lechtal hin öffnende Wiesenlandschaft aus, während sich hinter uns auf der gegenüberliegenden Talseite die hellen Kalkgipfel

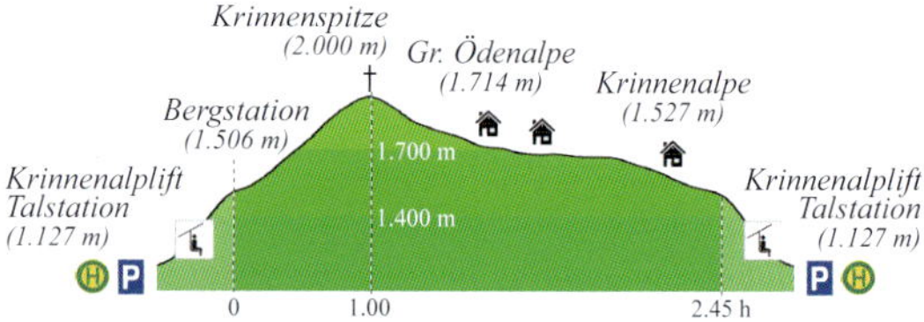

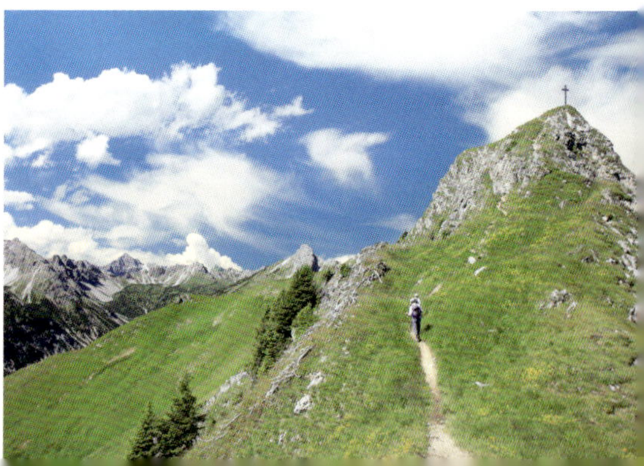

Beim Aufstieg zur Krinnenspitze

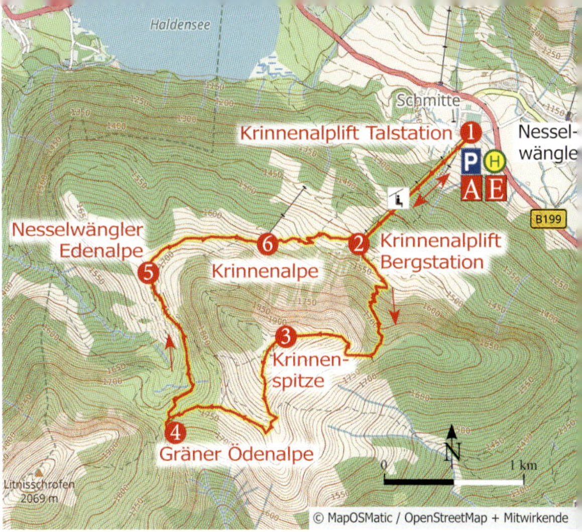

der Tannheimer Berge aufreihen. Wir halten uns rechts und folgen einem Pfad bergwärts, der allmählich steiler wird und uns – immer am Grat entlang – hinauf zum Gipfel der **Krinnenspitze** ③, 2000 m, bringt. An einigen ausgesetzten Passagen geben Seile zusätzliche Sicherheit. Der Rundblick von oben ist atemberaubend: Richtung Norden bieten sich beeindruckende Tiefblicke auf die Miniaturwelt von Nesselwängle und Haldensee, überragt von den imposanten Tannheimer Gipfeln wie Gimpel, Rote Flüh und Köllenspitze. Als Hintergrundkulisse des steilen, offenen Wiesenhanges, der die Südseite der Krinnenspitze bildet, dienen die Lechtaler Alpen, die auffällige Pyramide des Hochvogels und – etwas näher – der direkte Nachbar,

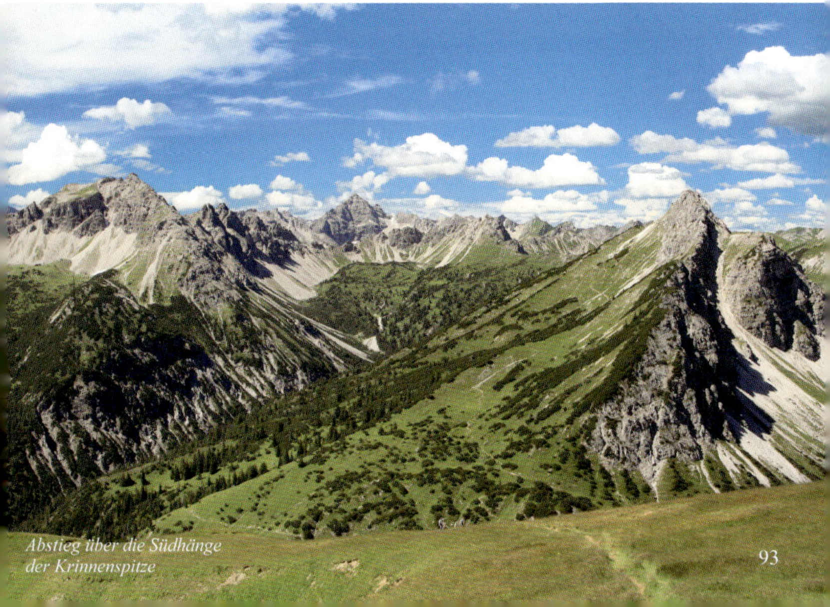
Abstieg über die Südhänge der Krinnenspitze

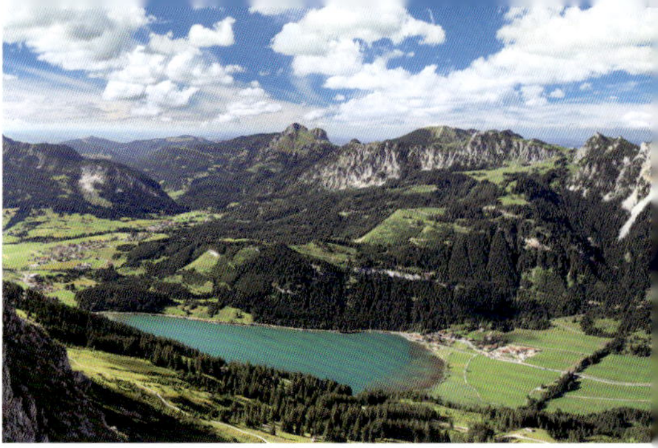

Tiefblick zum Haldensee

der Litnisschrofen. Der Abstieg erfolgt gemütlich über dic abschüssige Wiese, bis sich nach wenigen Minuten der Weg gabelt. Beide Schilder weisen den Weg zur Ödenalpe; wir folgen dem linken weiter bergab über die Wiese, wenden uns nach etwa 15 Minuten an der nächsten Abzweigung nach rechts und gelangen auf schönem Weg zu der auf einem kleinen Sattel gelegenen **Gräner Ödenalpe** ④, 1714 m. An der Hütte beginnt ein breiter Fahrweg (links), wir folgen allerdings einem schmalen Wanderpfad geradeaus über eine kleine Kuppe, von der wir bereits die nächste Almhütte erkennen können. Der Weg trifft schließlich auf den Fahrweg und führt uns in wenigen Minuten hinüber zur **Nesselwängler Edenalpe** ⑤, 1671 m. Hinter uns erheben sich die beeindruckenden Nordostabstürze des Litnisschrofen. Wenige Meter hinter der Nesselwängler Edenalpe verlassen wir den breiten Fahrweg und biegen rechts in den »Alpenrosenweg« ein, der uns bei leichtem Gefälle mit schöner Aussicht auf die Tannheimer Berge gegenüber zur **Krinnenalpe** ⑥, 1527 m, und schließlich zur Lift-Station bringt.

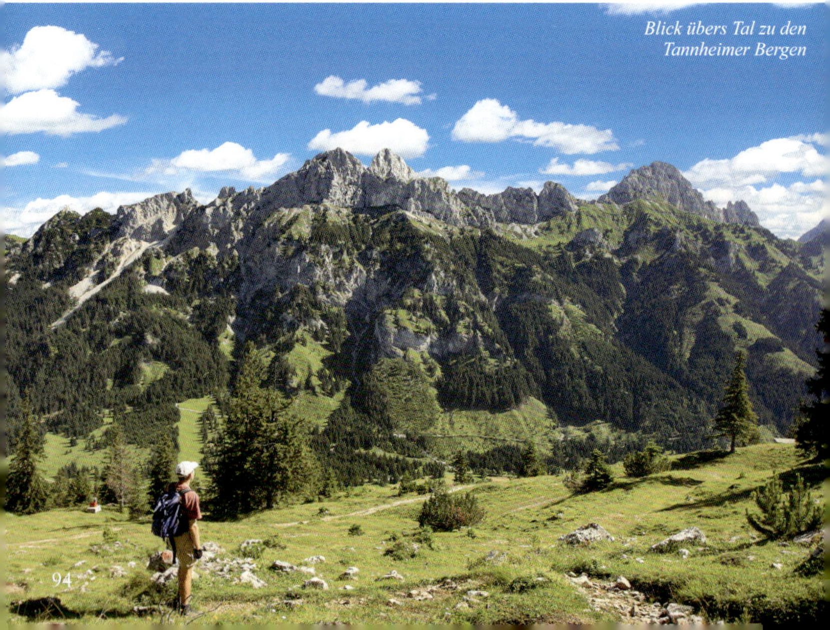

Blick übers Tal zu den Tannheimer Bergen

Gräner Ödenalpe und Litnisschrofen 29

45 Std. | 550 / 950 | 12,5 km

Nesselwängle, Krinnenalplift, 1127 m; die Lift-Talstation liegt ca. einen Kilometer westlich von Nesselwängle (***Navi**: A-6672 Nesselwängle, Nesselwängle 90)*; Bus Reutte–Tannheim–Oberjoch ca. alle 60 bis 90 min., Haltestelle »Nesselwängle West« (ca. 300 m zu Fuß) oder »Krinnenalplift« (am Lift, wird aber nicht von allen Bussen angefahren).

Krinnenalplift: (2er-Sessellift) Betriebszeiten ca. Ende Mai–Ende Oktober, nicht bei Regen, 9–16.30 h, Tel. +43 5675 8250, www.lifte-nesselwaengle.at, Talstation 1127 m, Bergstation 1506 m.

Überwiegend einfache Wanderung, teilweise breiter Fahrweg; direkt am Litnisschrofen-Gipfel allerdings sehr knifflige Kletterstellen und unangenehm schrofige Bereiche (denen die Tour den schwarzen Punkt verdankt; wem das zu schwer/unsicher ist, der kann auch auf den eigentlichen Gipfel verzichten).

Krinnenalpe ②; Nesselw. Edenalpe ③; Gräner Ödenalpe ④

Stiller Gipfel über dem Strindental

Der Litnisschrofen ist eines der ruhigen Gipfelziele im Tannheimer Tal. Nach der Fahrt mit dem Sessellift auf halbe Höhe spazieren wir auf gemütlichen Wegen entlang von drei Alphütten auf die Südseite des Krinnenspitz-Massivs. Auf schmalen Pfaden geht es von dort hinauf zum Litnisschrofen mit seinem etwas unangenehm schrofigen Gipfel, aber weiten Panorama.

Der Sessellift bringt uns gemütlich von der **Talstation** ①, 1127 m, hinauf zur **Bergstation** ②, 1510 m, die direkt unterhalb der hoch aufragenden Nordwand der Krinnenspitze liegt. Dort wenden wir uns nach rechts und wandern auf einem angenehmen Weg zur nahen Krinnenalpe und weiter auf dem »Alpenrosenweg« aufwärts. Rechts hinter uns öffnet sich dabei ein schöner Blick auf die hellen Kalkgipfel der Tannheimer Berge auf der anderen Talseite. Schließlich erreichen wir die **Nesselwängler Edenalpe** ③, 1672 m, wo wir einen ersten Blick auf die eindrucksvollen Nordabstürze des Litnisschrofens werfen können. Nun entweder auf dem breiten Wirtschaftsweg oder auf einem

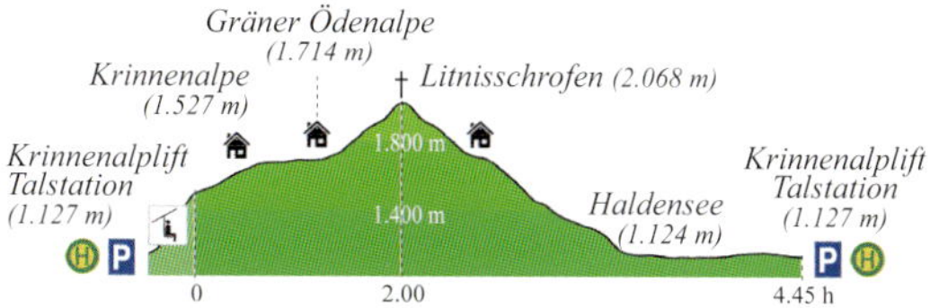

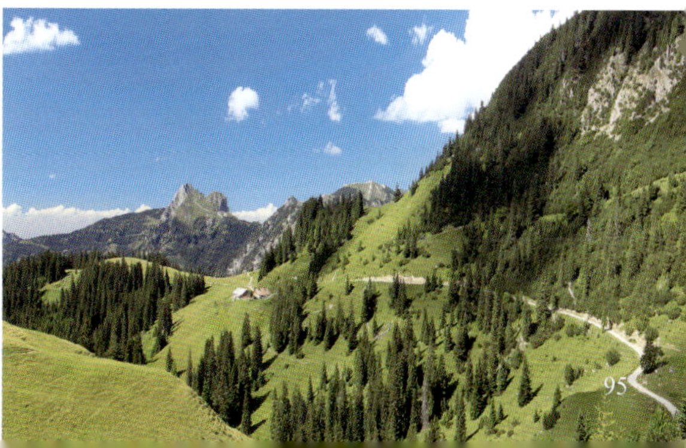

Nesselwängler Edenalpe, in der Ferne der Aggenstein

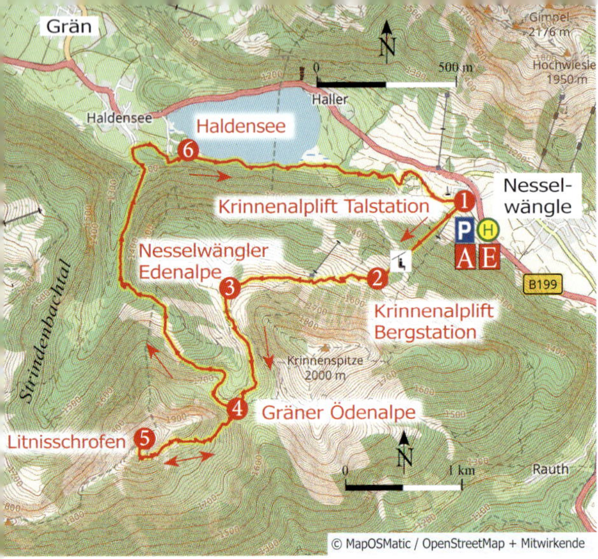

– kurz nach der Hütte – links abzweigenden Pfad in wenigen Minuten hinauf zur **Gräner Ödenalpe** ④, 1714 m, die auf einem breiten Sattel zwischen Krinnenspitze und Litnisschrofen liegt. Jenseits fällt das Gelände ab Richtung Birkental.

Direkt bei der Hütte beginnt der Aufstieg zum Litnisschrofen, der sich etwas abweisender als die wiesenbedeckte Südseite der Krinnenspitze in unserem Rücken präsentiert. Der ab jetzt merklich stillere Pfad zieht sich über Wiesen und durch Latschenbestände den Hang hinauf. Der Weg verläuft unterhalb der steilen Südostabstürze, ehe uns einige letzte Serpentinen steil hinauf zu einem kleinen Sattel führen. Der eigentliche Aufstieg zum Gipfel ist etwas knifflig und setzt unbedingt Trittsicherheit voraus, einige Felspassagen erfordern auch Handeinsatz. Wer sich das

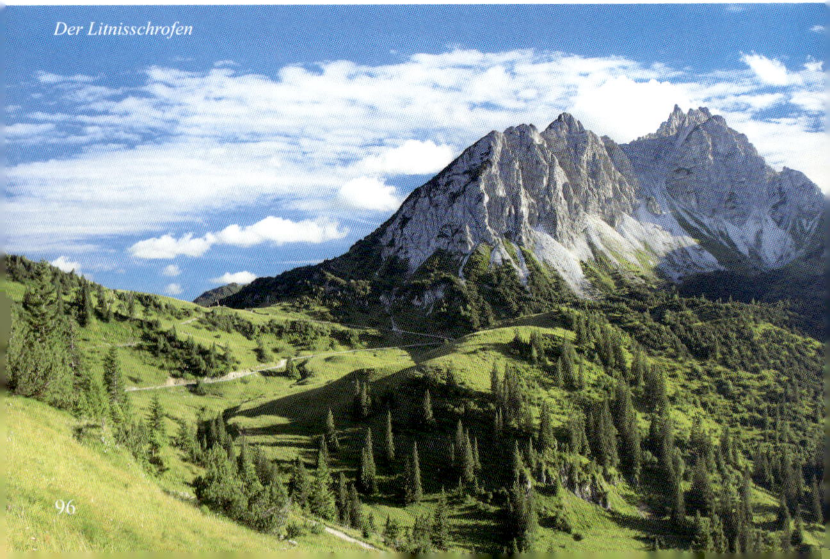
Der Litnisschrofen

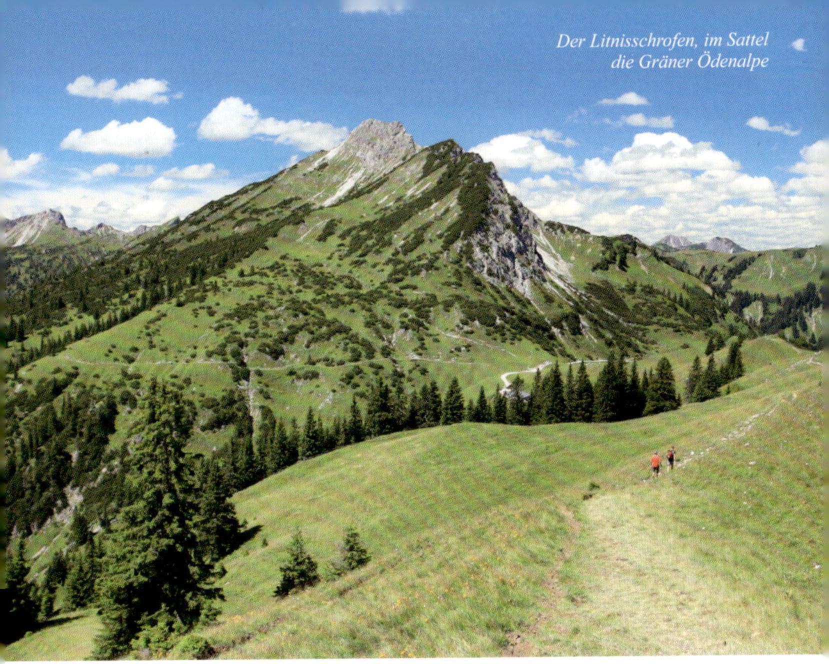

Der Litnisschrofen, im Sattel die Gräner Ödenalpe

nicht zutraut, für den sollte dieser aussichtsreiche Sattel als schönes und lohnendes Ziel ausreichen.

Die vor uns liegenden etwa 50 Höhenmeter sind teilweise mit Ketten gesichert. Auf halber Strecke hat man die Wahl zwischen zwei Varianten: Der linke Weg ist etwas unangenehm bröselig durch feinen Grus, der rechte Weg führt durch etwas festeren, griffigen Fels. Die letzten Meter zum Gipfelkreuz des **Litnisschrofen** ⑤, 2068 m, verlaufen über einen schmalen Grat mit feinem Schotter, der noch einmal unsere volle Aufmerksamkeit verlangt, ehe wir in aller Ruhe das großartige Panorama genießen können.

Der Abstieg vom Litnisschrofen zur Gräner Ödenalpe erfolgt wie der Aufstieg. Von der Alphütte gehen wir kurz auf dem breiten Wirtschaftsweg westwärts, verlassen diesen aber gleich in der ersten, scharfen Kehre links und wandern in einem locker bewaldeten Tal abwärts. Gegen Ende geht der Weg wieder in eine breitere Forststraße über, die uns – nun in nördlicher Richtung – oberhalb des Strindenbaches talauswärts führt. Wenige Minuten später verlassen wir die Straße und wandern schräg links auf einem schmalen Pfad weiter abwärts, queren schließlich – oberhalb eines Wasserfalls – den Strindenbach und haben den Talboden des Tannheimer Tales erreicht. Noch vor den ersten Häusern des Ortes Haldensee rechts und – vorbei an der Tauscher's Alm und dem Freibad – zum **Haldensee** ⑥, 1124 m. Direkt am Wasser entlang spazieren wir auf dem schönen Uferweg ostwärts und gelangen anschließend durch die locker bewaldeten, unteren Ausläufer der Krinnenspitze zurück zur Talstation.

30 Tannheimer Tal-Weg Ost

4 Std. | 280 / 225 | 12,5 km

Zöblen am westlichen Ende des Tannheimer Tales, Parkplatz und Bushaltestelle am westlichen Ortsrand, 1179 m *(**Navi**: A-6671 Zöblen, Zöblen 30);* Bus Reutte–Tannheim–Oberjoch ca. alle 60 bis 90 min., Bushaltestelle »Zöblen Gemeindeamt«.

Endpunkt: Haller am Ostufer des Haldensees, Bushaltestelle »Nesselwängle Haller«, Rückfahrt zum Ausgangspunkt mit Bus Reutte–Oberjoch ca. alle 60 bis 90 min.

Breite, einfache Wege, überwiegend geteert, teils Schotter. Ein etwas steilerer Anstieg.

Schäferhütte ②; Gasthäuser in Haldensee ④

Variante: Da der Bus von Haller zurück nach Zöblen auch durch Grän und den Ort Haldensee fährt, lässt sich die Tour problemlos verkürzen.

Durch aussichtsreiche Wiesen zum Haldensee

Angesichts der hohen Gipfel im weiten Rund ist es oft überraschend, dass der Boden des Tannheimer Tales weitgehend tischeben in einer Meereshöhe von gut 1100 m liegt. Wie geschaffen für eine gemütliche Talwanderung. Durch offene Wiesen wandern wir von Zöblen im Westen des Tales ostwärts bis zum Haldensee unterhalb der Felsgipfel der Tannheimer Berge. Retour geht es per Bus.

Vom Parkplatz am westlichen Ortsanfang von **Zöblen** ①, 1179 m, folgen wir der direkt gegenüber abzweigenden Straße, die Richtung Gasthof Zugspitzblick hinaufführt. Nach ca. 300 Metern biegen wir rechts ab (Wegweiser »Rundwanderweg«) und lassen auf einem schmalen Teerweg Zöblen hinter uns. Der Weg verläuft quer durch einen steilen Wiesenhang, knapp 50 Höhenmeter über dem Talboden und gerade weit genug entfernt, um den meist recht starken Verkehr nicht mehr als störend zu empfinden. Vor uns erstreckt sich das schöne Tannheimer Tal in fast seiner gesamten Länge mit den markanten Kalkgipfeln von Gimpel und Co. im fernen Hintergrund. Wir erreichen den Campingplatz Kienzerle, biegen links ab (NICHT nach rechts, auch wenn der »Rundwanderweg«-

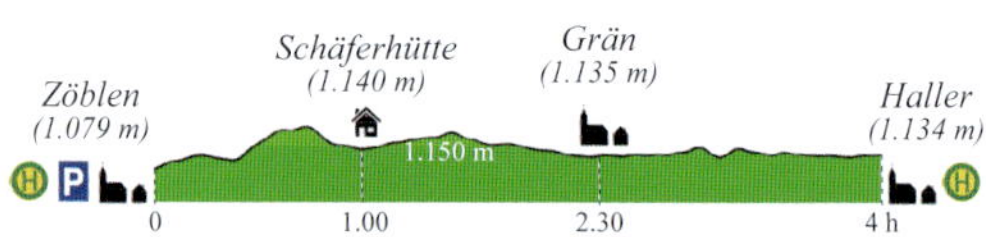

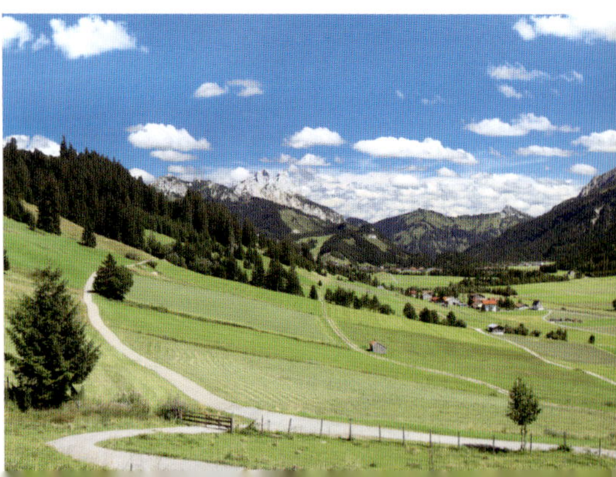

Schöne Wiesenwege führen durchs Tannheimer Tal

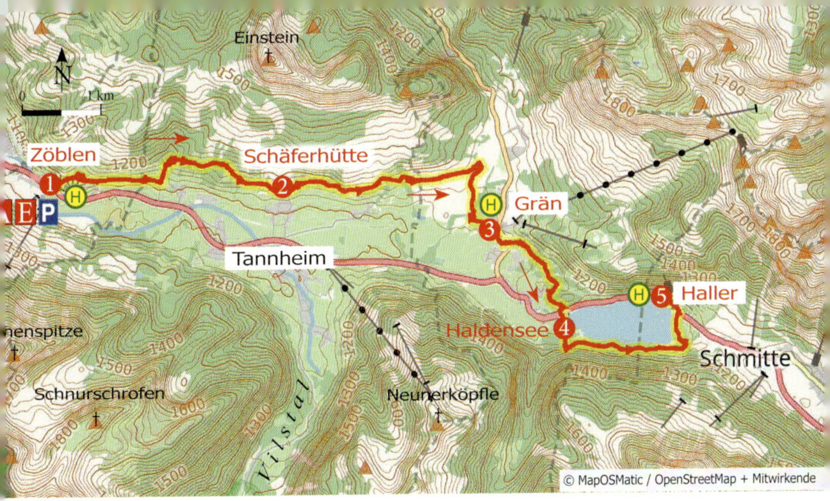

Wegweiser das andeutet…) und steigen anfangs an einem Bach entlang, dann in vielen Serpentinen durch Wald rund 100 Höhenmeter hangaufwärts. Oben angekommen genießen wir ein schönes Panorama auf die gegenüberliegenden Berge, ehe uns ein breiter, angenehmer Weg aussichtsreich durch Wiesen und lichten Wald ostwärts leitet. Wir queren eine Teerstraße (wo es links zum Einstein hinaufgeht) und gelangen zur **Schäferhütte** ②, 1140 m, oberhalb des kleinen Ortes Berg. Hier biegen wir schräg links in den »Höhenweg Grän« ein, der wunderschön oberhalb des Talbodens durch

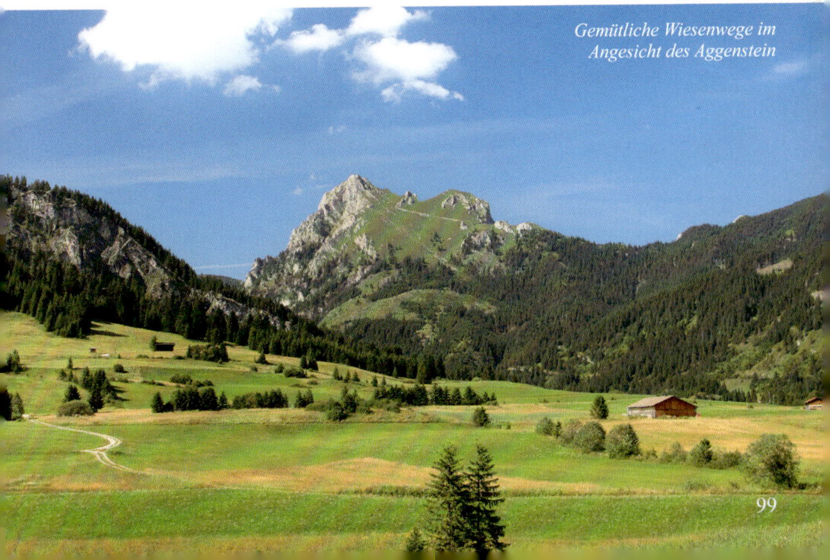
Gemütliche Wiesenwege im Angesicht des Aggenstein

weite, sonnige Wiesen verläuft. Allmählich weitet sich das Tal, bunte Blumenwiesen breiten sich beidseitig aus, vor uns recken sich die Felsgipfel der Tannheimer Berge in den Himmel und links rückt der Aggenstein ins Bild. Viele Wege verlaufen hier kreuz und quer durch die hübsche Ebene, man kann sich durchaus etwas verlaufen… Wir halten uns immer an die Wegweiser nach **Grän**, queren den Lobbach und erreichen schließlich den zentralen Dorfplatz mit seiner hübschen **Kirche** ③, 1135 m. Wir gehen rechts an der Kirche vorbei und biegen nach ca. 200 Meter links in den »Wiesenweg Haldensee« ein. Wir lassen den Ort hinter uns, unterqueren die Umgehungsstraße und folgen einem Teerweg durch Wiesen bis zu einer Wegkreuzung im Wald. Dort halten wir uns schräg links/geradeaus, laufen etwa 200 Meter weiter durch den Wald und biegen dann am nächsten Abzweig rechts ab. Es geht eine kleine, bewaldete Kuppe hinauf, auf der anderen Seite wieder hinab und schon haben wir den **Haldensee** ④, 1128 m, erreicht. Links führt der kürzere Weg am Ufer entlang nach Haller, aber da es direkt an der vielbefahrenen Straße entlang geht, ist das gegenüberliegende Ufer die deutlich schönere Variante. Dazu bleiben wir auf der westlichen Seeseite, passieren Parkplatz, Campingplatz und Freibad, überqueren den kleinen Strindenbach und biegen dahinter links auf einen breiten geschotterten Weg ein. Mit prächtiger Aussicht auf die hoch aufragenden hellen Gipfel der Tannheimer Berge gegenüber wandern wir gemütlich direkt am Ufer des Haldensees entlang, immer wieder vorbei an kleinen Kiesbuchten, in denen man seine Füße ins glasklare Wasser tauchen kann. Am östlichen Ende des Sees halten wir uns links und gelangen über einen Wiesenweg zum kleinen Ort **Haller** ⑤, 1134 m, mit Restaurant, Liegewiese, Bootsverleih usw. Die Bushaltestelle befindet sich am westlichen Ortsende beim »Hotel Via Salina«.

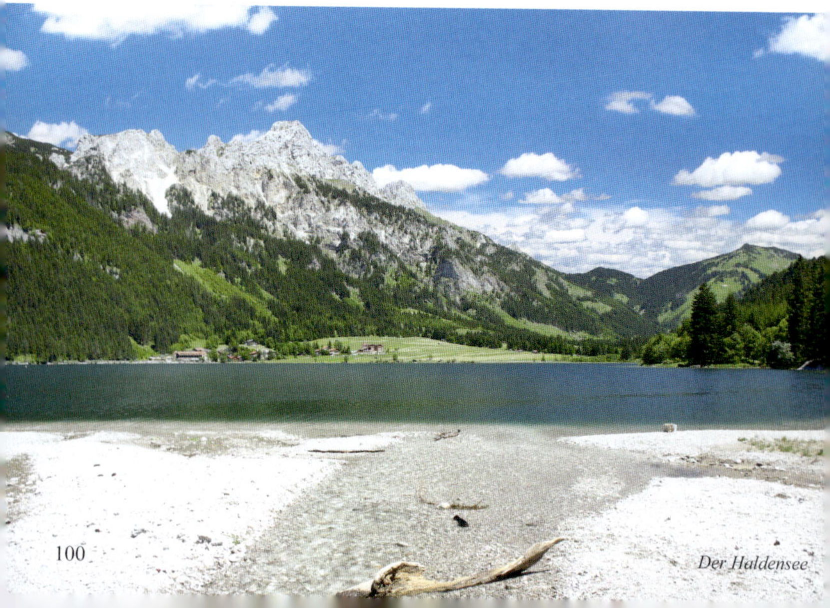

Der Haldensee

Gaichtspitze und Schneetalalm 31

5 Std. | 1000 Hm | 11,8 km

Wanderparkplatz »Nesselwängle Ost« direkt an der Umgehungsstraße ca. einen Kilometer südöstlich von Nesselwängle, 1100 m *(**Navi**: A-6672 Nesselwängle, Parkplatz Ost);*
Bus Reutte–Tannheim-Oberjoch ca. alle 60 bis 90 min.; öffentlich startet man am besten bei der Haltestelle »Gaicht«, von dort ca. 300 Meter Fußweg zum WP 2.

Strammer Anstieg von Gaicht zur Gaichtspitze, gemächliche Höhenwanderung mit leichtem Auf und Ab. Beim Abstieg vom Gaichtspitze-Gipfel kurzes, steiles Kletterstück, nicht gefährlich, aber für Ungeübte evtl. etwas unangenehm; am Tourende steiler Abstieg nach Nesselwängle.

Schneetalalm ⑤

Auf stillen Pfaden hinauf zur Gaichtspitze

Eine recht lange und fordernde Tour mit großartigen Ausblicken. Aus dem Tannheimer Tal geht es anstrengend hinauf zur Gaichtspitze, wo uns weite Panoramen über Tannheimer Tal und Lechtal belohnen. Auf dem schönen Höhenweg über den Hahnenkamm wandern wir hinüber zur Schneetalalm und wieder hinab ins Tal.

Vom **Parkplatz** ①, 1100 m, halten wir uns südwärts und spazieren auf einem breiten Weg mit leichtem Auf und Ab in etwa 30 Minuten zum kleinen Dorf Gaicht, dem der Pass hinunter zum Lechtal seinen Namen verdankt. In unserem Rücken erheben sich die imposanten, aus hellem Wettersteinkalk bestehenden Gipfel der Tannheimer Berge, denen wir auf unserer heutigen Tour noch etwas näher kommen werden. Wir wandern links oberhalb des Ortes weiter und stoßen etwa 300 Meter hinter den letzten Häusern auf eine kleine **Kapelle** ②, 1130 m, wo wir links unseren Aufstieg zur Gaichtspitze beginnen. Ein schmaler Pfad zieht sich steil den bewaldeten Hang hinauf, wobei uns

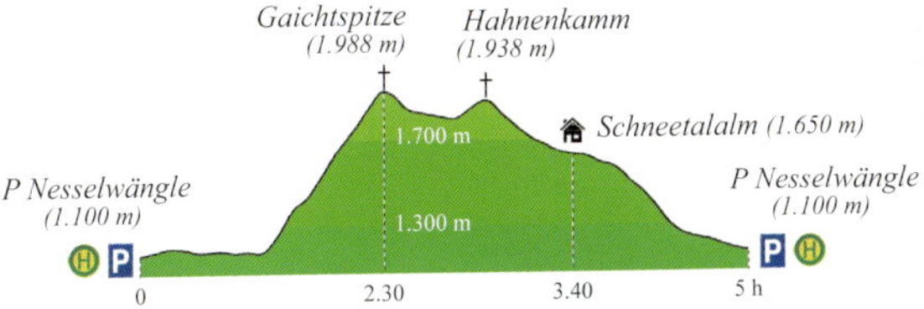

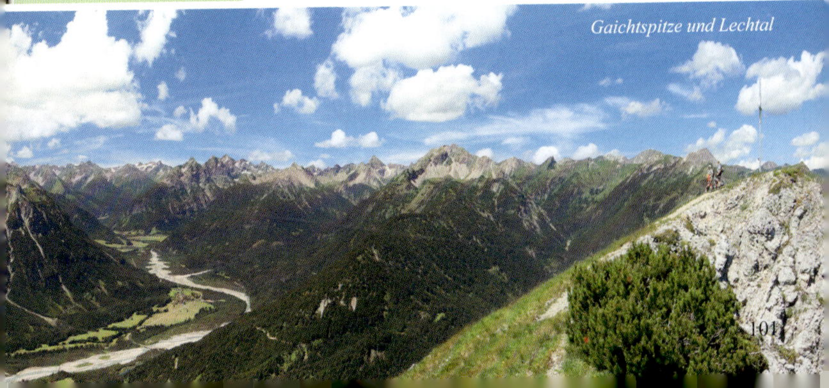

Gaichtspitze und Lechtal

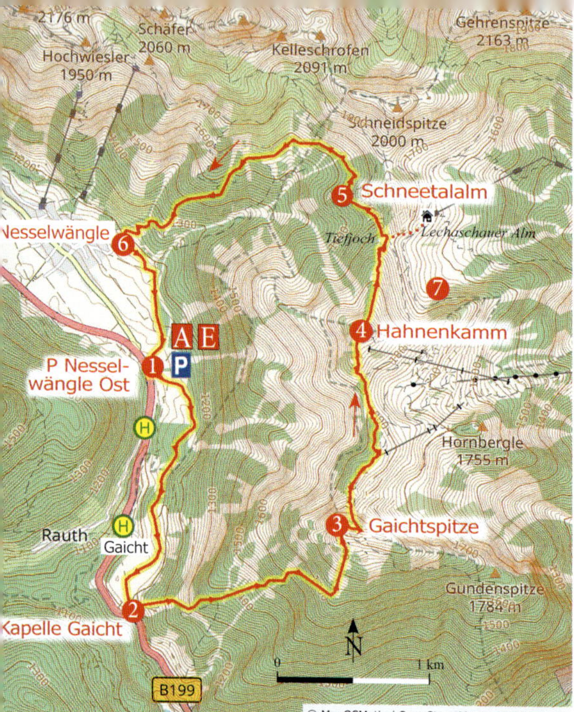

gelegentliche Lichtungen erste schöne Ausblicke auf das Lechtal gewähren. Der Anstieg hat es wahrlich in sich, doch allmählich lichtet sich der Wald und geht schließlich in eine offene, mit Latschengestrüpp durchsetzte Wiese über. Etwa 200 Höhenmeter über uns lockt bereits das Gipfelkreuz. Der verbleibende Anstieg vergeht angesichts des immer schöner werdenden Panoramas fast wie im Fluge, ehe wir nach fast zweistündigem Aufstieg unser erstes Etappenziel erreicht haben, die **Gaichtspitze** ③, 1988 m. Der Rundumblick ist atemberaubend und reicht von der Zugspitze über die Lechtaler Alpen bis

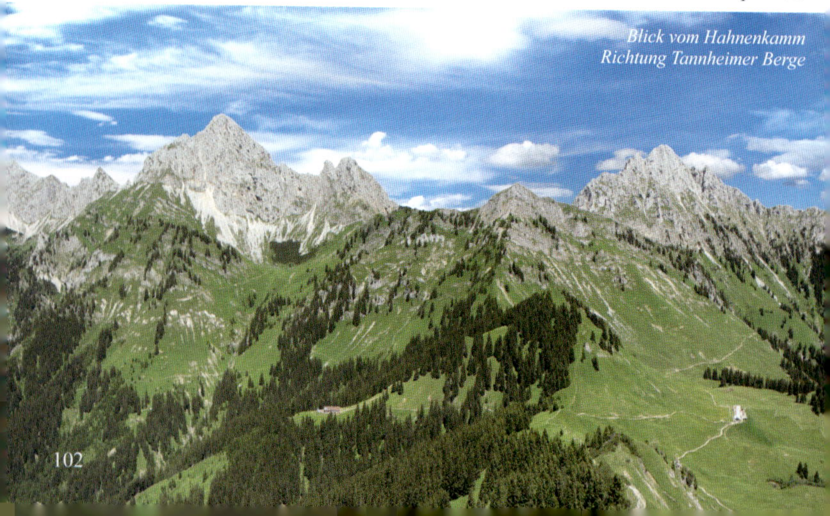

Blick vom Hahnenkamm Richtung Tannheimer Berge

zum Tannheimer Tal. Der Gipfel selbst ist mit seiner weiten, nach Süden ausgerichteten Wiesenfläche wie geschaffen für eine ausgiebige Rast. Ganz im Gegensatz dazu stehen die fast senkrechten, felsigen Nordabstürze, die wir auf unserem weiteren Weg überwinden müssen. Der Einstieg dazu liegt etwa 150 Meter östlich des Gipfels in einer kleinen Scharte. Uns erwartet eine etwas knifflige Passage, die Trittsicherheit verlangt, aber gut mit Seilen gesichert ist und aufgrund des sehr griffigen Gesteins letztlich kaum Probleme bereiten sollte. In einem steilen Kamin klettern wir etwa 40 Höhenmeter die felsige Nordwand hinab. Danach noch ein kleines Stück quer unterhalb der imposanten Felswand auf etwas gerölligem Untergrund entlang, ehe wir den angenehm zu laufenden Wiesengrat erreichen und durchschnaufen können. Mit den Gipfeln von Gimpel und Köllenspitze direkt vor uns geht es mit leichtem Auf und Ab auf dem schönen Gratweg nordwärts. Nach einer Stunde stehen wir schließlich auf dem höchsten Punkt des **Hahnenkamms** ④, 1938 m. Die vielen Sendemasten auf dem Gipfel sind nicht besonders ansehnlich, was man aber angesichts des prächtigen Rundblicks sicherlich ignorieren kann. Der weitere Gratweg führt uns wieder bergab und bringt uns etwa 200 Höhenmeter tiefer zu einer kleinen Scharte, dem Tiefjoch (1717 m; hier besteht die Möglichkeit, in wenigen Minuten rechts zur nahen Lechaschauer Alm hinabzusteigen). Für unseren Abstieg verlassen wir hier den Gratweg und wandern links in gut fünf Minuten zur **Schneetalalm** ⑤, 1650 m. Westlich der Hütte fällt das Gelände steil in einen tiefen Taleinschnitt ab. Unser weiterer Weg verläuft erst in weitem Linksbogen quer zum Wiesenhang hinüber auf die gegenüberliegende Seite dieses Einschnitts, um dann dort steil durch dichten Wald hinabzuführen. Zum Ende erreichen wir eine breite Forststraße, die uns in einigen Kehren bis zu den ersten Häusern von **Nesselwängle** ⑥, 1190 m, hinunterbringt. Dort biegen wir links in einen breiten Fahrweg ein und wandern auf dem gemütlichen Weg in gut 15 Minuten zurück zu unserem Ausgangspunkt.

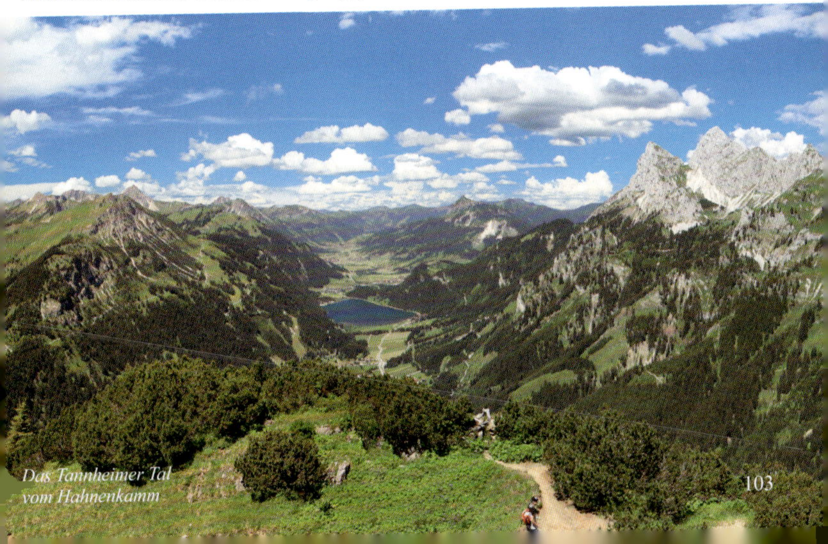

Das Tannheimer Tal vom Hahnenkamm

32 Gaichtspitze und Hahnenkamm mit Seilbahn

3 Std. | 470 Hm | 7,1 km

Reutte-Höfen, Hahnenkammbahn; Die Hahnenkammbahn-Talstation liegt südwestlich von Reutte nahe des Ortes Höfen an den Ausläufern des Hahnenkammes. Aus dem Tannheimer Tal via Gaichtpass und Weißenbach am Lech (***Navi**: A-6604 Höfen bei Reutte, Bergbahnstraße 18)*; Bus Reutte–Tannheim-Oberjoch ca. alle 60 bis 90 min; Bus vom Bahnhof Reutte etwa alle 90 Minuten.

Hahnenkammbahn: (Kleinkabinenbahn) Betriebszeiten ca. Mitte Mai–Ende Oktober, 9–16.30 h, Tel. +43 5672 62420, www.reuttener-seilbahnen.at, Talstation 920 m, Bergstation 1730 m.

Alpines Gelände mit guten Wegen und mäßigen An-/Abstiegen. Beim Aufstieg zur Gaichtspitze eine kurze, recht knifflige Kletterpassage (= schwarz).

Panoramarestaurant Hahnenkamm ②; Lechaschauer Alm ⑤

Höhenwege zwischen Tannheimer und Lechtal

Mit der Seilbahn geht es aus dem Lechtal bei Reutte hinauf in alpine Höhen zu den Ausläufern des Hahnenkammes. Die Wanderung führt uns hinauf auf die aussichtsreiche Gaichtspitze mit leichter Kletterei sowie über den Gratweg zum Hahnenkamm, begleitet von wunderbaren Ausblicken aufs Tannheimer Tal. Zum Abschluss erwartet uns die Lechaschauer Alm und ein gemütlicher Höhenweg zurück zur Bergstation.

Nach der Fahrt mit der Seilbahn von der **Talstation** ①, 920 m, zur **Bergstation** ②, 1730 m, mag der erste Eindruck etwas enttäuschend sein angesichts der vielen Gebäude, Liftanlagen, Sendemasten, Schotterstraßen und der sommerlichen Bautätigkeit, um alles wieder für die kommende Skisaison fit zu machen. Aber bereits wenige Minuten entfernt sieht die Welt schon ganz anders aus. Wir folgen der Schotterstraße ein kurzes Stück hinunter Richtung Höfener Alm und wandern dann hinauf auf einen kleinen Sattel rechts des bewaldeten Hornbergl. Dort wenden wir uns nach rechts und steigen

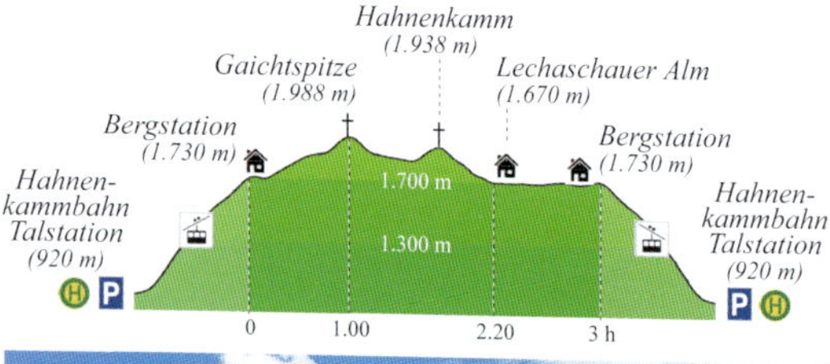

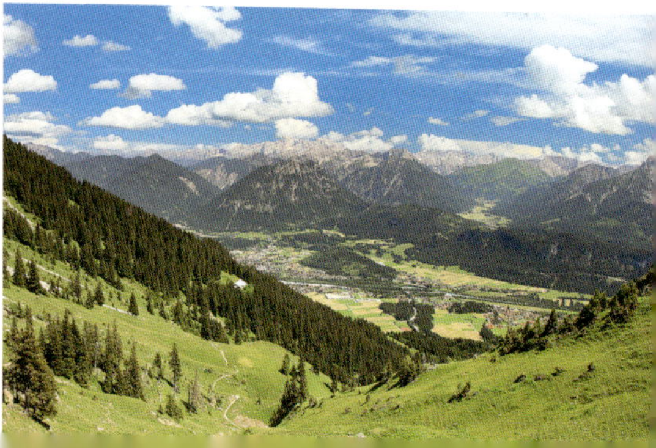

Blick hinab nach Reutte im Lechtal

über die Wiese steil hinauf bis zu einem Weg knapp unterhalb des Grates. Hier halten wir uns links und steigen weiter leicht bergan, bis wir den eigentlichen Grat erreichen und einen ersten Blick hinüber ins Tannheimer Tal werfen können. Wir nähern uns allmählich der felsigen Nordwand der Gaichtspitze, der Weg wird wieder steiler und endet schließlich direkt

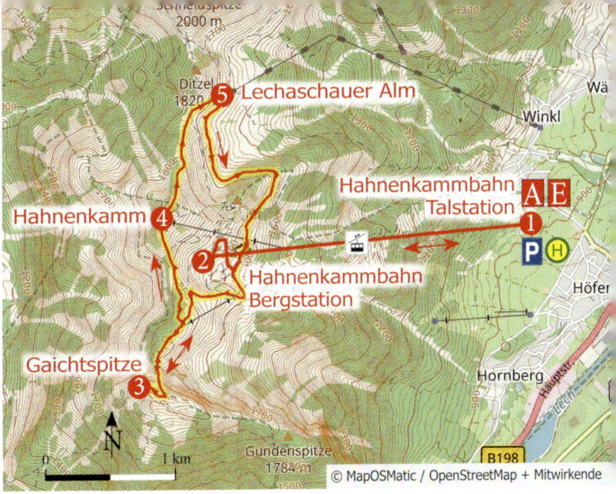

vor der Felswand. Die einzige Möglichkeit dort hinaufzugelangen ist eine schräge Rinne im Fels, die wir mithilfe von Seilsicherungen durchklettern. Eine gewisse Bergsicherheit sollte man für diese Passage schon mitbringen. Oben öffnet sich der Horizont, und vor uns breitet sich das Lechtal in seiner ganzen Pracht aus. Noch ein kurzer Anstieg rechts hinauf zum eigentlich Gipfel und wir können das herrliche Panorama von der **Gaichtspitze** ③, 1988 m, genießen: im Westen das Tannheimer Tal, im Norden die Kalkgipfel der Tannheimer Berge, im Süden das Lechtal und im Osten der Reuttener Talkessel, in der Ferne Zugspitze und Mieminger Gebirge. Wunderschön! Und wie so typisch für die Allgäuer und Tannheimer Berge steht der steilen, felsigen Nord-

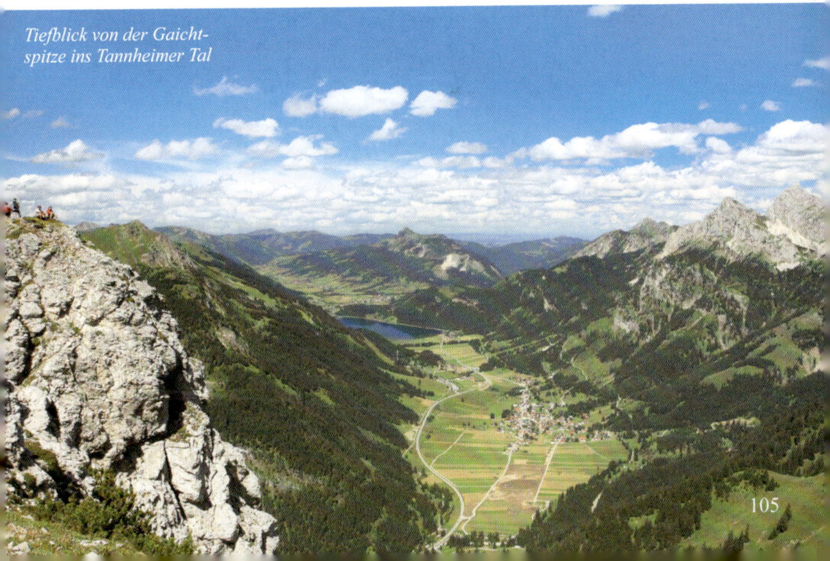

Tiefblick von der Gaichtspitze ins Tannheimer Tal

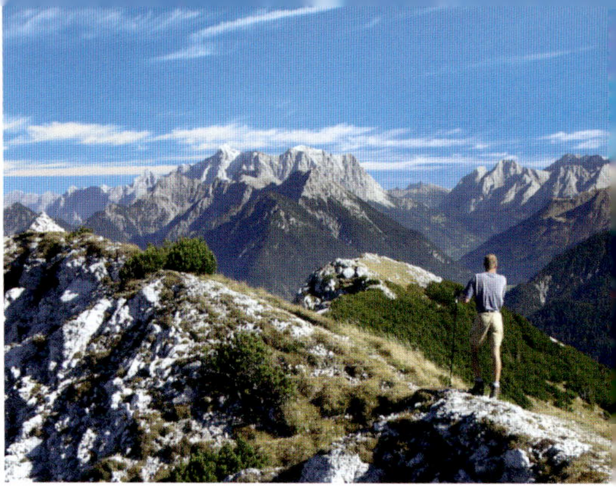

Auf der Gaichtspitze

wand des Gipfels eine sonnendurchflutete Wiese auf der Südseite gegenüber, auf der eine ausgiebige Rast die pure Freude ist. Zurück geht es auf dem gleichen Weg: erst die Kletterei bergab, dann auf dem etwas unangenehm grusigen Weg hinüber auf den Gratweg, vorbei am Abzweig, den wir vom Hinweg her kennen und schließlich auf dem Grat hinauf zum **Hahnenkamm** ④, 1938 m. Die versammelte Technik direkt auf und rund um den Gipfel ist sicherlich etwas störend, aber die Aussicht ist wunderbar. Dann geht es – die hohen Tannheimer Berge vor Augen – auf dem aussichtsreichen Wiesenkamm hinunter zum Tiefjoch (1717 m), wo wir den Grat verlassen und rechts zur nahen **Lechaschauer Alm** ⑤, 1670 m, hinabsteigen. Der Rückweg ist ab hier ein leichter Spaziergang: an der Hütte südwärts und dann in weitem Linksbogen gemütlich um einen Felssporn herum mit schönen Ausblicken auf die Tannheimer Berge und Reutte unten im Lechtal. So gelangen wir zur Höfener Alm und von dort nach kurzem Anstieg zur Bergstation.

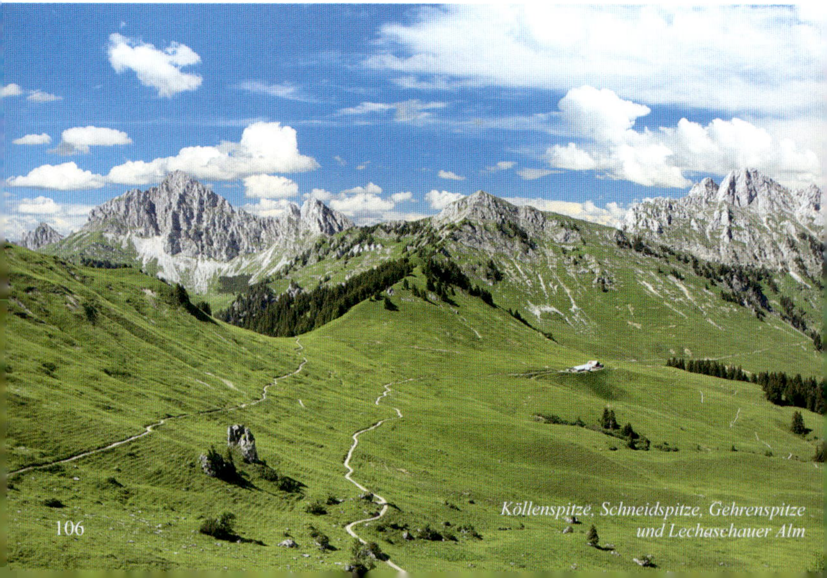

Köllenspitze, Schneidspitze, Gehrenspitze und Lechaschauer Alm

Rund um die Schneidspitze 33

30 Std. | 350 Hm | 11,2 km

Reutte-Höfen, Hahnenkammbahn; Die Hahnenkammbahn-Talstation liegt südwestlich von Reutte nahe des Ortes Höfen an den Ausläufern des Hahnenkammes. Aus dem Tannheimer Tal via Gaichtpass und Weißenbach am Lech *(**Navi**: A-6604 Höfen bei Reutte, Bergbahnstraße 18)*; Bus Reutte–Tannheim-Oberjoch ca. alle 60 bis 90 min; Bus vom Bahnhof Reutte etwa alle 90 Minuten.

Hahnenkammbahn: (Kleinkabinenbahn) Betriebszeiten ca. Mitte Mai–Ende Oktober, 9–16.30 h, Tel. +43 5672 62420, www.reuttener-seilbahnen.at, Talstation 920 m, Bergstation 1730 m.

Alpines Gelände mit guten Wegen und mäßigen An-/Abstiegen. (Wer unterwegs den Alternativweg über die Schneidspitze wählt: Der Gratweg vom Sabachjoch hinauf zum Gipfel ist extrem ausgesetzt und NUR für Geübte und Schwindelfreie!).

Panoramarestaurant Hahnenkamm ②; Gehrenalm ⑥; Lechaschauer Alm ⑦

Spannende Tour vor den Tannheimer Felsgipfeln

Dank der Seilbahn hinauf zum Hahnenkamm eine recht gemütliche Tour oberhalb der Baumgrenze. Auf schönen Panoramawegen hoch über dem Tannheimer Tal wandern wir hinüber zum Sabachjoch unterhalb der gewaltigen Köllenspitze. Auf stillen Pfaden geht es weiter zum Gehrenjoch und zur Gehrenalpe und vorbei an der Lechaschauer Alm zurück zur Bergstation. Wer es knackiger mag und absolut trittsicher ist, kann unterwegs eine Alternativroute über die Schneidspitze wählen.

Mit der Seilbahn geht es von der **Hahnenkammbahn-Talstation** ①, 920 m, hinauf zur **Bergstation** ②, 1730 m. Von der Bergstation halten wir uns nordwärts und wandern hinauf zu einem schmalen Grat, an dessen Hängen ein Alpenblumengarten angelegt ist. Jenseits des Grates öffnet sich ein schöner Blick über die offenen Almwiesen der Lechaschauer Alm, im Hintergrund überragt von den mächtigen Felsgipfeln der Tannheimer Berge. Wir que-

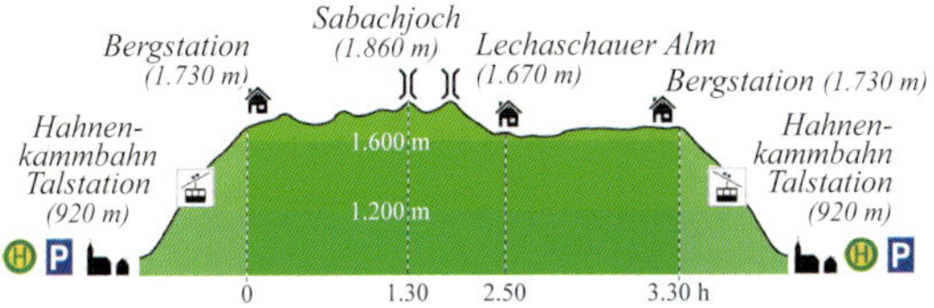

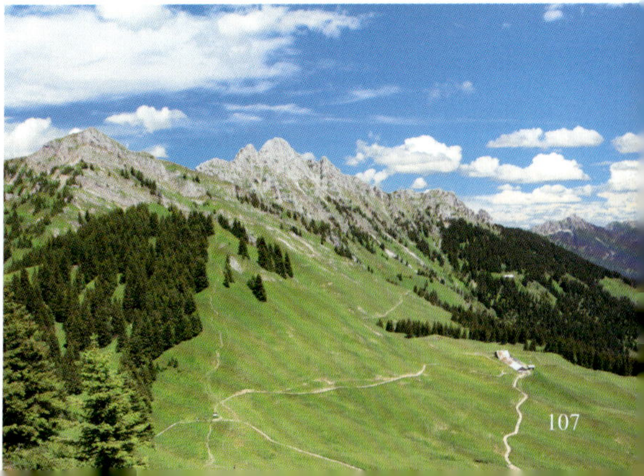

Lechaschauer Alm, Schneidspitze (li.) und Gehrenspitze (mi.)

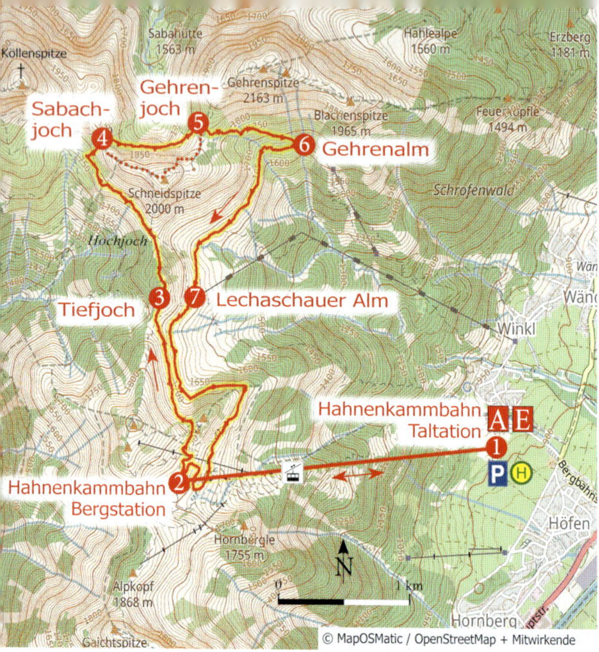

ren einen Wiesenhang und erreichen das **Tiefjoch** ③, 1717 m, eine Einkerbung in dem langgezogenen Kamm, der vom Hahnenkamm herüberzieht. Wir bleiben auf dem Kamm, halten uns nordwärts und steigen in wenigen Minuten hinauf auf einen Wiesenbuckel, der Ditzl (1820 m), und gleich dahinter wieder etwas bergab zum Hochjoch (1754 m), einer weiteren Einkerbung. Dort halten wir uns links, queren die steilen Südhänge der Schneidspitze, deren Gipfel sich rechts hoch über uns erhebt, und halten geradewegs auf die Köllenspitze zu. Zu unserer Linken breitet sich das Tannheimer Tal aus. Direkt unterhalb der steil aufragenden Felsen der Köllenspitze steigen wir schließlich

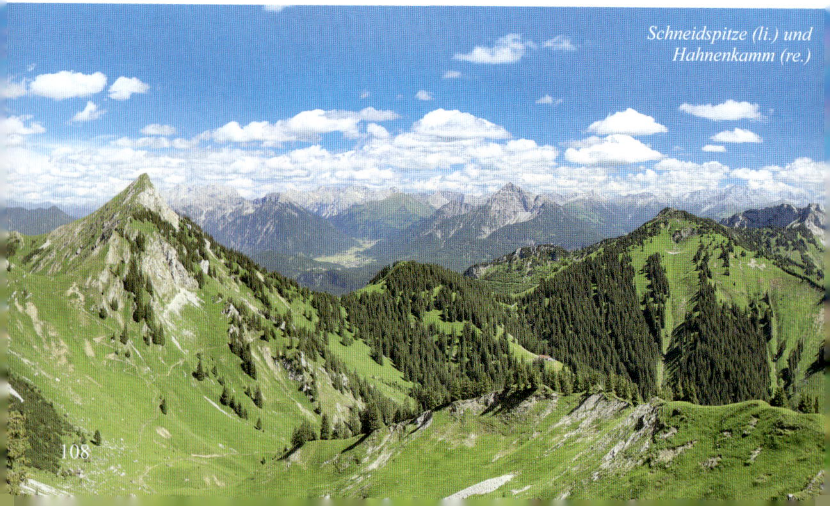

Schneidspitze (li.) und Hahnenkamm (re.)

rechts hinauf zum **Sabachjoch** ④, 1860 m. Dieser Sattel zwischen Köllenspitze und Schneidspitze bildet den Übergang hinüber ins Raintal. In der Ferne sind die Seen des Ostallgäus (Forggensee und Bannwaldsee) zu erkennen, während rechts die helle Gehrenspitze das Bild dominiert. Unser nächstes Etappenziel ist das Gehrenjoch, ein Sattel zwischen Gehrenspitze und Schneidspitze. Um dort hinzugelangen, bieten sich zwei Möglichkeiten: Die einfache Variante führt als schmaler Pfad durch den vor uns liegenden Wiesenkessel, erst leicht bergab, dann wieder hinauf zum Sattel. Schöner und spektakulärer, aber auch sehr viel schwieriger ist die Überschreitung der Schneidspitze zu unserer Rechten. Deren Gipfel (2008 m) bietet eine wunderbare Aussicht, aber der Gratweg – besonders der Aufstieg – ist ganz gewiss nicht für Jedermann geeignet: ein messerscharfer, grasbewachsener Grat, den man bei Nässe und auch bei starkem Wind lieber meiden sollte. Und der unbedingt Trittsicherheit und Schwindelfreiheit voraussetzt! Bereits die ersten Meter geben einen Vorgeschmack auf den Gratweg, man merkt also schnell, wenn es zu heikel wird. Vom Gipfel der Schneidspitze bringt uns dann ein vergleichsweise harmloser Abstieg hinunter zum **Gehrenjoch** ⑤, 1858 m, wo beide Varianten wieder aufeinandertreffen. Vom Gehrenjoch steigen wir über einen von vielen Trampelpfaden durchzogenen, langgestreckten Hang hinab Richtung Gehrenalm; direkt vor uns bildet der Talkessel von Reutte die nahe und die Zugspitze die ferne Kulisse. Kurz vor der **Gehrenalm** ⑥, 1610 m, (ca. 5 Minuten entfernt) zweigt rechts ein Weg ab, der sich in leichtem Auf und Ab über steile Wiesenhänge hinüber zur **Lechaschauer Alm** ⑦, 1670 m, zieht. Wenige Meter hinter der Almhütte kommen wir an einem Abzweig vorbei, an dem man rechts wieder hinauf zum Alpenblumengarten gelangen könnte. Wir bleiben jedoch auf dem angenehmen und völlig ebenen Weg, der einen weiten Linksbogen nimmt und aussichtsreich um einen kleinen Felssporn herumführt. In 30 Minuten gelangen wir so – vorbei an der Höfener Alm – zurück zur Bergstation.

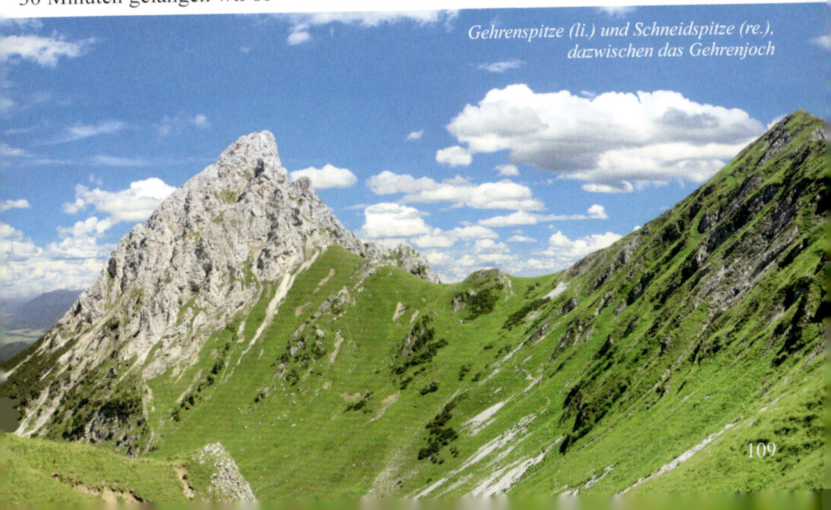

Gehrenspitze (li.) und Schneidspitze (re.), dazwischen das Gehrenjoch

34 Zur Musauer Alm im Raintal

4 Std. | 475 Hm | 10,5 km

Wanderparkplatz am Ausgang des Raintals südlich von Musau, 842 m. Die A7 südwärts durch den Grenztunnel, weiter auf der (vignettenfreien) Fernpassstraße bis Ausfahrt »Reutte Nord«, dann 1 km bis zum ersten Kreisel, von dort 800 m Richtung Musau. Parkplatz westlich der Straße kurz vor dem Dorf Roßschläg *(**Navi**: A-6600 Musau Roßschläg).*

Ausschließlich Wirtschaftswege. Im unteren Wegabschnitt längerer Anstieg/Abstieg, mäßige Steigungen.

Musauer Alm ②

Malerisches Tal unter hohen Felsgipfeln

Das Raintal ist ein tiefer Einschnitt inmitten der Tannheimer Berge, eingerahmt von den steilen Flanken der Großen Schlicke sowie den mächtigen Nordwänden der felsigen Kletterberge Köllenspitze, Gimpel und Co. Diese gemütliche Talwanderung führt entlang des rauschenden Sabaches zur hübsch gelegenen Musauer Alm im höheren Tal.

Vom **Parkplatz** ①, 842 m, folgen wir der breiten Schotterstraße, die sich mit stetiger und teilweise etwas größerer Steigung in weiten Kehren den dicht bewaldeten Hang hinaufzieht. Nach gut zwei Kilometern haben wir den Anstieg hinter uns und den Einschnitt des Raintals erreicht. Die Schotterstraße biegt westwärts ein und führt – nun anfangs weitgehend eben – weiter ins Tal hinein. Rechts unter uns strömt der tief eingeschnittene Sababach Richtung Lechtal. Je tiefer wir ins Tal eindringen, desto mehr nähern sich Weg und Bach an, bis wir schließlich nach ca. 750 m auf einer Brücke aufs gegenüberliegende Ufer wechseln können. Ab dort wandern wir auf einem hübschen Wanderweg entlang

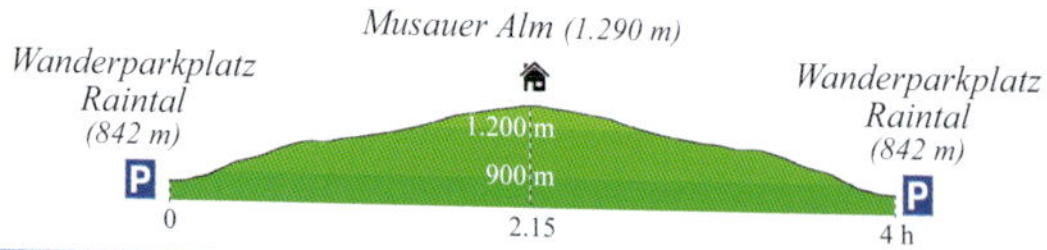

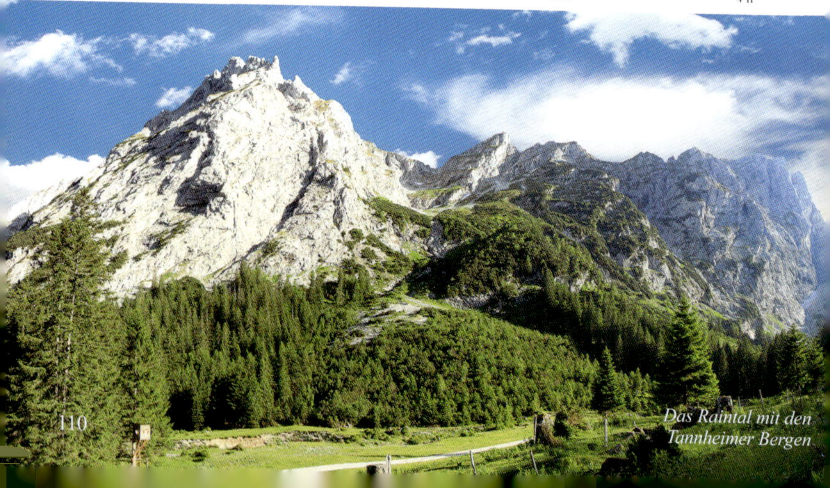

Das Raintal mit den Tannheimer Bergen

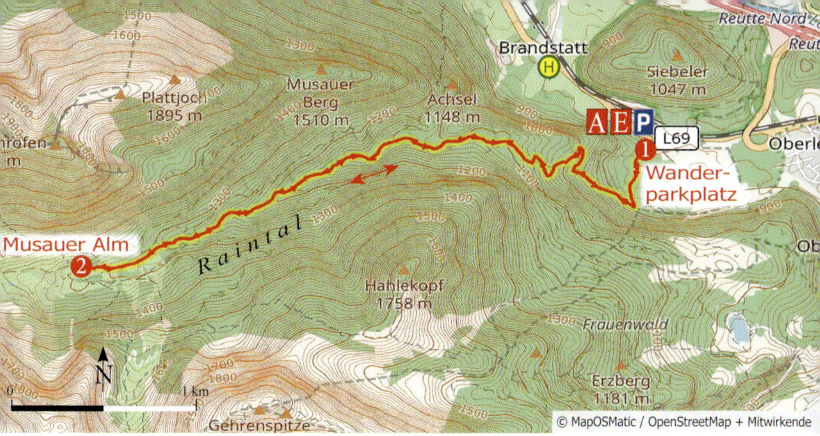

des wild rauschenden Baches mit gemächlicher Steigung weiter taleinwärts. Schließlich öffnet sich das bis hierhin recht enge, dicht bewaldete Tal zu einigen Wiesen-Lichtungen und gewährt wunderschöne Ausblicke auf die hoch aufragenden, felsigen Nordwände von Köllenspitze und Gimpel, die das Raintal auf seiner Südseite begrenzen. Wenige Minuten später haben wir die **Musauer Almhütte** ②, 1290 m, erreicht, inmitten einer hübschen alpinen Wiesenlandschaft gelegen. Links ragen die spektakulären Felswände hoch empor, und vor uns zieht sich das Raintal weiter bergwärts. Der Rückweg erfolgt auf dem Hinweg.

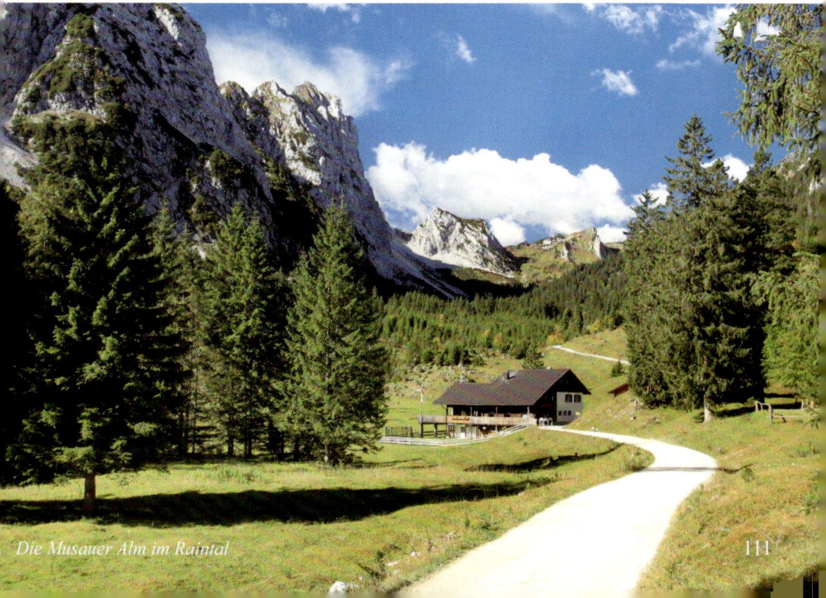

Die Musauer Alm im Raintal

35 Zur Vilser Alm im Alptal

2.30 Std. | 350 Hm | 6,5 km

Vils im Tiroler Vilstal, Parkplatz beim Steinbruch südlich des Ortes. Vils liegt ca. 7 Kilometer südöstlich von Pfronten und 7 Kilometer südwestlich von Füssen. A7 bzw. B179 Füssen–Reutte, erste Ausfahrt südlich des Grenztunnels und Richtung Vils. Dort am westlichen Ortsende den »Fallweg« ca. 1 Kilometer Richtung Steinbruch bis zum Parkplatz am Bach, 872 m *(**Navi**: A-6682 Vils, Fallweg 20)*;
Züge Kempten–Vils–Reutte ca. stündlich (Bahnhof Vils ca. 2 km entfernt).

Schotterfahrweg, stetig bergan/bergab, mäßige Steigungen.

Vilser Alm ③

Schönes Hochtal unterhalb der Großen Schlicke

Südlich von Vils schiebt sich das Alptal in Richtung Tannheimer Berge. Auf gemütlichen Wegen steigen wir hinauf in ein idyllisches Hochtal mit der einladenden Vilser Alm, während im weiten Rund mächtige Felsgipfel in den Himmel ragen. Unterwegs sorgt der hübsche Alpstrudelfall für Abwechslung.

Der **Parkplatz** ①, 872 m, befindet sich direkt neben dem aus dem Alptal herabrauschenden Kühbach, den wir auf einer breiten Schotterstraße queren, um danach unseren Anstieg in Angriff zu nehmen. Die Straße führt in weiten Kehren und mit mäßiger Steigung einen dicht bewaldeten Hang auf der Westseite des Taleinschnittes hinauf. Die gegenüberliegende Talseite wird von einem gewaltigen Steinbruch dominiert, auf den wir immer wieder einen kurzen Blick durch die Bäume hindurch erhaschen können. Es geht stetig bergauf, bis wir nach einer knappen

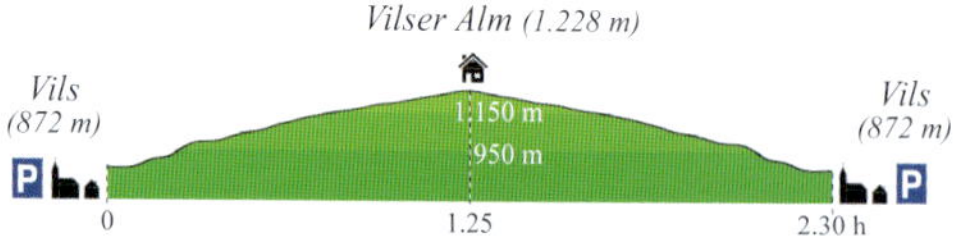

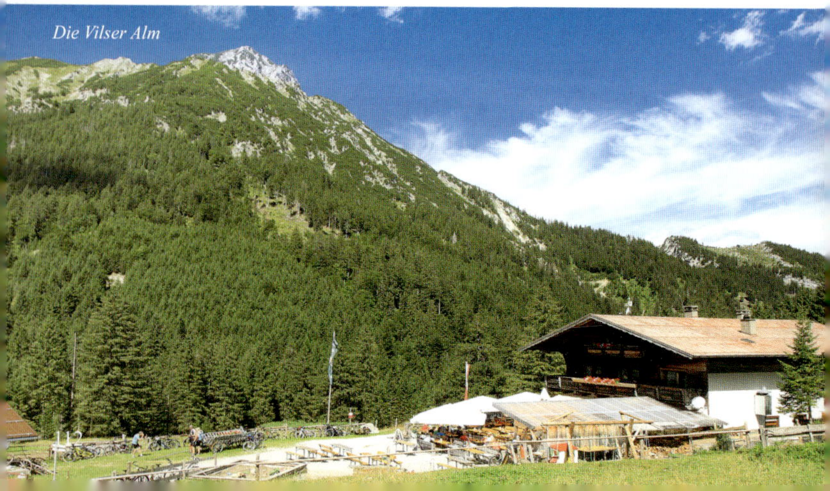

Die Vilser Alm

Stunde oberhalb des hohen **Alpstrudelfalles** ②, 1106 m, erneut den Bach überqueren und auf die östliche Talseite hinüberwechseln. Kurz darauf öffnet sich das Tal und der dichte Wald weicht einer weiten Wiese, im fernen Hintergrund überragt von den eindrucksvollen, hellen Felswänden der Großen Schlicke. Durch diese Wiesen spazieren wir genüsslich zur nahen Hütte der **Vilser Alm** ③, 1228 m. Jenseits der Hütte führt die Schotterstraße noch etwas weiter durch den flachen Talboden, ehe es zu allen Seiten steil hinaufgeht. Im weiten Rund ragen die Gipfel von Brentenjoch, Sebenkopf, Großer Schlicke und Vilser Kegel in die Höhe: eine hübsche Kulisse für eine gemütliche Einkehr auf der sonnigen Hüttenterrasse. Der Rückweg erfolgt auf dem Hinweg.

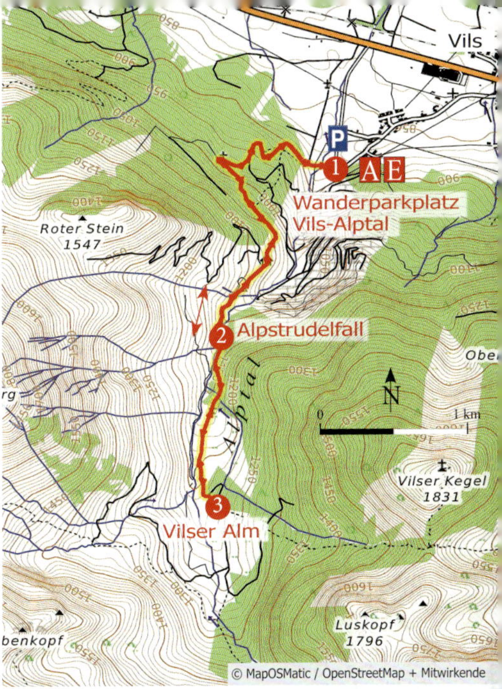

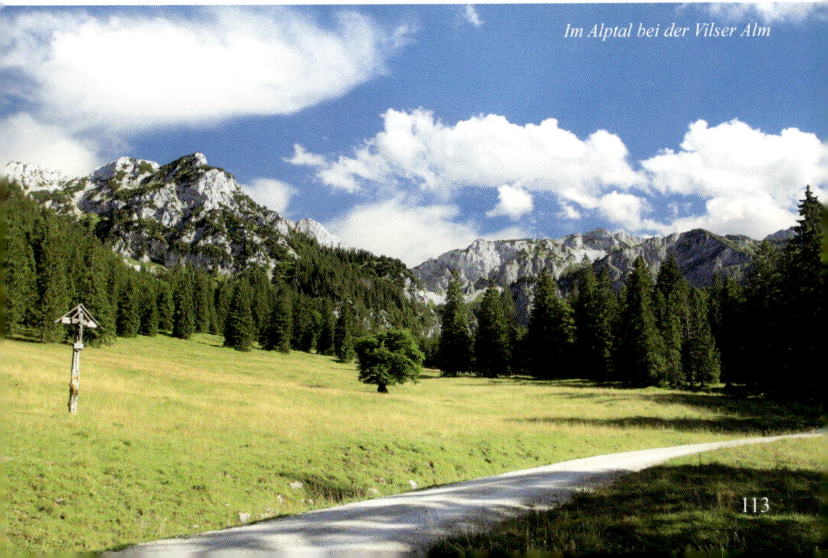

Im Alptal bei der Vilser Alm

36 Dürrenbergalm und Urisee

3.30 Std. | 550 Hm | 10 km

Reutte, Urisee, 903 m; Vom Zentrum/Bahnhof Reutte ca. 2 Kilometer auf Ortstraßen nordostwärts bis zum Parkplatz am Seeufer. Oder den benachbarten Parkplatz an der Fernpassstraße/ B179 nutzen (nur in Fahrtrichtung Nord erreichbar) *(**Navi**: A-6600 Reutte, Urisee 6).*

Entweder gemächlich auf Forststraßen bergauf und bergab oder auf steileren Abkürzern hoch und runter. Rundweg um den See ebenerdig.

Dürrenbergalm ②

Aussichtsbalkon über dem Reuttener Talkessel

Ein schöner Ausflug ins weite Lechtal von Reutte. Auf der östlichen Talseite wandern wir hinauf zur Dürrenbergalm, wo uns ein herrliches Panorama über den Talkessel und die Lechtaler Alpengipfel erwartet. Den Abschluss der Tour bildet eine gemütliche Umrundung des tiefblauen Urisees (mit Bademöglichkeit).

Vom **Parkplatz** ①, 903 m, sind es nur wenige Schritte bis zum Ufer des Urisees, den wir uns allerdings für den Abschluss der Wanderung ausheben. Vorerst folgen wir der breiten Schotterstraße, die sich gemächlich den Hang hinaufzieht. Nach knapp 15 Minuten zweigt links ein Wanderweg ab. Wer es insgesamt beim Anstieg weniger steil mag und dafür weitere Wege in Kauf nimmt, kann natürlich auch auf der Forststraße mit ihren weit ausholenden Schleifen bleiben. Ansonsten verlassen wir hier die Straße und folgen dem Wanderweg. Es geht recht steil den bewal-

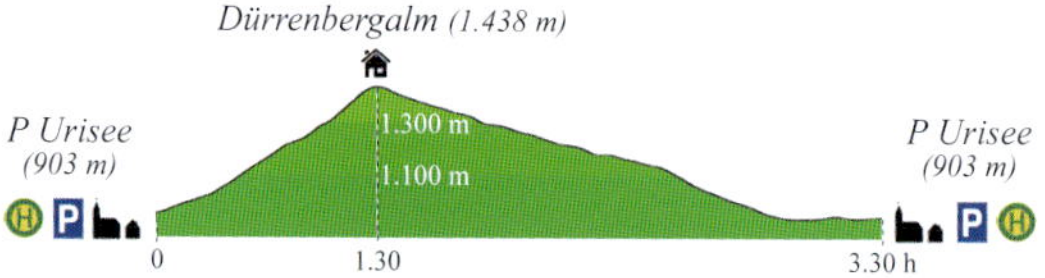

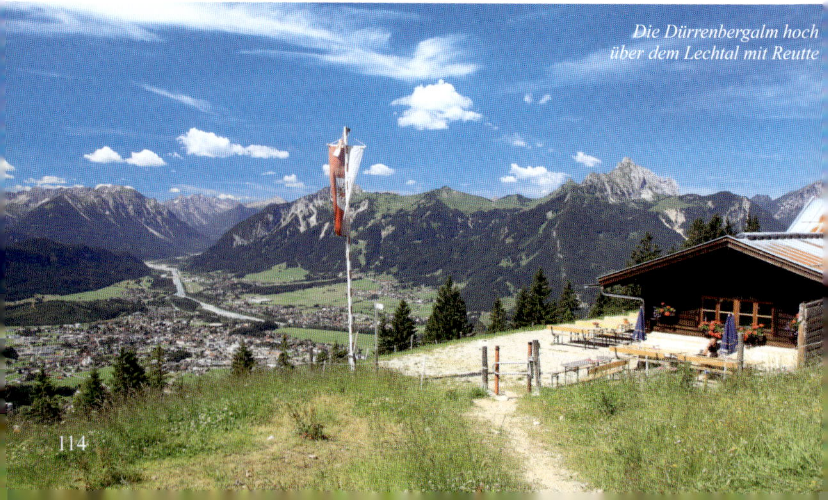

Die Dürrenbergalm hoch über dem Lechtal mit Reutte

deten Berghang hinauf, gelegentlich öffnet sich ein kleines Sichtfenster über das Lechtal mit Reutte. Der Wanderpfad quert auf seinem Weg immer mal wieder die Straße, bis wir schließlich die Hütte der **Dürrenbergalm** ②, 1438 m, erreichen, inmitten eines kleinen Wiesenhanges gelegen. Aus dem Tal wirken die Hänge des Dürrenberges wegen des fast flächendeckenden Waldes mitunter wenig einladend, aber dennoch ist die Almhütte ein sehr beliebtes Ausflugsziel.

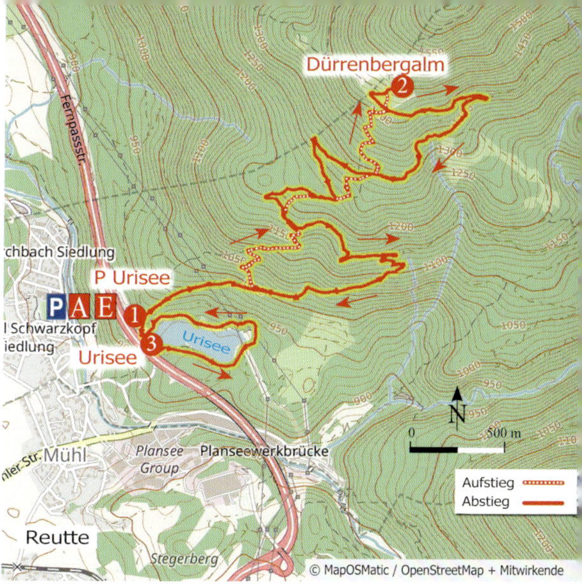

Was zum Großteil sicher an der wirklich prächtigen Aussicht liegt: Unter uns breitet sich der weite Talkessel von Reutte aus, eingerahmt von einigen hellen Felsgipfeln der Tannheimer Berge, in der Ferne verliert sich das Lechtal zwischen den Gipfeln, und im Süden reihen sich unzählige Gipfel der Lechtaler Alpen aneinander. Ein herrliches Panorama! Für den Rückweg bieten sich wieder zwei Varianten an: entweder steiler und kürzer auf dem vom Hinweg bekannten Pfad oder mit gemächlicherem Gefälle über die Schotterstraße, die in weiten Kehren talwärts führt. Unten am **Urisee** ③, 903 m, angekommen, gönnen wir uns noch eine gemütliche See-Umrundung, die je nach Saison/Temperatur mit einem Sprung ins Wasser verbunden werden kann. Dazu folgen wir dem breiten Weg rechts oder links herum um den See und gelangen dabei immer wieder zu kleinen Badestellen und Kiesständen. Insgesamt dauert der Rundweg knapp eine Stunde.

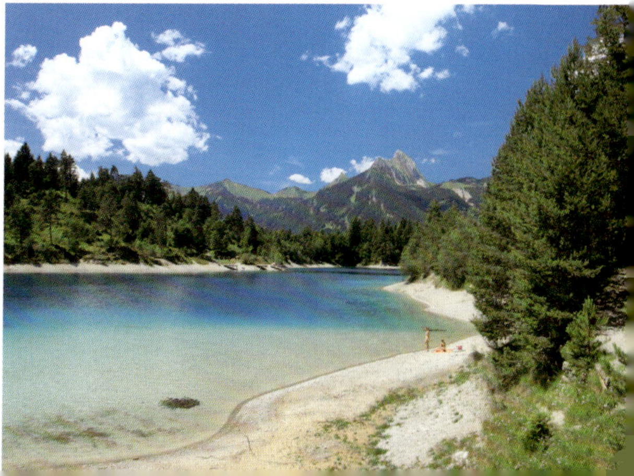

Der Urisee

37 Alatsee und Zirmgrat

5 Std. | 550 Hm | 13,2 km

Vils, »Wanderparkplatz Alatsee«, 826 m; Fernpassstraße Ausfahrt »Vils«, gut 2 Kilometer westwärts nach Vils, vom Vils-Zentrum gut 1 Kilometer nordwärts über die Vils zum Fuß des Zirmgrates (**Navi**: *A-6682 Vils, Am Angerberg);*
Bei Anreise mit Bus/Zug startet man am besten am Bahnhof Pfronten-Steinach (WP 6); Züge/Busse Kempten–Pfronten ca. stündlich.

Bis zur Saloberalm breite Wege, über den Zirmgrat schmale, gute Wanderwege. Insgesamt einige steile An- und Abstiege. Rückweg steigungslos entlang der Vils.

Restaurant Alatsee ①
Saloberalm ③;
Burghotel Falkenstein ⑤

Auf schönen Wegen hoch zur Burgruine Falkenstein

Der Zirmgrat ist Teil eines 12 Kilometer langen, schroffen Bergrückens, der sich nördlich des Vilstales parallel zum Alpenrand von Pfronten nach Füssen zieht. Von Vils wandern wir vorbei am malerischen Alatsee und der Saloberalpe hinauf auf den Grat mit seinem herrlichen Panoramaweg. Zum Ende des Kammes besuchen wir noch die exponiert auf einem Felssporn thronende Burgruine Falkenstein, steigen hinab zur Vils und spazieren auf gemütlichen Uferwegen zurück zum Ausgangspunkt.

Vom **Wanderparkplatz** ①, 826 m, folgen wir einem breiten Schotterweg, der sich in einigen Kehren den bewaldeten Zirmgrat-Hang hinaufzieht. Schon wenige Minuten später passieren wir die Vilser Scharte und erreichen kurz darauf das Südufer des Alatsees. Dort wenden wir uns nach rechts und spazieren auf einem hübschen Seeuferweg hinüber zum **Restaurant Alatsee** ②, 868 m, an der Ostspitze des Sees gelegen. Von dort schlendern wir auf einer – autofreien – Straße am Nordufer entlang und können die schöne Stimmung am Wasser genießen. Nach

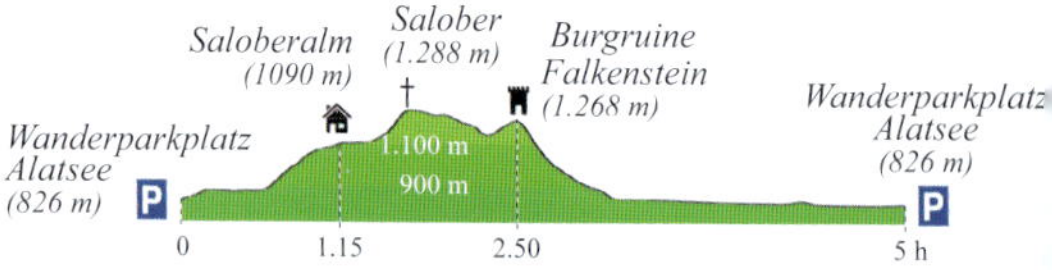

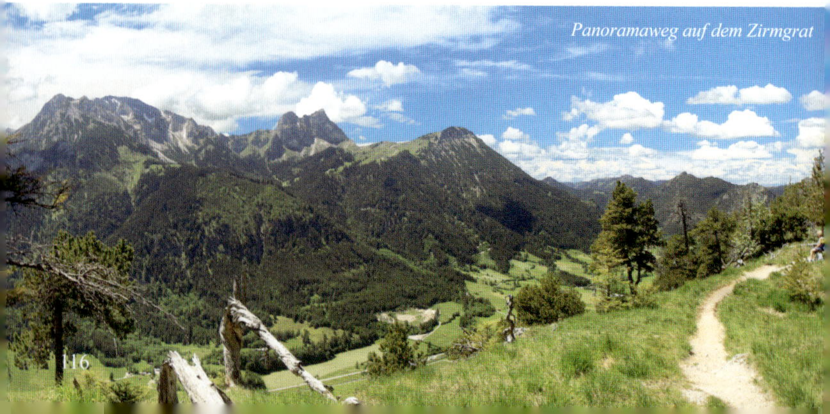
Panoramaweg auf dem Zirmgrat

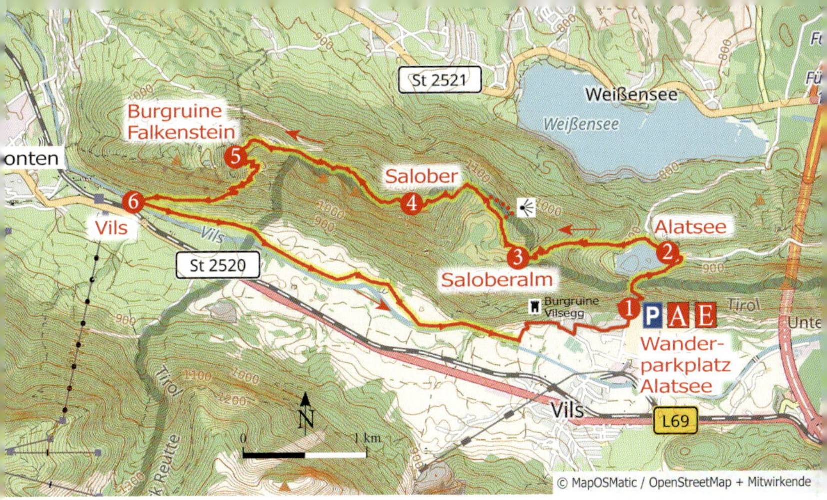

wenigen Minuten verlassen wir die Teerstraße, lassen auch den See hinter uns und folgen einer Schotterstraße, die ziemlich steil hinauf zur **Saloberalm** ③, 1090 m, führt. Die gemütliche Einkehr liegt am Rand einer ausgedehnten Wiese, auf der wir weiter ansteigen. Nach ca. 500 Metern passieren wir einen Wegweiser, der uns auf den »4-Seen-Blick« aufmerksam macht. Hier kann man auf einem schmalen Pfad rechts durch den dichten Wald in wenigen Minuten auf die Nordseite des Zirmgrates wechseln und einen schönen Blick über das seenreiche Ostallgäu genießen. Zurück am Hauptweg geht es weiter bergan, wir lassen die Wiese hinter uns und steigen in einigen steilen Kehren den bewaldeten Hang hinauf. Schließlich erreichen wir den

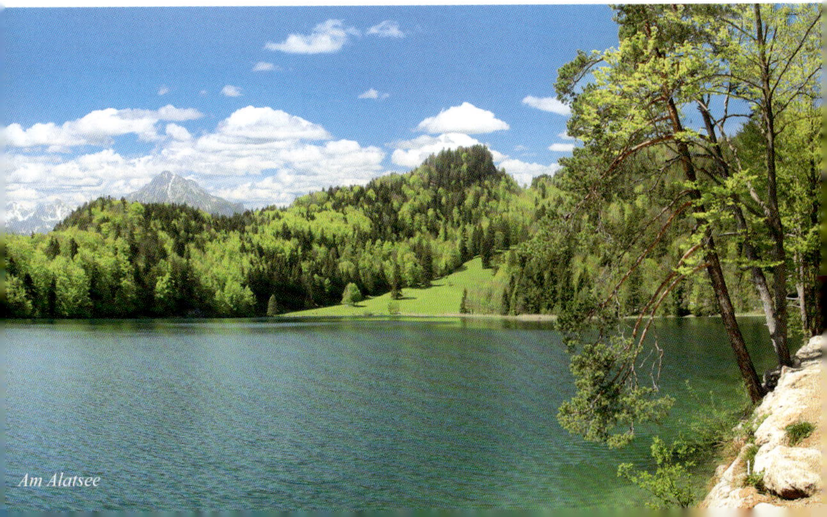

Am Alatsee

höchsten Punkt der heutigen Tour, den **Salober** ④, 1288 m, und den Beginn des eigentlichen Zirmgrates mit seinem wunderschönen Höhenweg. Der Pfad windet sich oben auf dem Kamm westwärts, mal durch Wald, mal über kleine Wiesenlichtungen und bietet immer wieder prächtige Ausblicke. Während die Nordseite des Zirmgrates dicht bewaldet ist, fällt das Gelände im Süden auf spektakuläre Weise steil ins Vilstal ab. Die Hintergrundkulisse bilden dabei die Gipfel von Breitenberg, Aggenstein und Roßberg. Viel zu schnell ist dieser schöne Abschnitt vorbei, und der Wanderweg verliert wieder an Höhe. Kurz darauf treffen wir auf eine Teerstraße (Zufahrtsstraße zum Burghotel Falkenstein), die wir allerdings gleich wieder verlassen, denn für Wanderer verläuft parallel zur Straße ein schmaler Pfad bergwärts. Wir queren eine kleine Wiese mit einem ersten Blick auf die Burgruine, die hoch oben auf einem exponierten Felssporn thront, und erreichen schließlich das Burghotel mit Restaurant. Von hier sind es nur noch wenige Treppenstufen hinauf zur **Burgruine Falkenstein** ⑤, 1268 m. Die Ruine selbst ist nicht besonders eindrucksvoll, das Panorama von oben allerdings umso mehr: Der Blick reicht über den langgestreckten Zirmgrat, das Vilstal, den Aggenstein bis in den Talkessel von Pfronten und weit über das ostallgäuer Voralpenland. Unser Abstieg ins Vilstal beginnt direkt neben dem Burghotel. Vorbei an einer Mariengrotte im hellen Fels geht es steil die bewaldete Südseite des Zirmgrates hinab, bis wir schließlich am Ufer der **Vils** ⑥, 835 m, stehen. Nun erwartet uns noch ein gut einstündiger, gemütlicher und völlig ebener Rückweg durch die Wiesen des Vilstals. Wir bleiben am diesseitigen Flussufer und spazieren auf einem breiten Weg ostwärts, biegen kurz vor Vils links ab zur Kirche St. Anna – über der hoch oben im Wald die Burgruine Vilsegg thront – und gelangen – den Wegweisern durch die Ortstraßen hindurch folgend – zurück zum Parkplatz.

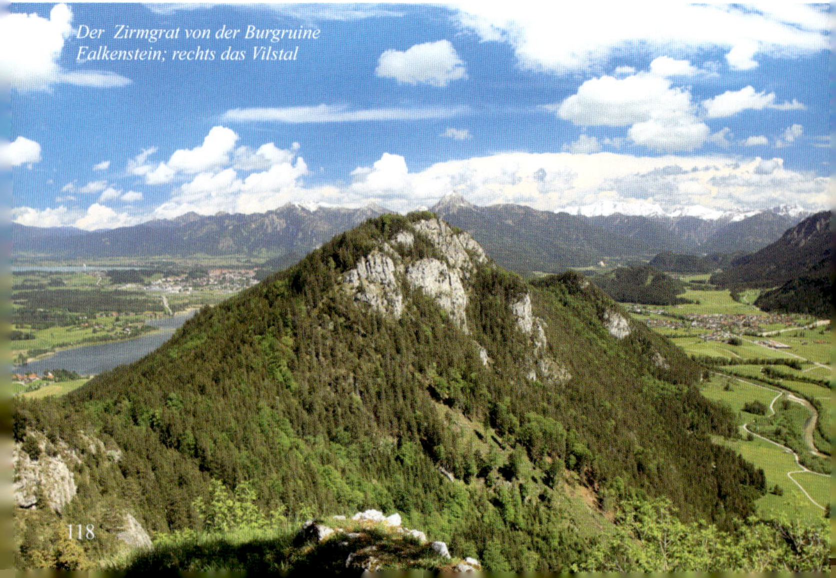

Der Zirmgrat von der Burgruine Falkenstein; rechts das Vilstal

45 Std. | 20 Hm | 6 km

Heiterwanger See bei Heiterwang;
Die A7 südwärts durch den Grenztunnel, weiter auf der (vignettenfreien) Fernpassstraße 17 km bis Ausfahrt Heiterwang. Im Dorf links und zum Westufer des Heiterwanger Sees; Parkplatz 200 m vor dem See, 979 m *(**Navi**: A-6611 Heiterwang, Fischer am See 1).*

Teils schmale Uferpfade, teils Wirtschaftsweg.

Hotel Fischer am See ①

Varianten: Zwei Alternativ-Touren inkl. Rückfahrt mit dem (Linien-) Schiff: Im Sommerhalbjahr verkehrt ein Ausflugsschiff zwischen dem Westufer des Heiterwanger Sees beim Hotel Fischer am See sowie dem Ostufer des Plansees beim Hotel Forelle mit Zwischenhalt beim Hotel Seespitz am Westufer des Plansees. Das ermöglicht zwei schöne Streckenwanderungen am Ufer entlang inkl. Rück- oder Hinfahrt per Schiff (ca. 5 bis 6 x täglich, etwa im Stundentakt; Info: www.fischeramsee.at).

Eindrucksvolle Fjordlandschaft in Tirol

Beim ersten Blick auf den Heiterwanger See denken manche sicher unweigerlich an einen norwegischen Fjord. Steile Berghänge rechts und links, mittendrin das tiefblaue Wasser des Sees, der den gut einen Kilometer breiten Talgrund komplett ausfüllt. Auf wunderschönen Uferwegen umrunden wir den gesamten See, und in den Sommermonaten bietet sich wegen der Linienschifffahrt sogar eine Streckenwanderung bis zum Ende des sich anschließenden Plansees an.

Vom **Parkplatz** ①, 979 m, sind es nur wenige Schritte – vorbei am Hotel Fischer am See – zum Ufer des herrlichen Heiterwanger Sees. Wir queren das Gelände eines kleinen Campingplatzes sowie den – kanalartigen – See-Abfluss und beginnen unsere See-Umrundung. Uns erwartet ein wunderschöner Uferweg, der fast die gesamte Strecke direkt am glasklaren Wasser verläuft. Der anfänglich noch recht breite Weg wird bald schmaler, streckenweise etwas holprig durch Wurzelwerk, und führt mit ganz sanftem Auf und Ab am nördlichen Ufer des Sees entlang. Zur Linken ziehen sich steile, bewaldete Hänge bergwärts, während sich zur Rechten die weite Wasserfläche erstreckt. Nach gut zwei Kilometern haben wir den Nordost-Zipfel des Sees erreicht. Dass der See hier endet, verdanken wir dem

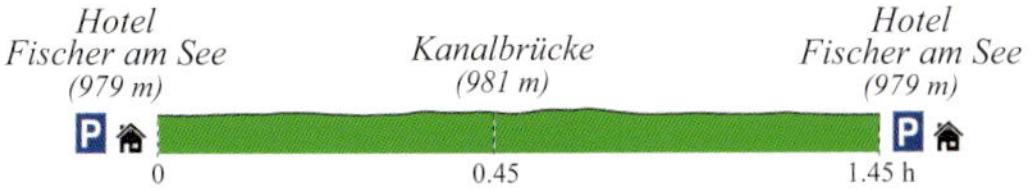

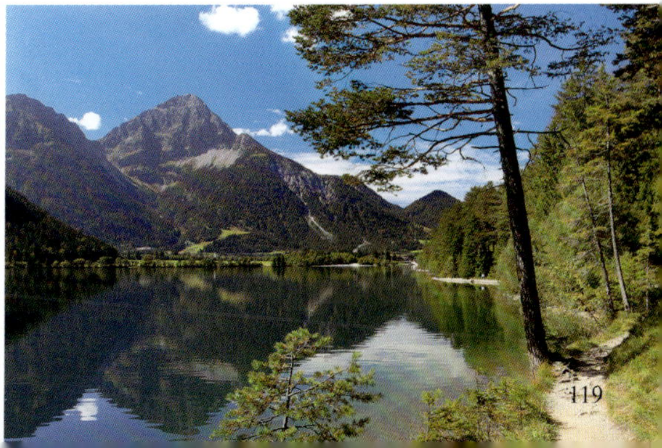

Uferweg am Heiterwanger See

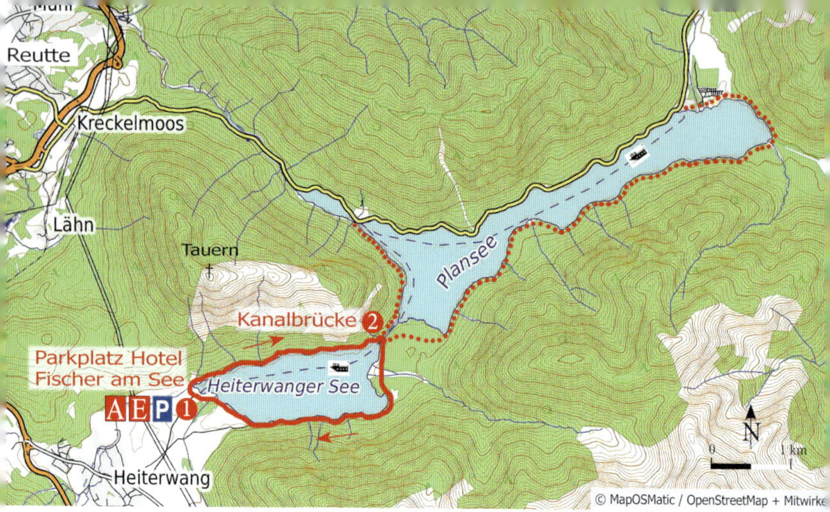

Bach, der aus dem auf der gegenüberliegenden Südseite des Sees gelegenen Pitzental herabströmt. Dieser hat im Laufe der Jahrtausende einen gewaltigen Schwemm- und Schuttfächer erschaffen, der irgendwann die gesamte Seebreite ausgefüllt hat und aus EINEM ursprünglichen See ZWEI gemacht hat: den Heiterwanger See im Westen sowie den Plansee im Nordosten. Heute verbindet ein schmaler, künstlicher Kanal von gut 400 m Länge beide Gewässer miteinander. Auf einer **Holzbrücke** ②, 981 m, queren wir diesen Kanal, halten uns rechts und erreichen eine hübsche Wiese mit seichtem Seezugang. Dahinter passieren wir die ausgedehnten Kiesflächen des Pitzentalbaches und gelangen zur Südostecke des Sees. Der Rückweg erfolgt – auf einer Schotterstraße – weiter direkt am Wasser, bis nach gut 25 Minuten der Hang zur Linken zurückweicht und sich vor uns eine weite Wiese öffnet. Dort biegen wir rechts ab und spazieren – nun am Westufer des Sees – auf einem schmalen Wanderweg zurück zum Ausgangspunkt.

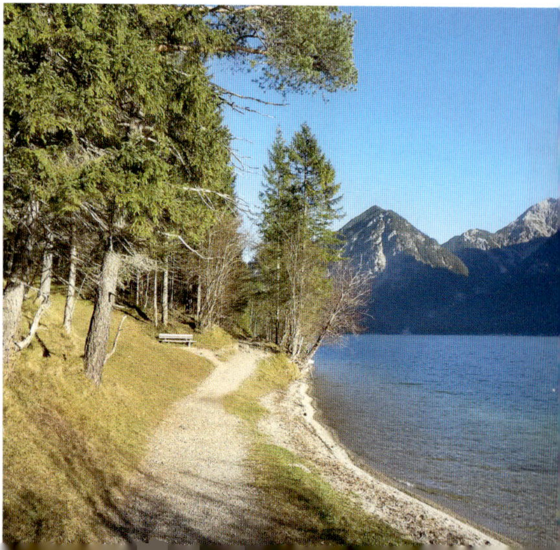

Varianten: Streckenwanderungen mit Schiff-Rückfahrt:

► Lange Tour vom Heiterwanger See bis zum nordöstlichen Ende des Plansees und per Schiff zurück

Gehzeit: 3.15 Std. / Distanz: 10 km / Höhenunterschied: 40 Hm
Einkehr: Hotel Forelle; Strandbüffet

Vom Westufer des Heiterwanger Sees auf dem Uferweg – wie oben beschrieben – bis zu seinem Nordostende. Auf der Holzbrücke über den See-Verbindungskanal, drüben links und für knapp 10 Minuten durch Wald über den Schwemmfächer hinüber zum Plansee. Dann an dessen Südostufer auf anfangs breiter Schotterstraße, später auf schmalerem Weg gut 6 Kilometer bis zum östlichen See-Ende. Dort erwartet uns wieder eine offene Wiesen-Ebene mit Campingplatz, Restaurant und schöner Stimmung am Seeufer. Sowie der Bootsanleger zwecks Rückfahrt zum Heiterwanger See.

► Kürzere Tour vom Heiterwanger See bis zum Westzipfel des Plansees und per Schiff zurück

Gehzeit: 1.20 Std. / Distanz: 4,3 km / Höhenunterschied: 20 Hm
Einkehr: Hotel Seespitze

Vom Hotel Fischer am See am Westufer des Heiterwanger Sees bis zu seinem Nordostende, dann am linken Ufer bleibend am Kanal entlang zum 400 m entfernten Plansee. Von dort sind es – am linken Ufer des Sees entlang – ca. 30 min. bis zum Westzipfel des Plansees mit dem Hotel Seespitze und dem Bootsanleger.

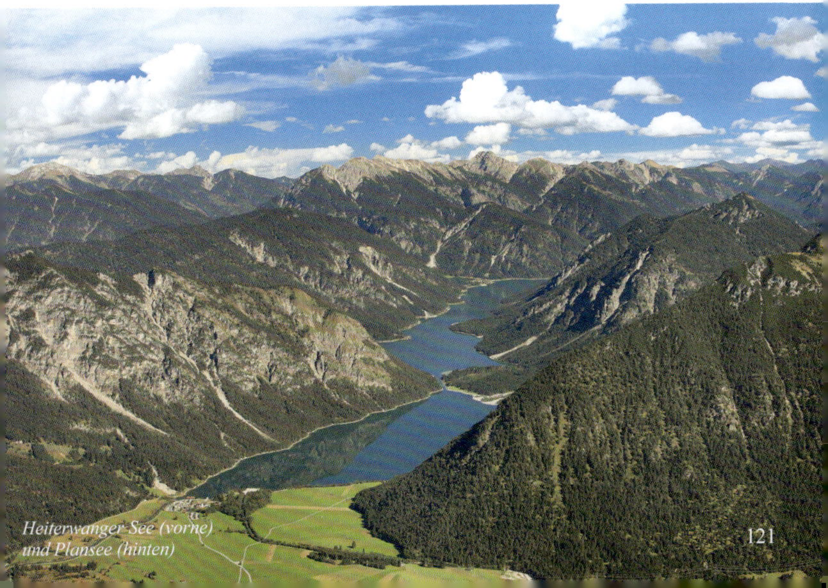

Heiterwanger See (vorne) und Plansee (hinten)

39 Zwischen Schwansee und Lechfall

3 Std. | 300 Hm | 9 km

Füssen, Parkplatz »Morisse« am westlichen Rand der Altstadt/Fußgängerzone, 810 m; A7 Ausfahrt Füssen, dann nicht die Umgehungsstraße, sondern gleich südwärts in die Kemptener Straße und ca. drei Kilometer bis zum großen Parkplatz kurz vor der Altstadt *(**Navi**: 87629 Füssen, Kemptener Straße 10)*; Vom Bahnhof wenige Minuten bis zur Altstadt.

Meist breite Wege, zu Beginn steiler Anstieg zum Kalvarienberg.

Große Auswahl in der Altstadt von Füssen ①

Abwechslungsreiche Tour bei Füssen

Füssen mit seiner hübschen Altstadt ist eine der schönsten Städte im Allgäu und von einer wunderschönen Landschaft umgeben. Wir verknüpfen einen Besuch der Stadt mit einer abwechslungsreichen Wanderung hinauf auf den aussichtsreichen Kalvarienberg, zum idyllischen Schwansee sowie zum rauschenden Lechfall.

Vom **Parkplatz** ①, 810 m, sind es nur wenige Schritte hinüber zur Fußgängerzone und zur hübschen Altstadt. Vorbei am zentralen Platz mit Brunnen spazieren wir in südlicher Richtung abwärts zum Lech, den wir auf einer breiten Brücke überqueren. Drüben rechts und knapp 200 Meter an der Straße entlang bis zu einer kleinen Kirche, die sich an einen steilen, bewaldeten Hang schmiegt. Vor der Kirche beginnt links ein schmaler Pfad, auf dem wir durch den Wald hinauf auf den **Kalvarienberg** ②, 953 m, steigen. Oben erwartet uns ein schöner Blick über Füssen sowie in Richtung Säuling, Schloss Neuschwanstein und

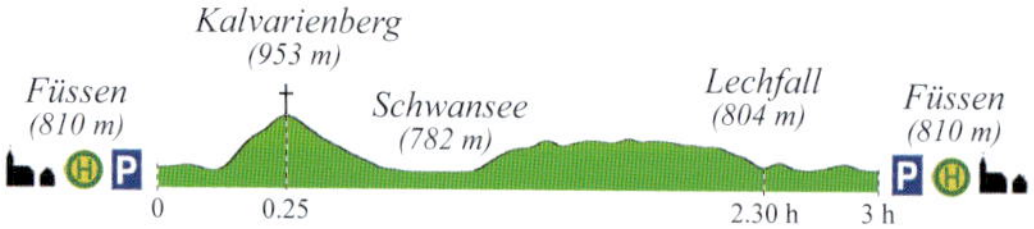

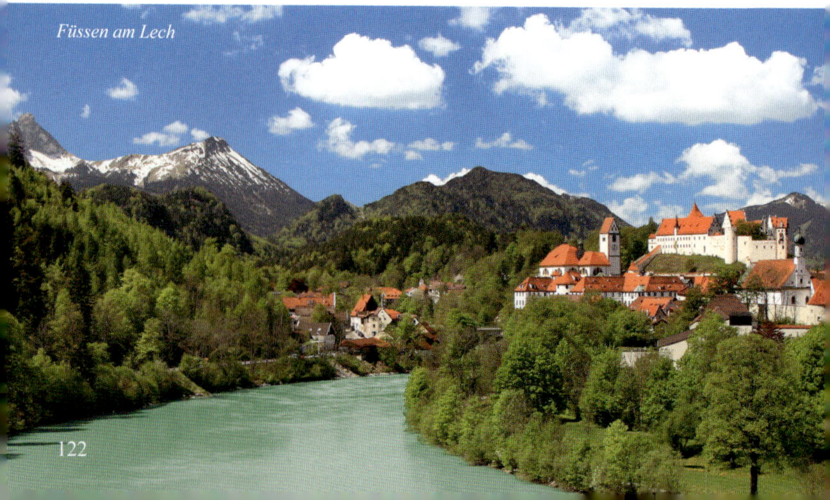

Füssen am Lech

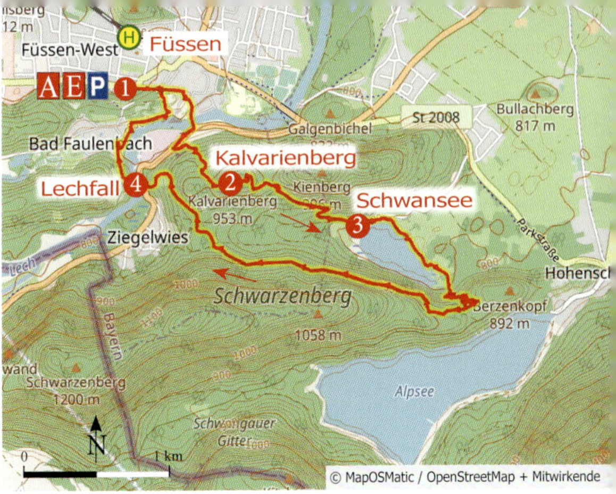

Schwansee. Der Abstieg erfolgt in östlicher Richtung über einen Waldweg, der nach ca. 10 Minuten auf einen Wirtschaftsweg trifft. Auf diesem links und weiter abwärts bis zum Ufer des **Schwansees** ③, 782 m. Im Hintergrund des idyllischen Sees ist Schloss Neuschwanstein zu erkennen, eingerahmt von Säuling und Tegelberg. Der schöne Weg führt erst am nördlichen Ufer entlang, biegt dann mit der Uferlinie rechts ab und zieht sich durch eine stille, parkähnliche Landschaft hinüber zu einem bewaldeten Rücken. Dort angekommen, führt der »Fischersteig« in einigen Kehren bergwärts bis zu einer Wegkreuzung im Wald, wo wir rechts in den »Alpenrosenweg« einbiegen. Der vor uns liegende, schöne Waldweg führt ohne größeres Auf und Ab oberhalb des Schwansees entlang, der gelegentlich rechts unter uns durch die Bäume zu erkennen ist. Nach etwa zwei Kilometern wählen wir an einer Weggabelung den rechten Pfad Richtung »Füssen/Lechfall«, queren in kurzem Abstand zwei Forstwege und wandern anschließend auf einem breiten Wirtschaftsweg in zwei weiten Kehren hinab zu einer Autostraße. Genau gegenüber erwartet uns eine Fußgängerbrücke über den **Lech** ④, 804 m, mit schönem Blick auf den Lechfall sowie in eine enge Felsschlucht. Auf dem gegenüberliegenden Ufer geht es kurz steil einen Hang hinauf, oben rechts und wenige Schritte Richtung Bad Faulenbach. Gleich nach den ersten Häusern biegen wir rechts in einen Fußweg ein, der am Lechufer entlangführt. Knapp unterhalb der Südwestecke des hoch über uns aufragenden Schlosses können wir uns entscheiden: entweder links unterhalb der Schlossmauern entlang durch einen Hohlweg auf die gegenüberliegende Seite des Bergrückens und zum nahen Parkplatz. Oder schräg hoch noch einmal durch die Fußgängerzone mit einem sehr lohnenden Besuch des Schlosses.

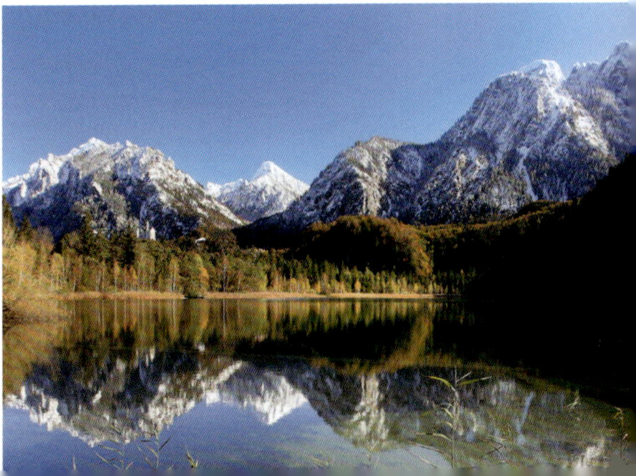

Schwansee und Säuling

40 Vom Tegelberg zur Marienbrücke

3 Std. | 50 / 950 | 7,7 km

Schwangau, Tegelbergbahn, ca. 4 km östlich von Füssen; kurze Stichstraße ab der B17 *(**Navi**: 87645 Schwangau, Tegelbergstraße 33)*; Bus vom Bahnhof Füssen zur Tegelbergbahn ca. stündlich; Züge nach Füssen aus Richtung Kaufbeuren ca. stündlich.

Tegelbergbahn: Großkabinenbahn, Betriebszeiten ca. Mitte Mai bis Anfang November, 9–16:30 h, Tel. +49 8362 98360, www.tegelbergbahn.de, Talstation 820 m, Bergstation 1720 m.

Beim Abstieg schmale und steile Bergwege für trittsichere Wanderer; stetig bergab.

Tegelberghaus und Bergrestaurant Panorama ②

Spannende Gratwanderung mit prächtiger Aussicht

Der Tegelberg ist ohne Frage eine der schönsten – und auch meistbesuchten – Aussichtskanzeln im Ostallgäu mit einem prächtigen Panorama über das gesamte Voralpenland mit seinen unzähligen Seen. Nach der Seilbahnfahrt wandern wir auf einem aussichtsreichen Gratweg hinab zur Marienbrücke und zum Schloss Neuschwanstein. Eine spannende Tour mit vielen Eindrücken.

Nach der Seilbahnfahrt von der Talstation der **Tegelbergbahn** ①, 920 m, erwartet uns oben an der **Bergstation** ②, 1720 m, ein wunderschönes Panorama. Direkt an der Abbruchkante gelegen haben wir von hier einen uneingeschränkten Tiefblick über das ostallgäuer Seenland mit dem gewaltigen Forggensee im Zentrum. Dank der Lage ist der Berg auch bei Paraglidern und Drachenfliegern sehr beliebt, deren Start wir direkt neben der Bergstation beobachten können. Wer vor der eigentlichen Tour noch etwas hier oben bleiben mag, auf den wartet eine schöne, halbstündige Runde zur Branderschrofen-Schulter mit weiten Panoramen unterwegs. Der etwas höher gelegene

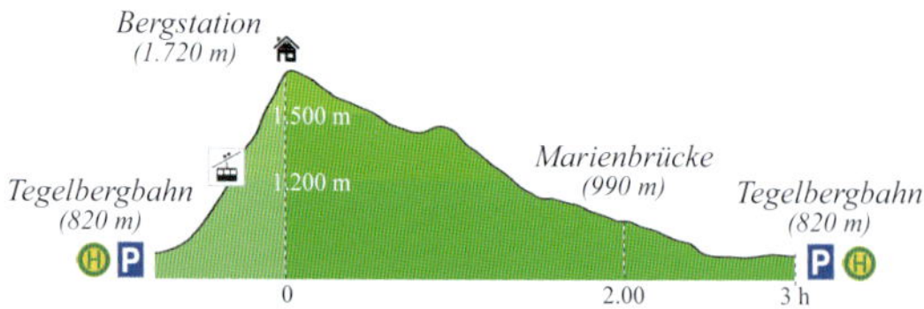

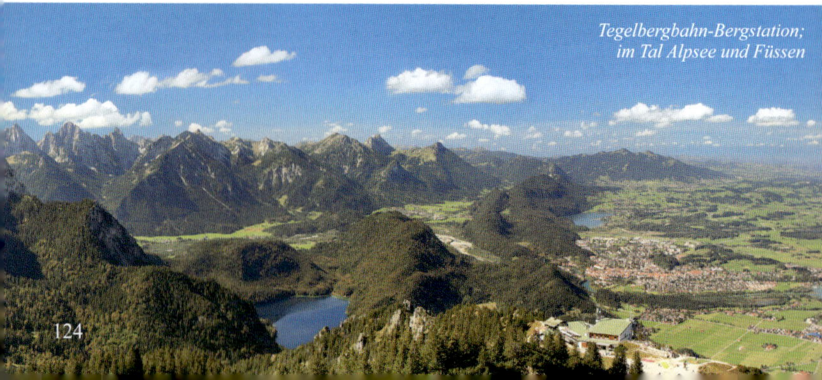

Tegelbergbahn-Bergstation; im Tal Alpsee und Füssen

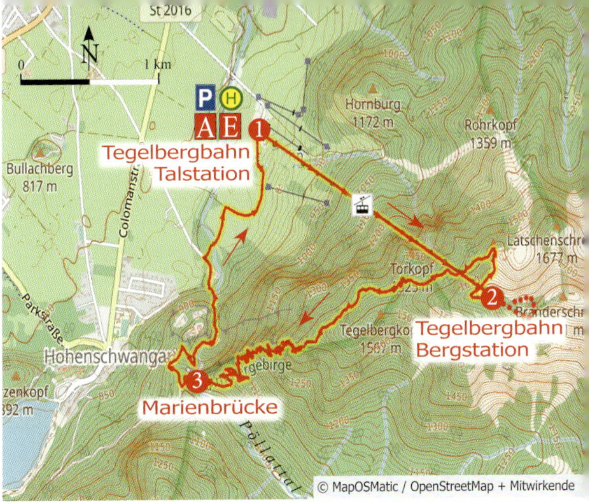

Branderschrofen-Gipfel selbst ist nur mit etwas Kraxelei zu erklimmen. Für unsere Wanderung folgen wir der Beschilderung »Marienbrücke«, passieren Bergstation und Tegelberghaus und biegen dahinter rechts ab. Anschließend unterqueren wir zweimal die Seilbahntrasse und wandern dann entlang des steilen, bewaldeten Nordhangs des Tegelberg-Grates westwärts, wobei wir allmählich an Höhe verlieren. Nach etwas mehr als zwei Kilometern beginnt der Grat steil nach Westen abzufallen. Wir wechseln auf die sonnige Südseite und steigen in unzähligen Serpentinen abwärts. Der locker bewaldete Hang gewährt uns immer wieder herrliche Ausblicke, wobei das anfangs noch sehr klein weit unten liegende Schloss Neuschwanstein immer mehr die Blicke auf sich zieht. Je näher wir der Marienbrücke kommen, desto häufiger treffen wir auf andere Wanderer sowie auf zahlreiche Abkürzer und ausgetretene Querwege. Besonders mit Kindern muss man hier gut achtgeben, da manche dieser Wege urplötzlich direkt an der ungesicherten Abbruchkante enden. Schließlich erreichen wir etwas unerwartet hinter einer Biegung die **Marienbrücke** ③, 975 m, die die enge Pöllatschlucht überspannt. Der Blick auf das gegenüberliegende Schloss ist atemberaubend, auch wenn das Gedränge auf der Brücke nach der stillen Wanderung etwas gewöhnungsbedürftig ist.

Auf der anderen Seite der Brücke reihen wir uns in den Strom der Touristen ein und folgen der breiten Teerstraße rechts hinunter Richtung Schloss. Vorbei am schönen Aussichtspunkt »Jugend« biegen wir kurz vor dem Schloss rechts ab und steigen in die Pöllatschlucht hinab. Ein Treppenweg führt uns zu einem schönen Wasserfall, über dem die Marienbrücke thront, dann weiter am Ufer der Pöllat entlang und schließlich durch eine enge Klamm mit senkrechten Felswänden. Am Ausgang der Klamm passieren wir eine alte Gipsmühle, halten uns dahinter rechts, queren die Pöllat und wandern schließlich über offene Wiesen hinüber zur Talstation der Tegelbergbahn.

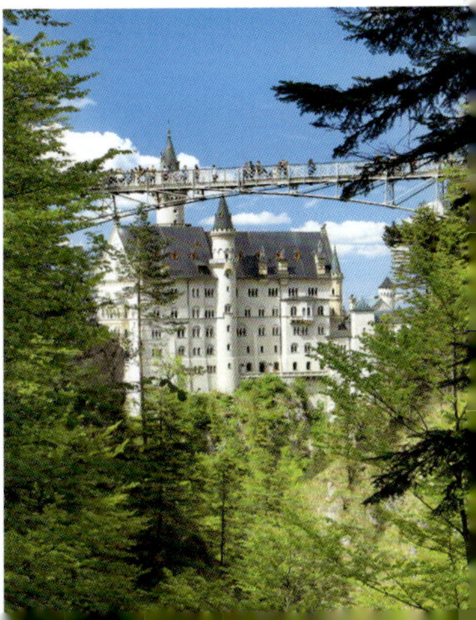

Marienbrücke und Schloss Neuschwanstein

REGISTER

Weitere Wanderführer über die Region:

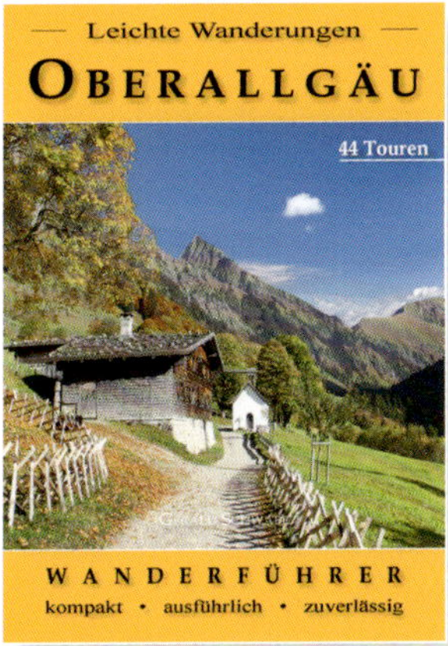

978-3-949988-13-4

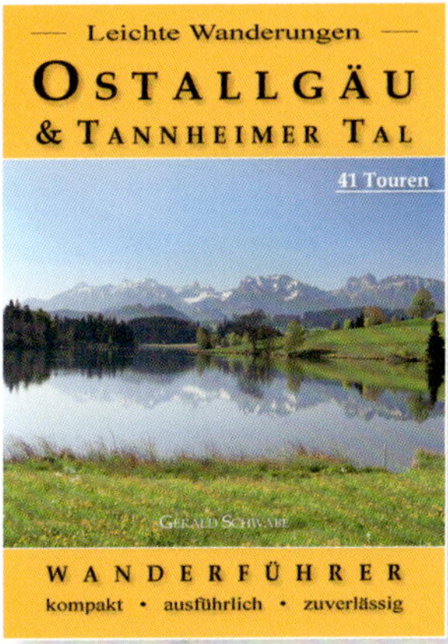

978-3-949988-14-1

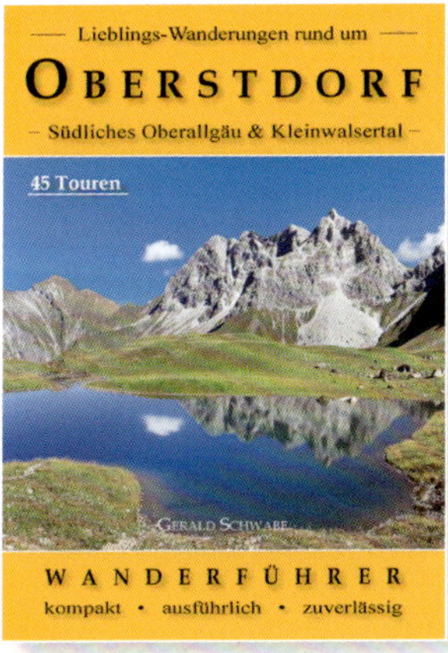

978-3-949988-11-0

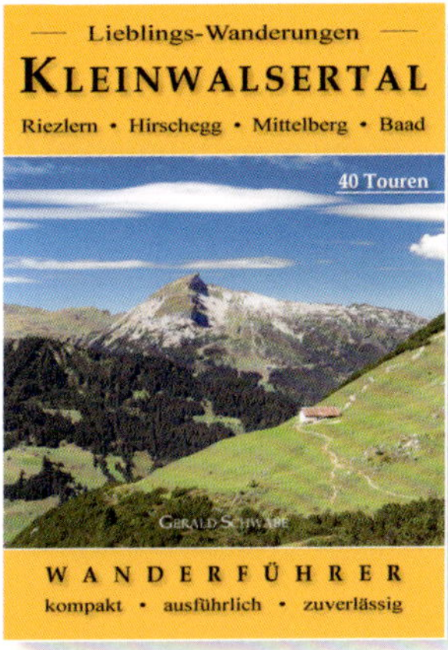

978-3-949988-12-7

ALPENVERLAG SCHWABE

Immenstadt

IMPRESSUM

Fotograf und Autor:

Gerald Schwabe lebt seit der Jahrtausendwende im Allgäu und hat seine Passionen Fotografieren und Bergwandern zum Beruf gemacht. Über 40 Wanderführer und Bildbände über die Region sind seitdem entstanden und zeugen von seiner großen Begeisterung für die Berge und das Allgäu. Seine Bilder finden sich auf *www.allgaeu-bilderbogen.de*, und über *www.allgaeu-panoramen.de* sind seine bekannten Panorama-Aufnahmen als großformatige Leinwandbilder erhältlich.

Umschlagvorderseite: Raintal mit Musauer Alm und Köllenspitze
Umschlagrückseite: Vilsalpsee
Bild im Innentitel: Aufstieg zur Schneidspitze

Bildnachweis: Alle 140 Aufnahmen stammen vom Autor
Gestaltung, Layout, Satz und Grafik: Gerald Schwabe
Kartographie: 40 Wanderkärtchen und 2 Übersichtskarten:
© OpenStreetMap – Contributors (www.openstreetmap.org),
erstellt mit MapOSMatic (https://print.get-map.org)
Druck: AZ Druck und Datentechnik GmbH, Kempten

1. Auflage 2023

www.allgaeu-bilderbogen.de
www.allgaeu-panoramen.de
E-Mail: geraldschwabe@gmx.de

ALPENVERLAG SCHWABE, Immenstadt
(www.alpenverlag-schwabe.de)
ISBN 978-3-949988-16-5

Wenn Sie Kritik, Lob oder Anmerkungen zu diesem Wanderführer haben,
freue ich mich über Ihre Nachricht:
Leserzuschriften bitte per E-Mail an: geraldschwabe@gmx.de